U0927126

不让岁月空流逝

雷颐读史笔记

雷颐——著

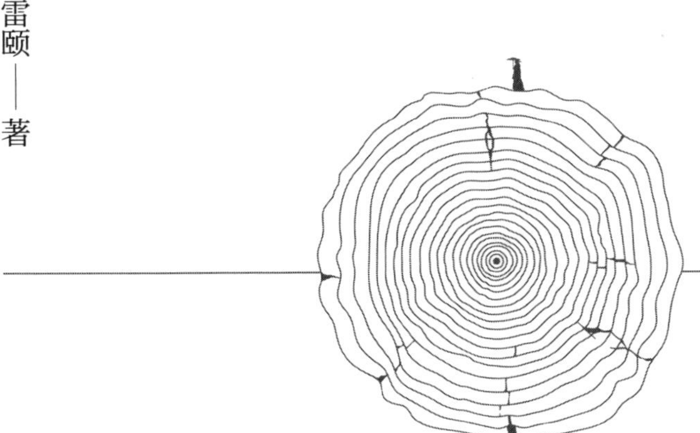

浙江人民出版社

图书在版编目（CIP）数据

不让岁月空流逝：雷颐读史笔记 / 雷颐著． — 杭州：浙江人民出版社，2022.4
ISBN 978-7-213-10048-2

Ⅰ．①不… Ⅱ．①雷… Ⅲ．①读书笔记－中国－现代 Ⅳ．① G792

中国版本图书馆 CIP 数据核字（2021）第 230639 号

不让岁月空流逝：雷颐读史笔记
雷 颐 著

出版发行：浙江人民出版社（杭州市体育场路347号 邮编 310006）
市场部电话：（0571）85061682 85176516
策划编辑：么志龙
责任编辑：王月梅 金将将 吴玲霞
营销编辑：陈雯怡 陈芊如 赵 娜
责任校对：杨 帆
责任印务：刘彭年
封面设计：异一设计
电脑制版：北京弘义励志文化传播有限公司
印 刷：杭州丰源印刷有限公司
开 本：710毫米×1000毫米 1/16 印 张：17.5
字 数：210千字 插 页：4
版 次：2022年4月第1版 印 次：2022年4月第1次印刷
书 号：ISBN 978-7-213-10048-2
定 价：68.00元

如发现印装质量问题，影响阅读，请与市场部联系调换。

序

Preface

历史是过去发生的事情。有人说，这许许多多过去的事情就像一颗颗珍珠，历史学家的任务和职责，就是把这些散乱的珍珠穿成串。一颗颗珍珠圆润晶莹，穿成的饰品则有各种花样，琳琅满目，令人目不暇接。然而，过去的事情比圆润晶莹的珍珠要复杂太多太多，穿串的方式自然更是多种多样。有的理论建构宏大，有的考据细密，当然也不乏将读史的随感随想写成札记的。

我性喜读书而以研究历史为业，也就是说，读书是我的本业。若著书某种程度上还有为“稻粱谋”的意思，则读书于我而言，完全是个人兴趣爱好，是一种内在需求。我所读之书，自然以史书为主。另外因为兴趣广泛，我看书往往是兴之所至，犹如书林漫步，东走西逛，左瞧右望，漫无目的。不过，学习、研究历史训练和培养了我的阅读理解习惯和思维模式，因此对于各种书，无论是哲学、文学，还是艺术、科学，我往往不知不觉地从历史角度进行解读。“六经皆史”是章学诚的名言，六经都是史，其他门类的书更可说是史。如此说来，将各类书都读成史书，也不算“旁门左道”了。

时时读书，自然而然地，总会有一点心得、一星冥想、一孔陋见、一番感悟。时不时地也会将这些心得、冥想、陋见和感悟写下来，积少成多，于是成此札记。随感随写，长短不一、文体不一，文稿当然没有“正经做文”那样雕饰，也没有学术文章那样凝奥，更随意自然一些。

这种漫无目的的随意文字，就是所谓闲书。我曾写过有关闲书的文章。人们常说，人生犹如竞技场，即使是竞技，也大都还有中场休息时间。人生漫漫，“中场休息”当更多更长。于是，我们又要想出种种娱乐方法，来打发消磨这段时光。在众多消遣方法中，有人以读书自娱，漫无目的，随兴之所至；有人却以写书自娱，亦是漫无目的，随兴之所至。这种纯为自娱消闲而写的书，往往又是最适于纯为自娱消闲而读的书，就是闲书。譬如喝茶，喝茶原本是解渴之外的一种消遣，所以才有“泡茶馆”的闲适懒散，使刻板的生活平添一丝闲情逸致。读闲书便如同喝茶般悠闲、惬意，如果有益，也是无意得之。能在休闲中获益，便是札记一类闲书的双重意义吧。

雷颐

2020 年 10 月

目录
Contents

> 历史学以人类的活动为特定对象，它思接千载，视通万里，千姿百态，令人销魂，因此它比其他学科更能激发人们的想象力。
>
> ——马克·布洛赫

忘却有可能获得一时的麻痹，但总有一天人们会因此付出代价。的确，只有记住过去，心灵才能不在黑暗中行走。

许许多多的小人物如风中飘絮，转瞬即逝，但年年不绝；如一茎小草，荣了又枯，但枯了又荣。这，就是历史。

长期的历史研究，使我越来越强烈地感到，在历史中，芸芸众生的日常生活甚至根本不被记录。然而一旦对历史做深入研究或换一个角度，从日常生活的角度来看，史书中有时看似无关痛痒的一句话或一个抽象的概念，往往事关千百万人的悲欢离合，一生一世。其实，这才是历史研究最重要的内容。

在世界历史中深思，就像在自己生活史中冥想一样。当生活逐渐产生需要时，死历史就会复活，过去史就变成现在的。罗马人和希腊人躺在墓穴中，直到文艺复兴欧洲精神重新成熟时，才把他们唤醒。

——克罗齐

第一编

忧天下，探世变

历史学以人类的活动为特定对象，它思接千载，视通万里，千姿百态，令人销魂，因此它比其他学科更能激发人们的想象力。

——马克·布洛赫

忧天下，探世变

——读《中国人史纲（上中下）》*

近日，柏杨先生在台湾病逝，消息传来，大陆文化界、思想界为之深深震动。因为20世纪80年代，柏杨先生的《丑陋的中国人》在华人世界激起了轩然大波，自然，也冲进了国门初启的祖国大陆。随后，柏杨先生的《中国人史纲》及其他著作在大陆也洛阳纸贵，名重一时。无论对其著作、观点是赞成还是反对，都不能否认“柏杨”已成为80年代大陆“文化热”的一个重要部分。柏杨先生的《丑陋的中国人》对中国人的国民性做了深刻、尖锐的解剖与批判，语言犀利尖刻。但他的书有深厚的学术背景为支持，稍后引进的《中国人史纲》证明了这一点。

法国历史学家马克·布洛赫在《历史学家的技艺》中写道：“历史学以人类的活动为特定对象，它思接千载，视通万里，千姿百态，令人销魂，因此它比其他学科更能激发人们的想象力。”柏杨先生的《中国人史纲》，便是一部以中国人的活动为特定对象的思接千载、视通万里之作。柏杨先生不是学院内的历史学家，能写出这种洞察古今的史学巨著，不能不说与他的特殊经历大有关系。20世纪60—70

* 柏杨：《中国人史纲（上中下）》，同心出版社，2005年。

年代，台湾尚未“解严”，他曾受十年无妄之灾，几乎被枪决，所以有人说他是一个“看过地狱回来的人”。这部《中国人史纲》是他在十年牢狱生活中撰写的中国历史研究丛书之一种，在卷帙浩繁的中国史册中认真爬梳整理，凝练而成。他自述：“丛书是我在火炉般的斗室之中，或蹲在墙角，或坐在地下，膝盖上放着用纸糊成的纸板，和着汗珠，一字一字地写成。”这部书的确担得起“字字看来都是血，十年辛苦不寻常”之誉。老黑格尔说过，同一句话，从未经世事的年轻人口中说出和从饱经风霜的老人口中说出，含义大不一样。那么，对更加丰富万端的人类历史，不同人、不同经历者的叙事，含义就更不一样了。长期艰难的狱中生活，使他对历史上各种制度的优劣、政策的得失、社会的兴衰、人心的向背、人性的善恶有着超出常人的洞察力。而这部血泪之作中的历史洞见，恰是许多高头讲章式的历史教科书所缺乏的。

与大多数中国通史一样，《中国人史纲》从没有信史的远古神话和传说开始，然后是半信史时代，最后从公元前 9 世纪的信史时代详细说起。信史时代以百年为一章，一直写到 20 世纪初清王朝崩溃前夕。不以王朝或重大事件为单元而以世纪为单元，表明作者有心将中国放在世界的大脉络中研究论述。而且，作者在每章都以“东西方世界”结尾，使中外历史的对比更加直观，读者更易看清在什么时候、什么方面中国或曰中华文化灿烂于世，在什么时候、什么方面则大不如人。这部书不仅显示了柏杨视野的开阔，更开阔了读者的视野。

这部通史不叫“中国通史”或“中国史纲”之类，而被称为“中国人史纲”，表明其重心是人，是对历史发展产生过相当影响的重要人物。此书对重要的文化、艺术、学术、科学、技术成就都有精彩的叙述和评论，但其重点无疑是政治史，是国家、朝代兴亡的缘由，是制度、政策对百姓生活的种种影响。

中国历史上政权更迭、王朝更替屡见不鲜。有的政权能长治久安，而更多的王朝或政权却十分短暂。通过对这些长短不一的王朝、政权的考察，本书提出了“瓶颈危机”这一重要概念。柏杨认为，中国历史上每一个王朝或政权都要经历类似的局面。“这使我们发现一项历史定律，即任何王朝或政权，在它建立后四五十年左右，或当它传位到第二代、第三代时，就到了瓶颈时期。”“在进入瓶颈的狭道时，除非统治阶层有高度的智慧和能力，否则他们无法避免足以使他们前功尽弃，也就是足以使他们国破家亡的瓶颈危机。历史显示，不能够通过或长期胶着在这个瓶颈之中，它必然瓦解。”产生瓶颈危机的原因很多，各种偶然因素都可能使新政权轰然坍塌，因为“新政权就好像一面刚刚砌好的砖墙，水泥还没有凝固，任何稍大的震动都会使它倒塌。一旦统治者不孚众望，或贪污腐败，或发生其他事故，如外患、内讧之类，都是引发震动的炸药。不孚众望往往促使掌握军权的将领们兴起取而代之的欲望。贪污腐败则完全背叛了建国时的政治号召，跟当初赖以成功的群众脱节。外患内讧之类的伤害，更为明显”。

由于曾经身陷囹圄，柏杨自然对中国传统的法制、人权状况格外注意。通过对司马迁遭受腐刑的分析，作者提出：“司马迁所遭遇的酷刑，不是孤立事件或偶发事件，它普遍存在，而且已长久存在。中国的司法制度，很早就分为两个系统，一个是普通法庭——司法系统，另一个即司马迁所碰到的诏狱法庭——军法系统。”他认为，诏狱法庭的特征是犯法与犯罪无关，审判者的唯一任务就是运用法律条文编撰一件符合上级旨意的判决书。无论何人，无论其职务、级别，只要陷进诏狱系统，就不能自保。周亚夫是削平七国叛乱的功臣，于挽救西汉王朝功莫大焉，官至宰相，但位高权重，必为皇帝猜忌。于是有人告发他私藏兵器，准备叛乱。事实是他儿子购买了一些不可实用的刀枪，准备老父去世时用作明器。但无论周亚夫如何解释，都毫无作用。因为判案的法官并非不知事情真相，他的任务也并非追寻真相，而是执行最高层的政治任务、命令。因此，他的使命就是罗织罪名。中国历史上冤狱遍地、酷吏横行，说明法律的好坏不在法条本身，而在诉讼法的执行；不在如何处罚犯罪，而在如何确定犯罪。例如，“唐王朝的法律，是中国各王朝的法律中最完善的一种，但因中国古政治思想缺乏人权观念，所以中国始终不能产生证据主义的诉讼法，《唐律》自不例外”。每一次，只要当权者决定消灭某人时，就会有人告发其种种“罪行”。作者认为，摧残人权的制度性建设在明王朝达到顶峰，特务机构（东厂、西厂、锦衣卫）可以任意捕人，滥用酷刑，刑事诉讼法中的“瓜蔓抄”被用到极致。“那就是，逮捕行动像瓜藤须蔓一样，向四面八方伸展，凡是能攀得到的，就攀住不放，辗转牵引，除非当权人物主动停止，否则能把天下人都网罗俱尽。”清王朝建立后，许多方面都振衰起弊，焕然一新，但文字狱依然盛行。几千年的历史说明，“酷吏酷刑不是偶发事件，而是一种常态”。“冤狱与酷刑，是无限权力政治制度下的产物，此种制度存在一日，冤狱与酷刑存在一日。”

“文化酱缸”是柏杨对中国传统文化的著名比喻，人们往往因此将他作为“全盘”“激烈”反传统的代表人物之一。但《中国人史纲》表明，他的观点并非如此简单。他认为，所谓文化酱缸，是因为任何一个民族的文化，都像长江大河，滔滔不绝；但时间久了，长江大河里的许多污秽肮脏的东西开始沉淀，使水不能流，变成一潭死水。脏东西愈沉愈多，长江大河愈久愈腐，就成了一个酱缸、一个污泥坑，发酸发臭。本书对中国传统典章制度、文化艺术的许多创造与辉煌都有客观的分析、评价和肯定，认为“中国悠久而光辉的文化发展，像一条壮观伟大的河流。纪元前二世纪西汉政府罢黜百家、独尊儒家时，开始由灿烂而平静。十二、十三世纪宋王朝理学道学兴起时，开始沉淀”；到明代，“这河流终于淤塞成为一个酱缸，构成一个最庞大最可悲的时代”。也就是说，他认为在明代以前中国文化并非酱缸文化。他指出，文字狱与八股文是明王朝使中国文化淤塞成酱缸的两个工具。文字狱是外在的威吓，而八股文是内在的引诱，将读书人拖拉进官场，做官成为检验人生成功与否的唯一标准。而读书人进入官场之后，就与民间呈对立状态。人性尊严在封建官场中被严重歪曲，这正是酱缸文化的特征之一。

中国传统史学格外侧重政治史，以至梁启超曾说中国传统史书只是一部“帝王家谱”。如前所述，本书的重点也是政治史，尤其侧重于帝王将相。但他的侧重于帝王将相，与中国传统史学有本质不同。传统史学是以帝王为主体，而柏杨此书则是将帝王作为一个客观的研究对象，以社会进步、人民幸福而不是帝王们的宏大功业作为衡量帝王的标准。例如，他认为中国历史上有三个黄金时代。从春秋末期到西汉这400年间是中国第一个黄金时代，值得称颂的是百家争鸣，光芒四射；权力地位世袭制被打破，平民可以凭自己的能力成为贵族，荣任高官。唐太宗李世民开创了中国历史上的第二个黄金时代，有130年之久，值得称颂的是人民安居乐业，社会富庶繁华。清王朝定鼎中原后的100余年，是作者所称的第三个黄金时代。但他对这第三个黄金时代的评价远不如前两个，“第三个黄金时代主要是指对外的开疆拓土，它对国内的贡献，仅限于维持了社会的秩序”；中国起自明代的“大黑暗并没有衰退，它只是被清政府万丈光芒的武功逼到一旁”。在柏杨的史观中，人民才是历史的主体。

在20世纪80年代中期，包括此书在内的柏杨的一系列著作都曾在大陆出版，风行一时，使思想界、文化界大受震撼，对当时的思想启蒙、“文化热”和对传统的反思起了重要的推动作用。20年后，在种种因素作用下，以祭孔为代表的“复古”，强调中国本位文化却俨然成为思想界、文化界的主流。此时重新出版《中国人史纲》可能是“不合时宜”，但更可能是“恰到好处”。承继传统确乎重要，但承继什么传统、如何承继传统则更为重要。因此，我们不能不面对本书列举的史实，不能不回答本书提出的问题，不能不深思本书做出的思考。

近人龚自珍认为史学的作用是忧天下、探世变，所谓“智者受三千年史氏之书，则能以良史之忧忧天下”，而探世变则更是“圣之至也”。这部上下五千年、纵横万千里，感时忧国、洞烛幽微的《中国人史纲》，无疑是使人忧天下、探世变的巨著。

礼治的效益和代价

——读《文化冲撞中的制度惯性》*

“道之以政，齐之以民，民免而无耻；道之以德，齐之以礼，有耻且格。”这是孔老夫子的一句名言，被中国古代统治者奉为治国的格言。可以说，以礼治国是中国独特的传统。当然，所谓礼治并非不要或没有严刑峻法，但中国历代统治者中，公开赞同以酷法治国的实属罕见。事实上，不少统治者虽然实行的是严刑苛政，但起码口头上也要强调礼治。中国的封建专制能历几千年而不衰，的确说明了礼治的功效不菲，换成现在的流行语，就是降低统治成本。但有利就有弊，有收益就要有代价。读罢《文化冲撞中的制度惯性》，不禁使我思考礼治的成本和代价问题。

所谓礼，实际是一种行为规范，是中国血缘宗法社会产生的一整套非常严密的制度架构和等级森严的秩序安排。它不是法，却高于法。上至皇亲国戚、文武大臣，下至平民百姓、奴仆婢役，其日常行为举止、器用法度、饮食起居、衣冠服饰，等等，礼都有严格的规定。社会生活纷繁无比，法不能包罗万象，但礼却可轻易将其悉数囊括其中。理学大家周敦颐提出：“礼，理也；乐，和也。阴阳理而后

* 李宝臣：《文化冲撞中的制度惯性》，中国城市出版社，2002年。

和。君君、臣臣、父父、子子、兄兄、弟弟、夫夫、妇妇，万物各得其理然后和。”而且，礼不仅具有法的外在强迫性，违礼者在许多方面要受相应的惩罚，同时又具有法所没有的道德上的内在约束性和自觉性，使人通过内在的思想道德修养而自律，不仅遵守而且尊重等级秩序，自觉自愿地达到“非礼勿视，非礼勿听，非礼勿言，非礼勿动”的境地。通过礼教，统治者可以达到控制人心之目的，使其统治更加稳定。

中国历史上王朝不断更替，许多开创祖业的帝王都是起自草莽，甚至迹近流氓，但这些大字不识多少的草莽英雄或流氓无赖“打天下”之后都要立即推行礼治，盖因“历代皇朝体制都不是建立在成文宪法之上的，宪法原则在很大程度上不过是一种惯例。自从汉武帝树立起三纲五常的政治原则以后，就没有哪个皇朝再对之更动，后来诸朝君臣大都极为关注礼制治国方法的建设”。夺权要靠武力，但要长治久安却不能专恃武力，而需要有一种合法性，礼便为一个政权统治提供了这种合法性。而且，从统治成本上计算，无论是政府规模、财政基础、技术能量，当时的条件都不允许政府深入社会每一层面和管理一切事务。“因之，与其费尽心血以严法治民，结果常是挂一漏万，倒不如依赖等级教化建立起人们的礼治信念更为简明有效。君主认定父权、夫权、宗主权、师权、职位权、雇主权等不同类型的有限权威，使之在不同组织和家庭中发挥教化周围人的作用。”（第 50 页）法律的着眼点在于惩治于已然，而礼治的着眼点在于防患于未然，一般说来，事后惩治的成本要大大高于事前的防范。

正是因为礼治为统治者提供了合法性，并且大大降低了统治成本，所以中国历代封建统治者都倡行礼治。但凡事都有利有弊，礼治是中国传统社会统治稳定的重要因素，也是中国社会停滞不前的重要原因。当中国开始面对现代化挑战时，礼治的因循守旧、等级森严、泯灭个性、压制创新等阻碍中国社会发展的负面作用便立即凸现出来。

例如，在乾嘉盛世，英国人马戛尔尼和阿美士德来华，试图与中国通商，却因不肯行觐见皇帝的跪拜之礼，明拒“教化”，使通商之事被完全拒绝。中国因此错过了一次“主动开放”的机会。但几十年后，两次鸦片战争几乎接连发生，其间，使中国传统精神世界受到的最大震撼便是华夏中心世界观的彻底崩塌。这种崩塌不仅是国家主权、领土等受到侵犯，而且与以往“狄夷”的入侵不同的是，中国文化受到了空前的挑战，传统的纲常伦理、礼仪规范等开始动摇。在第二次鸦片战争的缔约谈判中，清政府对英法侵略者割地赔款诸条照单全收，但对英法代表提出的向皇帝亲递国书的要求却严加拒绝，激烈抗议道“此事关系国体，万难允许”，表现出少有的坚决。视礼重于地与款，足见礼的神圣而不可侵犯。引进现代大机器生产和科学技术的洋务运动，也遇到了强大的阻力。顽固派提出引进机器、学习声光电化等与西方有涉的任何事物都是对中国数千年礼义纲常的破坏，结果是“奉夷为师”“溃夷夏之防，为乱阶之倡”，终将导致“以夷变夏”。所以救国的根本在于“读孔孟之书，学尧舜之道，明体达用，规模宏远”，因为“立国之道当以礼义人心为本”，因为“立国之道，尚礼义不尚权谋；根本之图，在人心不在技艺”。在他们看来，技艺将扰乱人心，使纲常名教、伦理宗法全然崩坏。数千年浓厚的礼教传统，使顽固派的反对格外强大有力，中国的现代化之路因此格外曲折。

可以说，礼制创造了中华一统文明，同时也塑造了民族文化的保守性格。“礼制模式主要着眼于通过对人的教化达到社会安定，依靠君主绝对权力认定的各类关系中的有限权力协调，引导人们敬畏君主，服从政府管理，轻视社会事务的复杂多元关系和事务类别的差异，不能从事务本身的性质、类别、程度等角度出发，按权利义务一致的原则，保障事务参与的双方或多方的平等权利。只是一味地从政府利益出发，把个人礼制教化程度置于事务之上，优先保护礼制优势一方的政治权利。”（第 73 页）这种扼杀个性、否定个人权利、不容创造革新的礼法社会，无疑不适应现代社会的发展，或者说，及至面对现代化挑战时，中国传统社会终于因礼而付出了巨大代价。所以，五四运动和新文化运动提出打倒“吃人的礼教”，不能不说是新时代的顺理成章之举。

不一般的“一般思想史”

——读《七世纪前中国的知识、思想与信仰世界》*

通常认为，思想史就是思想家的历史，所以一般的思想史写作，就是对历代思想家一部部经典的引征和阐释。在研究者的阐发中，思想有种内在的理路，前后按逻辑循序发展。而且，所谓思想史，实际全然是少数社会精英或国家意识形态的思想史，后人认为意义重要的思想，在思想史中所占的地位也就越重要。

这种思想史写作，渐渐引起了葛兆光的疑问和不满。他认为：第一，思想的历史其实充满了断裂，“它常常是时间顺序和逻辑顺序上无法确定其来源和去向的突发性现象”。第二，在实际的生活世界中，精英或经典文本的思想未必起着最重要的作用，这些思想往往是悬浮在社会与生活上面，而“真正在生活与社会支配人们对宇宙的解释的那些知识与思想，它并不全在精英和经典中”。第三，某些后来人认为有意义的思想，在当时未必很有影响。如明末清初的王夫之在思想史上的地位，就是后来人追认的结果，当时有几人能读到王氏在山林中撰写的大作？相反，一些被后人认为不入流、不能进入思想史的作品，当时却风行一时，影响甚众。由此，葛兆光更明确地提出，过去的思想史只是思想家或经典的思想史，但

* 葛兆光：《七世纪前中国的知识、思想与信仰世界》，《中国思想史》第一卷，复旦大学出版社，1998年。

在人们的实际生活中，其实还有一个“一般知识、思想与信仰的世界”。在平民百姓判断、解释、处理面前的世界时，后者的作用更直接，可能也更大。但如此重要的这个“一般”，过去却没有进入思想史写作，由此他强调，“这个知识、思想与信仰世界的延续，也构成一个思想的历史过程，因此它也应当在思想史的视野中”。这便是葛兆光所著《七世纪前中国的知识、思想与信仰世界》（《中国思想史》第一卷）的基点。

在这部近55万字的著作中，作者旁征博引，尤其注意到了以前思想史不甚重视的材料，对上古到七世纪（唐）中国的“一般思想史”，即“精英”和“一般”两方面都做了历史研究和描述。以南北朝的佛教思想为例，人们常用的《高僧传》等一些经典将这期间的佛教思想表述为一系列思想与命题的发生史，作用至关重要的是那些面壁十年、苦学梵文、整天沉浸在“佛性”“本空”等玄妙概念中的高僧。然而，目光一旦稍稍偏离经典，注意到如石刻碑文、各种文书题记、家训族规、宝卷等材料时，就会对那种精英思想史在当时生活中究竟有多少影响表示怀疑。因为那些以前被视为边缘的材料恰恰没怎么经过有意识的整理、加工和阐释，因此它们更为直接地把当时的“普遍和一般的思想”呈现在我们面前，“这里并不讨论那些玄虚的‘空’‘性’，而是在种种切身的愿望中坦率地表示着信仰的意义”。但是，在作者的笔下，精英与一般又不是截然二分、互不相涉的两个领域，而是“你中有我，我中有你”这样紧密互动的关系，因为作者探讨的就是知识背景如何支持思想的合理性和有效性，而思想话语又如何表述人们所掌握的宇宙与社会知识的辩证关系。

当然，要重建过去一般知识、思想与信仰的世界并非易事，仅材料就是极大的限制，因为留传下来的文献最多的还是经典。但这部极富原创性的著作的不一般之处就在于，它注重过去的一般世界，突破了以往思想史写作的模式。

六经皆史说《论语》

——读《丧家狗——我读〈论语〉》*

诚如李零自己所说，他是靠考古、古文字、古文献这“三古”吃饭的。他在《丧家狗——我读〈论语〉》一书中，充分施展了自己的看家本领，通过精湛细密的训诂考据，还原了《论语》和孔子的本相。但正是此点，引起了一些不满，认为此书“只是训诂”，并贬低了《论语》和孔子的思想、文化意义。但我认为，这恰恰是此书的意义所在。

在五四运动以前的千百年间，《论语》一直是儒学，也是中国文化中最重要的经典之一，孔子一直是“大成至圣先师”，二者自然一直具有无比崇高的地位。五四运动以后的几十年间，《论语》与孔子地位一落千丈，但近些年却又突然“走红”，大有再成“圣经”“圣人”之势。在这高低反差极大的起而又落、落而再起的背后，有着复杂的社会政治、经济、文化因素，这些背后的因素甚至起了关键作用。

然而，这种起关键作用的社会政治、经济、文化因素是在以文本为基础并依附于此的阐释中发生、演变、展开的。在历史、思想史的进程中，对文本叠加、附会了越来越纷繁、丰富、精巧、华美、恢宏的意义，往往掩盖、遮蔽了文本的本意，更掩盖、遮蔽了在背后起

* 李零：《丧家狗——我读〈论语〉》，山西人民出版社，2007年。

决定作用的社会因素。因此，对文本的训诂考据不仅还原了其原初意义，更重要的是在这种还原过程中一层一层剥去了在漫长历史中层层附会、越来越浓厚的绚丽油彩，揭示、显现了其背后的社会因素。正如李零所说："汉以来或宋以来，大家顶礼膜拜的孔子是'人造孔子'。现在的孔子，更是假得不能再假。"他强调："活孔子和死孔子，就是不一样。前者是真孔子，后者是假孔子。现在，什么都能造假，孔子也要打假。"这种"打假"，就是对《论语》的历史性而不是义理性解读。在他的分析中，活孔子"一辈子都生活在周公之梦当中，就像塞万提斯笔下的堂吉诃德，可笑也可爱"，而死孔子"基本上是老子说的刍狗，今人说的摆设、道具和玩偶。历代皇帝都捧他，越捧越高，也越捧越假"。这种越高、越假，就是意义的不断附会、层层叠加。通过对"死孔子"的标本分析，李零得出了与五四运动反孔者基本相同的结论——"假孔子是历代统治者的意识形态"，汉武帝（及其以后的帝王）"独尊儒术，目的不在复兴学术，而在统一思想，令天下英雄，尽入彀中"。千百年来，影响、支配、掌控人们思想的主要是死孔子，所以对死孔子的剖析更有意义。

批评李零此书"只是训诂"，还表现出了义理派对经典训诂工作的不屑。其实，义理派的陈义虽高，却极易流为束书不观、游谈无根一路，那种凌虚蹈空建构起来的宏大理论、体系，倘落到实处，很可能有害。有鉴于此种学风之弊，明末清初的黄宗羲批评说："明人讲学，袭语灵之糟粕，不以六经为根柢，束书而从事于游谈，更滋流弊。"所以他强调学者必先穷经，欲免迂儒必兼读史。实际上，放谈心性的王阳明早就认为那些以己为师、喜欢放言高论的游学之士可能为害不浅，自己播下的是"龙种"，收获的很可能是"跳蚤"："吾年来欲惩末俗之卑污，引接学者多就高明一路，以救时弊。今见学者

渐有流入空虚，为脱落新奇之论，吾已悔之矣！”（选自《传习录》）

因此，以黄宗羲为宗祖的浙东学派坚决主张“言性命者必究于史”。此论影响广大，所以钱大昕强调以读史来破除当时的学风之弊，批评当时的学者：“但治古经，略涉三史，三史以下，茫然不知，得谓之通儒乎！”他的名著《廿二史考异》便是针对此风的“有为而作”。他问道：“经与史岂有二学哉？”表明了对长期的经史分离现象的不满。对义理派一向认为“经精而史粗”“经正而史杂”的观念，他也坚决反对。

在以历史的方法解经方面的集大成者，当属章学诚。他提出：“六经皆史也，古人不著书，古人未尝离事而言理。”当然，狭义来说，《论语》不在这六经之列，但章氏的主旨是“盈天地间，凡涉著述之林，皆是史学”。他还以孔子著《春秋》来为自己的观点辩护：“夫子曰：‘我欲载之空言，不如见之于行事之深切著明也。’此《春秋》之所以经世也。”“圣如孔子，言为天铎，犹且不以空言制胜，况他人乎？故善言天人性命，未有不切于人事者。”“近儒谈经，似于人事之外别有所谓义理矣。”

作为儒学最重要的经典之一，解读《论语》同样可以使用历史的方法，从人事之中而不是之外寻求其义理。李零此书有专说“孔门弟子及其他”的导读，附录中专门制作了“《论语》人物表”，足见其对人事的重视。如今“离事而言理”和“于人事之外”别求义理早已成为学界风气，学者似乎越来越不屑探究理后之事，越来越不愿追寻文本之后的真相，越来越想凭空建构宏大的理论体系……因此，《丧家狗——我读〈论语〉》便格外有意义。

很多时候，将事训诂得清清楚楚，理其实也就明明白白了。

传统政治与“理势之争”

——读《权力的黑光——中国封建政治迷信批判》*

细雨秋灯下，读王子今兄所著《权力的黑光——中国封建政治迷信批判》，心情格外沉重。这重，来自该书的严谨、凝重和犀利，来自对几千年政治文化的反思，更来自对千百年来许许多多在道统、政统间依违两难，最终以身殉道的士大夫们悲剧命运的感怀。

诚如作者所言，中国传统文化的特色之一是泛政治主义。治史是帝王家谱，是为统治者资治；为文的目的在于载道。“政治地位高于一切，政治权力高于一切，政治力量可以向一切社会生活领域扩张，对社会文化的各个层面都表现出无与伦比的冲击力和渗透力。”（第6页）这种泛政治主义的文化倾向，最终导致“溥天之下，莫非王土；率土之滨，莫非王臣”的局面。作者对后羿射日神话的新解，亦论证了这一历史过程。据《淮南子·本经训》言：“逮至尧之时，十日并出，焦禾稼，杀草木，而民无所食。”于是尧乃使乔“上射十日”，而“万民皆喜”。“日”一直是中国传统社会最高权力的象征，例如“圣王在上则日光明，五色而备”（《太平御览》卷三引《易传》），

* 王子今：《权力的黑光——中国封建政治迷信批判》，中共中央党校出版社，1994年。

“夫日兼照天下，一物不能当也，人君兼照一国，一人不能壅也”（《韩非子・难四》）。孔子也明确地说：“天无二日，土无二王。”（《礼记・曾子问》）“从这一角度出发，则可以理解‘羿射九日’的神话，其实是政治权力演化至于独尊、独断形态的历史阶段的见证。”（第7页）

任何一种权力之所以能长期维系，除了社会、经济等物质原因外，还必须有心理、意识形态等非物质因素的支持。君权独尊在中国的长期存在，正得益于在历史长河中逐渐形成的对“权力的迷信”或“迷信的权力”。文化人类学的研究表明，专司占吉卜凶的巫是社会演进过程中最早出现的唯一专业化的阶级，也是最早分化出来的脑力劳动者阶层，他们的活动促进了早期文明的发生及政治生活的最初出现，因此往往身兼二任，成为最早的政治活动家，所谓“生为上公，死为贵神”是也。在人类历史早期，巫者为王及王者行巫，是种普遍现象，“然而像中国这样，由巫师最初推动的金车载着披着神秘主义外衣的政治权力持续行进数千年之久，则是世界历史上仅见的特例”（第28页）。之所以如此，源于中国哲学/文化中一直占主导地位的天人感应、天人合一理论。这种充满神秘主义色彩的学说，使周代卜筮用书《易》，成为千百年来中国政治文化中最基本、最重要的著作。《易》被视为万古不变的经，既是一种提供合法性的政治哲学著作，又是一种指导政治权略的政治实践著作。“《易》学作为巫卜参政或中国政治富于鬼神气息的象征，在官学、私学中受到普遍尊崇，体现出中国传统政治以突出其神秘性的手段放大其权威性的非凡的成功。”（第29页）

中国历代帝王都把祭祀作为最重要的国家大政，所谓“帝王之事莫重于祀”。直到20世纪初年，袁世凯恢复帝制，仍要到天坛祭天，以取得合法性。所谓“国之大事，在祀与戎”（《左传·成公十三年》），戎是实力，祀在于取得合法性，师出无名乃不义之师，因此祀在戎先。连秦始皇这样笃信赤裸暴力的帝王，对此也不敢稍有怠慢，而要奔走于东西各祭扫圣地之间。这种祭祀仪式，给中国帝王之权笼罩上一层厚厚的神秘色彩。与中国相反，欧洲中世纪，王权小于教权，封建君主头上的王冠要经教皇加冕才具合法性。其神秘性和权威性，自然远逊于直接“奉天承运”，号称“天子”的中国皇帝。因此，在中国传统政治文化中，便很难出现欧洲封建社会的教权与王权相争的二元对立结构，而是君权独大，笼盖一切。

不过，在中国政治文化中，毕竟还有一种对无道的暴君进行匡正的理论，尽管仅仅是一种理论上的匡正。这便是长期形成的道统。从历史的主流来看，独立于政统的道统始终是存在的，中国古代的知识阶层——士，便是道统的唯一承载者。

所谓道统，是儒家的一套道德理想。这一道德理想体系在政治领域的体现，便是提倡“天下为公”的仁政。凡不符合仁政之标准者，便是无道。而士则有卫道、行道的责任、义务，进一步说，有一种无法推卸的使命、天职。以道自任的精神情怀，在孔子时代出现，并最终形成一种传之千古的理论。“君子谋道不谋食”“君子忧道不忧贫”“笃信好学，守死善道。……天下有道则见，无道则隐。邦有道，贫且贱焉，耻也；邦无道，富且贵焉，耻也。”一言以蔽之，便是要超越个人利益而对社会有一种深切的关怀。然而现实政治与精神理想的差距毕竟过大，道统与政统间常有一种强烈的张力，有时甚至会演化成尖锐的矛盾、冲突。孟子很明显地察觉到了这种矛盾。于是他希望“士穷不失义，达不离道”，并明确提出道不屈于势，乃至尊于势的观点：“古之贤王好善而忘势，古之贤士何独不然，乐其道而忘人之势。故王公不致敬尽礼，则不得亟见之。见且由不得亟，而况得而臣之乎？”（《孟子·尽心上》）但现实却完全相反，始终是势尊于道，故孟子又十分悲壮地说：“天下有道，以道殉身；天下无道，以身殉道。”（《孟子·尽心上》）以身殉道、以德抗位，铸就了中国传统知识阶层的风骨和灵魂。明儒吕坤对孟子的理论又做了进一步提升：“故天地间唯理与势为最尊。虽然，理又尊之尊也。庙堂之上言理，则天子不得以势相夺。即相夺焉，而理则常伸于天下万世。故势者，帝王之权也；理者，圣人之权也。帝王无圣人之理，则其权有时而屈。然则理也者，又势之所恃以为存亡者也。以莫大之权，无僭窃之禁，此儒者之所不辞而敢于任斯道之南面也。”（《呻吟语全集》）此言是为了鼓舞以道自任的士以圣人之权来与帝王之权相抗衡。

当然，这种道德理想和人格修养只有极少数真士才能持有，绝大多数士人都通过科举考试，踏入仕途。科举制的重要特点之一是将经学水平与政治能力同等看待（有时甚至更重经学水平），起码从形式上体现了政统与道统的合一，成功地将士整合到统治机器之中，成为统治体中的一员。即使“天下无道”，多数士人选择的仍是隐——一种独善其身的洁身自好。能真正以身殉道、以道抗势者，相对来说少而又少。但正是这少而又少、敢以身家性命卫道的真士，以那种知其不可为而为之的勇气，以“三军可夺其帅，匹夫不可夺其志”的无私无畏精神，孤独地构造、凝铸了中国知识阶层乃至中华民族的品格和魂灵。正是这种品格，才使这古老的、久经磨难的民族一次又一次再生……

现代化的发展、专业化的需求及科举制的废除，终于使以载道为己任的士阶层完全解体，代之而起的是新式知识分子。尽管新式知识分子与传统的士从思想到行为有诸多不同，但那种以天下为己任的深切社会关怀、那种以身殉道的磅礴气概，却是应当发扬光大的。知识分子精神的萎缩麻木，将是整个民族精神的萎缩麻木。

皇帝的自律与他律

——读《张居正评传》*

张居正严明法度、惠农利商、近民便俗的改革是少有的成功的改革，使走向衰亡的明王朝一度国库充盈、四海升平，重现生机。然而，张居正尸骨未寒，他的改革就被完全否定，改革成果随后也消亡殆尽。这个生前不可一世的宰相死后被削夺爵位，其家被抄，长子自杀，次子及其弟被充军，张府还被重兵围困，饿死十余人。他的十年改革及本人声名全遭毁灭，曾有人评说他“身后一败涂地”。而如此迅速、全面否定改革，否定张氏的不是别人，正是改革的最大受益者、他的学生万历皇帝本人。

万历皇帝从张氏改革的支持者变为坚决的反对者，在很大程度说明了传统对帝王德育的失败，说明皇帝的自律是根本靠不住的。

早在万历皇帝的父亲隆庆皇帝做裕王时，张居正就是裕王的讲官；而从万历皇帝10岁登基起，张居正就给他当老师。可以说，张是两代帝王之师，这种有利条件，使他得以很早就对小皇帝按传统儒学的圣主标准进行教育、培养。

为了教育年仅10岁的万历皇帝，张居正煞费苦心地编写了《帝鉴

* 刘志琴：《张居正评传》，南京大学出版社，2006年。

图说》这本浅显易懂、生动有趣的“少儿帝王启蒙读物”。书中讲了117个皇帝的故事，其中有81篇“圣哲芳规”，记载历代圣明君王的嘉言美行；36篇“狂愚覆辙”，讲述暴君的种种恶行劣迹。大体而言，此书强调帝王要像尧帝那样信任贤臣，要尊儒、读经、行仁政，君德可以恸天地、除妖孽、感化罪人，君主要有纳谏、容人之量，君主也要遵守法纪，皇帝的奢俭关系王朝命运等，都是儒家的圣主明君标准。

张居正对万历皇帝的要求十分严格，万历父丧未毕就被关进书斋进行日讲，还规定每月三、六、九视朝，视朝后还要温书。每天早上皇帝进膳后即开始读书，先要诵读《大学》《尚书》各十遍，再由讲官开讲，然后再看奏章，之后还要午讲，近午要听讲《通鉴》，午膳后才能还宫。

张居正死时，万历皇帝已经20岁，受了整整十年严格的儒学教育，但这时他的欲望却如脱缰的野马般狂奔而出，无法控制。明代皇室的私库与政府的库藏分开核算，皇室私库本来十分充盈，这时却不够贪欲大开的万历皇帝的开支。张居正死后第二年，皇室就超支176万余两！为了敛财，万历皇帝不仅没收了大太监冯保及张居正的家产，甚至直接派太监、特使到各地征税，把本该收归户部的税金纳入皇室，横征暴敛，杀人夺产，全国民变不断。他“每夕必饮，每饮必醉，每醉必怒。左右一言稍违，辄毙杖下”。人们愤怒地抱怨：“陛下驱率狼虎，飞而食人，使天下之人剥肤而吸髓，重足而累息，以致天灾地坼，山崩川竭。”而且，他从万历十七年（1589）后，竟30年不上朝，把一切政事抛诸脑后，一直深居内宫寻欢作乐，成为历史上最贪婪、昏暴的皇帝之一。清代学者赵翼就认为明朝并不是亡于崇祯，而是亡于万历。

无数历史事实说明，道德对专制帝王并无束缚力，君王的自律是靠不住的，只有外在制度的他律，才能制止君王为所欲为。

甲申年再读《甲申三百年祭》*

一想到今年是甲申年，不禁想起360年前几乎是一瞬间发生的两次令人惊心动魄的江山易主之事，崇祯帝在煤山自缢，李闯王旋起旋灭，吴三桂冲冠一怒为红颜……自然，也不能不再次捧读郭沫若先生在一个甲子前写的《甲申三百年祭》。

说起这段历史，首先想起的自然是李自成带领的农民起义军的迅速腐化、贪图享受，终至到手的江山顷刻而覆。以前读史至此，每每扼腕长叹。但现在细细想想，实不必叹息不已，因为成功后的腐败其实正是所谓农民运动的必然。正如郭沫若先生所说："大凡一位开国的雄略之主，在统治固定了之后，便要屠戮功臣，这差不多是自汉以来每次改朝换代的公例。自成的大顺朝即使成功了（假使没有外患，他必然是成功了的），他的代表农民利益的运动迟早也会变质，而他必然也会做到汉高祖、明太祖的藏弓烹狗的'德政'，可以说是断无例外。"郭氏书中引用了许多史料证明，在打下江山之前，为了赢得

---

* 1944年3月19日，重庆《新华日报》开始刊登郭沫若的《甲申三百年祭》，全文1.6万余字，共连载4天，至22日完成。后来延安的《解放日报》亦有转载。当时，抗日战争已由战略相持转入战略反攻。中国人民在中国共产党的领导下正全力以赴夺取战争的最后胜利，为建立自由、民主、独立、富强的新中国而奋斗。为迎接胜利，推动斗争，在李自成领导农民起义300周年之际，郭沫若撰写了《甲申三百年祭》，第一次以马克思列宁主义的科学态度对李自成领导的农民起义的原因、经验教训做了总结。

文章发表后，立即受到了毛泽东和中共中央的重视，毛泽东多次指出要从李自成起义的历史中吸取经验教训，并批示把《甲申三百年祭》作为中共整风的文件之一。该文在延安和各解放区多次印成单行本，产生了很大的影响。

民心，李自成的农民起义军“密遣党作商贾，四出传言：‘闯王仁义之师，不杀不掠。’又编口号使小儿歌曰：‘吃他娘，穿他娘，开了大门迎闯王。闯王来时不纳粮。’又云：‘朝求升，暮求合，近来贫汉难求活。早早开门拜闯王，管教大小都欢悦。’”由于饥旱严重，“官府复严刑厚敛。一闻童谣，咸望李公子至矣”。大顺王朝其实还未真正建立，但从其“得天下”的短暂一瞬所表现出的惊人的腐化堕落来看，所谓“不纳粮者”全是当时用来争取民心的宣传，是根本无意也无法兑现的空头支票。

太平天国的历史也说明了这一点。洪秀全金田起义时即选美妃15人，在随后的征战中则征选了更多美女。1853年定都天京后，四面强敌环伺，还远谈不上夺取全国政权，但太平天国领导人的腐化、奢侈和其统治的严酷却超过了清朝统治者。事实证明，它在动员民众时提出的“天下多男人，尽是兄弟之辈；天下多女子，尽是姊妹之群”“天下一家，共享太平”也全是一纸谎言。

无数事实说明，变质其实是历史上农民运动的宿命。严重的腐败，迟早会导致一个政权的坍塌。至于或迟或早，则由许多偶然因素决定。

说起这段历史，还不能不使人想起崇祯帝的命运。历史上的亡国之君往往被人责骂，但崇祯却颇得后人同情，连李自成在《登极诏》中也承认“君非甚暗”，而崇祯亡国的主要原因在于“臣尽行私”。因为终有明一朝270多年十几位皇帝，大都是荒淫无耻之徒，有所作为的不过两三位，崇祯便是其一。但郭沫若认为：“其实崇祯这位皇帝倒是很有问题的。他仿佛是很想有为，然而他的办法始终是沿走着错误的路径。他在初即位的时候，曾经发挥了他的‘当机独断’，除去了魏忠贤与客氏，是他最有光辉的时期。但一转眼间依赖宦官，对于军国大事的处理，枢要人物的升降，时常是朝四暮三，轻信妄断。”错杀袁崇焕，便是他铸就的大过。虽然郭氏认为他是汲汲的要誉专家，但平心而论，如此在意“民情民意”的皇帝，毕竟不多。在位十七年，他屡下《罪己诏》申说爱民之意，但腐朽的政治体制却使他只能是口惠而实不至，只能经常提出要减膳、撤乐，以示自奉节俭。

当连年饥荒、饿殍遍地、盗贼蜂起时，崇祯帝在《罪己诏》中十分清醒地承认，吏制的腐败如同火上浇油，使灾荒更加严重。诚如郭氏分析：“饥荒诚然是严重，但也并不是没有方法救济。饥荒之极，流而为盗，可知在一方面有不甘饿死、铤而走险的人，而在另一方面也有不能饿死、足有诲盗的物资积蓄着。假使政治是休明的，那么挹彼注此，损有余以补不足，尽可以用人力来和天灾抗衡。”然而，“有司束于功令之严，不得不严为催科”，这一句话已经足够说明：饥荒或盗贼盛行，事实上都是政治因素促成的。虽然崇祯帝也曾想做某些变革，但在既得利益集团的强烈反对下，根本未付诸行动。可能他认为自己实力还不够，还要积蓄力量，等待最佳变革时机。但历史并未给他以时机，大明王朝最终亡在这位最爱表示亲民的皇帝手中，的确令人深思。崇祯的悲剧说明，当社会矛盾极其尖锐的时候，只有大刀阔斧的改革才是唯一出路。当最高统治者连体制内的既得利益集团都无力控制，无法进行自上而下的变革时，就更没有力量控制体制外力量的造反了。

回顾360年前的那个风云剧变的甲申之年，不仅使人惊心动魄，更使人浮想联翩……

第二编

透过历史的裂缝

忘却有可能获得一时的麻痹，但总有一天人们会因此付出代价。的确，只有记住过去，心灵才能不在黑暗中行走。

透过历史的裂缝

——读《历史的裂缝：近代中国与幽暗人性》*

“历史学以人类的活动为特定的对象，它思接千载，视通万里，千姿百态，令人销魂，因此它比其他学科更能激发人们的想象力。”这是法国著名历史学家马克·布洛赫的名言。初读此言时，我进入历史研究这个行当未久，对此自难有体会，甚至颇有疑虑：果真如此？而今，我对这门“高投入、低产出”学科的甘苦深有体会，同时也深感布洛赫所言不虚。或许正是历史的熏染，使我不知不觉养成了用历史的眼光四周张望、上下打量的习惯。广西师范大学出版社新近出版的拙作《历史的裂缝：近代中国与幽暗人性》就是这几年思考、写作的合集。

近代中国，应从林则徐“睁眼看世界”起，然而，主张“师夷长技以制夷”的林则徐，当时却被朝野上下痛责为“溃夷夏之防”的罪人。由此，也可看出清王朝对世界大势的懵懂无知，它的覆亡命运似乎此时就已注定。1867 年，刚刚将太平天国镇压下去的清王朝似乎重归稳定，然而曾国藩的幕僚赵烈文却断言清王朝不出 50 年就会“抽心一烂”“土崩瓦解”，然后中国陷入“方州无主”“人自为

---

* 雷颐：《历史的裂缝：近代中国与幽暗人性》，广西师范大学出版社，2007 年。

政”的混乱局面。对此，曾国藩开始并不同意，与其争辩甚久。然而，历史惊人准确地应验了赵的预言，清王朝终于在1911年土崩瓦解，而且接踵而来的也是赵所预言的军阀割据的混乱局面。1905年，革命派、立宪派与一心维持现状的清王朝这三种力量开始了激烈较量，最终，清王朝被辛亥革命推翻，根本原因也在于清王朝对历史大势的无知。

一个人欲成就大事，一个政权想长治久安，都不能昧于历史大势。

无论中外，许多有良知、有洞见的历史人物，在历史风云中往往充满困惑、苦闷、痛苦，因此，他们的思考往往富有洞见。例如，海涅、卡夫卡、茨威格、罗曼·罗兰、托斯卡尼尼等人，他们所处的时代、国籍、职业、经历、思想等各不相同，但都可说是人文主义者。多愁善感的诗人海涅在异国他乡的流亡中听到久违的母语，见到许多同胞，不禁潸然泪下，写下了满含故国之思的散文《论“爱祖国”》。细究他泪为谁流，则不难发现，在这情真意切、忧郁惆怅、哀怨动人的文字后面，其实是一个充满矛盾、令人苦恼不已的情结，即国家与个人的关系。古往今来，许多思想家试图解开这个难解之结，虽然至今仍未有定论，但他们对这个问题的思考却无疑是人类思想史中的宝贵财产，此后世世代代获益匪浅。卡夫卡是现代派文学大师，所以人们当然习惯于从文学的角度研究和理解他的作品。然而，当我从历史的角度解读他的作品时，却发现他的一些不如《变形记》那样著名的作品，也探讨、思考了国家与个人的关系，尤其是他在20世纪初即探讨了在20世纪末才突然变得尖锐的主权与人权的关系问题。他不是历史学家，但他的历史感却超过许多历史学家。向来无所畏惧的罗曼·罗兰竟然也有噤若寒蝉的时候，实在令人深思。托斯卡尼尼是著名音乐指挥家，原本应与政治无涉，但他对政治、社会却不仅有艺术家本应有的良知，还有许多艺术家缺乏的洞见。

历史是对过去的记忆，而技术发明会改变历史的书写。录影带的发明和普及，将历史的影像记录从话语权威中心解放出来，平民百姓的日常生活将成为影像记录的主体。可以说，这是历史书写的革命性变化，必将影响人们对历史的认识、理解。

古罗马的西塞罗有言："人若不知出生以前发生之事，则将永如幼童。"此言亦说明历史的重要。本书乍看可能有些散乱，但贯穿其中的隐线仍是历史。历史，的确是我们成长、成熟不可缺少的精神维生素。"当过去不再昭示未来，心灵便在黑暗中行走。"这是19世纪法国思想家托克维尔的一句名言。而如果掩盖、涂抹历史，竭力遗忘历史，心灵必在黑暗中行走。记住过去并非要"睚眦必报"，而是为了更好地面对未来；一个失忆的人将行为错乱，根本无法面对未来，一个失忆的民族将陷入集体无意识中，同样会行为错乱，同样无法面对未来。因此，面向未来并不是要遗忘过去，忘却并非通向美好未来的通行证。因为有记忆，个人和集体才会对自己的过错、罪孽忏悔，才可能不重蹈覆辙，而受害者才有可能原谅、宽恕迫害者。而健忘的个人或集体，总会不断地重复错误、罪孽，难以自拔。忘却有可能获得一时的麻痹，但总有一天会因此付出代价。的确，只有记住过去，心灵才能不在黑暗中行走。

观念的旅程

——读《观念的选择：20世纪中国哲学与思想透析》*

从鸦片战争开始，各种观念纷至沓来，彼此冲突激荡，这些观念又与中国原有的种种观念碰撞、融合，渐渐形成不同的组合。一时间，中国近代思想史的版图如万花筒般异彩纷呈。但同时，这种五光十色也使人眼花缭乱，难理头绪，难以了解各种观念的来龙去脉，对于真正理解中国近代思想史之巨大变化和思潮流向的深刻意义，又形成了一道浓重的彩色屏障。胡伟希所著《观念的选择：20 世纪中国哲学与思想透析》，对中国近代各种思想观念的起、承、转、合做了深入细致的爬梳整理，对纷繁复杂的“观念的旅程”，做了探赜索隐的导览。

一个时代有一个时代的时代精神，也就是对时代基本问题的精神关注。该书作者认为，现代性就是中国近代思想、哲学面临的基本问题。所谓现代性，指现代社会不同于传统社会的特点，一般认为包括社会结构、政治制度和价值观念三个层次。中国近代面临的基本问题就是这一老大帝国如何实现现代化，反映在思想文化领域，就是如何理解现代性的问题。社会、政治层面的转型已殊为不易，思想观念或

* 胡伟希：《观念的选择：20 世纪中国哲学与思想透析》，云南人民出版社，2002 年。

价值观念的转变则更加困难，更加众说纷纭。“说到底，就是一个如何理解‘现代性’，或者说，在中国的现代化过程中，需要一种什么样的‘现代性’的问题。”这个问题实际集中反映在对西方文化或文明的看法上。中国近代哲学史上的中西文化之争，也是近代国人对现代性看法的典型反映。“一句话，中国的现代化转型过程中，其价值归依与精神导向是什么，其实可以通过分析中国近现代哲学中的‘西方哲学意象’究竟如何而定。”（第 29 页）

作者认为最早将中西哲学比较同现代性问题联系起来的是留学英国的严复。在严复看来，西方学术是以英国经验论哲学为代表的学术，而且，西方国家之所以富裕强盛，皆源于它的科学文化和经验论哲学。由严复肇始的这一思路，为后来的胡适等人继承。当然，从大方向说，胡适与严复一样推崇的是盎格鲁－撒克逊哲学传统，但在 20 世纪初留美的胡适看来，当时在美国流行的实用主义是最科学的哲学。所以，实用主义曾被译为颇具自然科学色彩的“实验主义”。在五四时期，美式实用主义取代了英式经验主义，一度成为知识界新思想的主流。但第一次世界大战的残酷现实，立即使人对此产生怀疑。梁漱溟在 1920 年出版的《东西文化及其哲学》一书中，向这种思潮提出了挑战。梁氏认为，西方的人生观过度着重于科学技术的发展，着重于改造自然，结果是人与自然分离，科学技术的发展使人类付出了巨大的代价。而中国人生来就不像西方那样讲究理智，而是纯用直觉，但在更高的层次上又是受理智指导的，其根本精神是“理智运用直觉的”。梁氏提出，要以此来除西方文化之弊。胡伟希对梁氏的理论做了细致的分析，指出“梁漱溟的说法是相当含混的，甚至教人不得要领”。但是，“这种说法的模糊，正表现了他潜意识中的某种焦虑：一方面感觉到以西方文明为示范的现代化过程似乎是人类不可逃脱的命运，另一方面，又不愿意看到历史悠久的中国文化从此覆亡”（第37页）。胡伟希认为，梁氏的理论虽然含混，但意义却不能被低估，它标志着国人对现代性的思考进入了一个新阶段，或者说，至少出现了一种新类型。人们开始强调现代化进程中文化的特殊性，即不同文明或文化传统的民族在实现现代化的过程中可以而且应该保持其原来的文化与价值观念。梁漱溟开启的“新儒家”至今延续不绝，可见其影响之大。作者提出，在20世纪40年代，中国人对现代性的思考进入了第三期，以冯友兰和金岳霖为代表。一般认为，冯友兰很中国，金岳霖很西化，但作者认为他们有共同点，即主张“学不分中西，学不分古今”，兼容中西，调和中西，力图通过自己的学术实践打破和消除中西哲学与文化的界限和隔阂。所以冯友兰将西方哲学的逻辑分析方法用在对宋明理学基本观念的分析上，创立了“新理学”。金岳霖的《论道》大量采用了如无极、太极、理、势、体、用、几、数等中国传统哲学术语，并有意使用了很多中国传统哲学命题，但赋予其新解。

文化激进主义是近代中国一个引人注目的思潮。一般认为，文化激进主义就是“激烈反传统”或“全盘反传统”。对这种几成定论的观点，作者却不以为然：“这种由于词义上的误置而导致的理解上的失误，其结果是模糊了我们对‘文化激进主义’的本质认识。”（第306页）因为反传统最多只是文化激进主义中的一支。在对人们都认为是文化激进主义的胡适、陈独秀、李大钊等人的文化观和反传统的异同做了深入的分析后，作者颇有见地地提出：“划分‘文化激进主义’的标准，并不是是否‘反传统’，而是是否将思想观念与学术文化作为政治与社会改革的工具。”（第309页）作者的进一步分析表明，将思想观念与学术文化作为政治工具，使文化激进主义者具有一种反智论的倾向。对反智论，作者并没有简单地肯定或否定，而是客观分析了它在近代中国以大众参与为核心的社会功能、作用与意义。更值得重视的是作者对中国近代反智论基本特征的概括，即唯意志主义取向、民粹主义倾向、崇拜暴力和直接行动取向、组织化取向、权力集中化取向和意识形态化取向。这些特点有的属于理念方面，有的属于行动策略方面，但并非彼此孤立，而是有内在联系的。这种分析概括，使人耳目一新，深受启发。

近代中国各种思想观念此起彼伏，由于种种原因，有的成为显学，有的不久就晦暗不彰。但在历史的风雨进程中，显学也不能不面对强劲挑战，一些一度晦暗不彰的思想观念却又重获生机。正是在这种不同观念的彼此挑战中，所有的思想观念才能不断丰富、发展。在这个意义上，可以说观念不死，观念常新。

超越中西体用

——读《中西体用之间》*

据说20世纪80年代是“思想的时代”。无论人们怎样评价这个时代以及在这个特定语境中所产生的种种思想，都不能否认这新说不断、宏论迭出和令人眼花缭乱的一波又一波激烈的思想论战的核心与实质，依然是近代以来缠结、困扰、折磨了中国、中国文化和中国知识界长达一个半世纪之久的“中西体用”之争。

在这有关中西体用的又一次充满激情（也可说情绪化）的争论中，的确迸发出许多值得珍视的思想火花。然而，如何使这些虽启人心智却又不免失之浮躁的思想获得深厚的学术性支援，从而转化成更为久远厚重的文化积淀，便是摆在我们面前的一桩意义殊深却富于挑战的事业。很幸运，此刻我们读到的由丁伟志、陈崧合著的《中西体用之间》，便是这样一部以严谨厚重的学术为依托，对从鸦片战争到辛亥革命前的中西体用思潮做了一番细致的爬梳整理和深刻的理论阐发的力作。

正如作者所说：“与以前历史上的文化交流不同，这个时期中西文化交流具有了强烈而严峻的政治性质，这就是说，要回答怎样才能从根本上改革或新建社会制度和政治制度这样的大问题。”这就注定了这

* 丁伟志、陈崧：《中西体用之间》，中国社会科学出版社，1995年。

150 年起伏不断的中西体用大争论不是也无法是一种冷静、客观且学理性极强的纯文化、纯学术、纯文本的研究，而必然是“一场政治讨论，一场关于社会制度之选择的讨论，一场关于中国国家和民族命运之抉择的讨论”（第 5 页），这种讨论势必要被道德化和意识形态化。

拉开这场各种思想大潮激荡不已的一个思想新时代序幕的，却只是“师夷长技以制夷”这几个字。如果化繁为简，近代有关中西体用的各种使人目眩的观点派别都可说是围绕着“师夷长技”这四个字展开的。起初是是否师夷，随后是如何师夷，而对于制夷这一目的的争论则基本不大。所以这种种流派不论彼此攻讦如何激烈，甚至于你死我活，无论是坚守“夷夏之防”还是主张“彻底夷化”，目的都是救国，因此本质上都可归于广义上的民族主义或爱国主义。但不无遗憾的是，人们往往只将严守“华夷之辨”、反对师夷长技者视为民族主义或爱国主义。对师夷长技以制夷，则抹去其制夷的目的，然后扣上“变夷”“媚外”“崇洋”“卖国”“殖民”等大帽，使其居于道德/政治的绝对否定性境地和劣势地位，因而最多只有招架之功（仅五四时期例外），进而自己再倚道德/政治的优势地位对其做义正词严的攻击或批评。这样，在近代思想观念的流变中，所谓民族主义便常常带有相当程度的封闭排外色彩，实际应称为“狭隘民族主义”。近代历史表明，这种“民族主义”恰恰对中国真正的繁荣富强起了巨大的阻碍作用，实际误国匪浅，为害甚烈。对此应有清醒的认识和相当的警惕。而近代中国的些微成就、终未亡国恰恰是许多不同时期、不同程度、不同内容的主张师夷的中国人努力的结果。或许，这就是所谓历史的辩证法吧。

尽管“师夷长技”的主张遭到强烈反对，但统治者面对接踵而来的一次比一次严重的内忧外患，为生存计还是不得不实践这一主张。

这就为向西方学习打开了一个难得的缺口，从军事利器的引进仿制逐渐推广深入到全面学习西方机器大工业所需的科学技术的学理的层次和阶段。但洋务运动每前进一步，都遇到了巨大的阻力，产生了令人难以想象的激烈的争论。然而也正是在这种争论的刺激中，本想一意“务实”、厌恶“务虚”的洋务派不得不面对顽固派的挑战，再也无法回避必须解决的基本理论问题。冯桂芬在洋务运动发轫之时提出的“以中国伦常名教为原本，辅以诸国富强之术”的著名论断，成为日后洋务派处理中西文化问题的蓝本。在这一基础上，以曾国藩、左宗棠、李鸿章和张之洞等为代表的洋务大员和以冯桂芬、薛福成、王韬、郑观应为代表的洋务知识分子为提倡西学不遗余力。他们提出“穷则变，变则通”“勿狃于祖宗之成法”的变通自强论；提出“开利源以求富”和“办学局以育才”等新的经济理论和教育理论，终于凝结成“中学为体，西学为用”这一高度概括的理论模式。这一模式像一柄双刃剑，但明显是防御性的，或是抵挡顽固派的进攻，或是反击维新派的挑战。起初，在相当长的一段时间内，它的主旨是针对顽固派的诘难，为引进西学辩护，寻找合法性基础。其作用与意义，均不能被低估。但正如作者所说：“他们并不懂得引进西学会使他们一向维护的君国社稷、圣贤之道一步步土崩瓦解。不过，不明白文化变革后果的这种懵懂状态，恰好使得洋务派有了敢于提倡西学的勇气，敢于主张实行一些初步的文化开放政策。也正是由于看不清中学西学间冲突的本质，他们才设想用西学为辅助的实用手段，补中学之不及，致中国于富强，使清朝得中兴。”（第89页）

如果说洋务派对文化变革的后果是懵懂无知的话，那么顽固派对这种后果则表现出一种病态的敏感。他们认为学习声光电化等与洋人有涉的任何事物都是奉夷为师，结果是“溃夷夏之防，为乱阶之倡”，终将导致“以夷变夏”。他们对正途科甲人员学习科学技术尤为反感和惊恐，认为这些人员的职责是“读孔孟之书，学尧舜之道，明体达用，规模宏远”，“何必令其习为机巧专用制造轮船洋枪之理乎？”因为“立国之道，尚礼义不尚权谋；根本之图，在人心不在技艺”，而他们认为技艺将扰乱人心，所以对革新自强势必造成的官员队伍技术化忧心忡忡，“操用人之柄者，苟舍德而专尚才，从古乱臣贼子何一非当世能臣哉？”一再强调他们应是以正人心为专业的职业意识形态专家，而不应是一心务实，即专注于所谓“器”“末”的技术化官员。

在反对洋务派的斗争中，顽固派或屡屡上疏，或借助舆论，十分巧妙地扬长避短，以长击短。首先，他们尽量不在“用”这形而下的层面上和洋务派理论纠缠，而在超越实践的抽象的“道”这形而上领域发难。举凡修路架线、建船造炮、海防重要还是塞防重要等纯技术、纯战略问题都被他们高度政治化、道德化、意识形态化，提升到“道”的高度，然后再加以反对。因为在“道”的层面便可以逃过实际的“用”的检验，便可用传统逻辑严密的“道器一体论”咄咄逼人地反驳洋务派显得支离的“体用分离论”。抽掉具体内容，这种批判还很能显示出一种雄辩的道德的正义性与合理性。例如，在抽象的意义上谁能说“立国之道当以礼义人心为本”是错误的呢？而洋务派主张的富强则被指为以逐利为本，在道德上自然就矮了一截。其次，他们紧紧抓住当时的政治不修（不少并非洋务之过）及洋务的种种弊端和失误大做文章，搅动人心。他们强调“当务之急，不在天文，而在人事；不在算学机巧，而在政治修明”，上书罗列民生凋敝、官吏不廉等实例，还以天灾来附会洋务的时政之失。他们煞费苦心地把他们所要维护的旧体制所造成的种种弊病与洋务的弊端和失误混为一谈，以达到反对任何变革、完全复旧的目的。再次，“他们把西方有无中国可学之长和西方列强侵略中国的行径，完全混为一谈；把提倡学习西学，从道义上谴责为与‘认贼作父’同类的‘认敌为师’”（第 87 页），说“夫洋人之与中国，敌国也，世仇也”，所以学西学便是“扬其波而张其焰”。他们把不知天文制械等列为“小耻”，把学西学列为“大耻”。据此，向西人学习天文历算“乃今日不耻不共戴天之仇，而羞不知星宿之士，何忘大耻而务于小耻也”，在中国备受西方欺凌、面临民族存亡危机之时，这无疑是一个敏感的问题。“可以想见，在举国上下对于外国侵略者的强盗行径正处在群情激愤的气氛中，守旧派抓住对待外国的态度问题做文章，显然比在‘本末’那样抽象的道理上做文章，更易于煽起情绪，动员舆论，以反对学西学之议。”（第 85 页）

作者精当地指出，顽固派所说的中国文化“并不是中国悠久而丰富的传统文化，而只是着眼于伦理内容，而在伦理内容中又仅仅取其‘尊君亲上’的圣道祖训、纲常名教，作为排拒西学的立国立民的‘大本大原’。事实上，中华文化所包含的科学的、哲学的、文学的、艺术的以及社会伦理的精深博大的内容，是被他们排除于中学的范围之外的”。而洋务派亦莫能外，也是以“西学为用”是有益而不是有害于纲常名教作为自己立论的基础的。这种现象的思想背景，是唐宋以来逐渐形成的道统、纲常观念占据正统地位，以致被当成中国文化的核心、灵魂、精神实质和唯一的思想内容。这就“恰好表明鸦片战争以来举凡以文化排外言论装点起来的‘中学’，无非就是维护宗法社会中的统治权力和统治秩序的纲常伦理观念而已，实在说不上是什么对中华文化的维护与发扬”（第 101 页）。

社会思想的变迁往往是由社会巨变造成的，甲午战争的惨败使维新思潮登上中国社会的历史舞台。尽管维新派与洋务派曾有短暂的结盟，但思想内容却完全不同，或毋宁说与顽固派倒有某种程度的类似，即也持“体用不二”的观点。当然，二者的指向完全相反。

维新派的出现，标志着近代中国思想舞台上主角的转换。就社会阶层来说，几十年的“洋务”与“顽固”之争是居社会中心位置的统治阶级内部的争论。维新派的出世，表明原来居边缘位置的下层知识分子开始占据主角的中心地位，到辛亥时期和新文化运动，最终成为中国社会思想的主导者。在激烈的社会剧变作用下，维新思想势所必至地发展成为辛亥时期的革命思潮和新文化时期的“全盘反传统”。尽管他们彼此有着重要的思想分歧和激烈的争论，其中一些人物的思想前后也曾发生不小的变化和反复，但作为一种社会思潮，其趋势却是相当一致的。基本观点是民权为致强之本，而洋务派的失误在于未认识到使西方各国富强的西学西政的奥秘在于伸民权（当然，对于伸民权的具体形式是君主立宪还是民主共和则有分歧和争论）。“此旨一立，什么华夷之别，什么体用之分，一概被釜底抽薪，变成毫无价值的题目。”也就是说“当时两种文化冲突的焦点，不在于历史上形成的民族的、区域的不同传统特色，而在于现实中存在的先进与落后的强烈对比；而构成这种先进与落后间的巨大落差的关键，又在于政治上的施民权与行专制之别”。“已经达到用资本主义的民权政治制度取代中国的君主专制制度的层次，已经达到用自由平等为旗帜的资产阶级民主主义文化观念取代封建的纲常名教为核心的文化观念的层次。”（第 290 页）

这种思潮，现在时常被指为负面作用甚大的激进主义，因此要“告别革命”。不经革命的大动荡、大破坏而收革命之实效，当然是值得追求的理想状态，作为一种良好的愿望，更是无可指摘。但若强以近代中国的历史来为之佐证，指维新运动和辛亥革命为过激，则有违史实大矣。康、梁想通过明君自上而下改良，何曾过激？孙中山起初不也上书李鸿章，想改良未成，才走上革命之途的吗？现在常被称道的晚清新政改革，也是在经过庚子剧变之后统治者才不得不实行的，但为之已迟。而对几年前有此要求的维新派，则以六君子血染菜市口而告终。而且，“新政”本身迟迟不开国会，反而成立垄断权力的皇族内阁，引起各阶层的极大愤怒，成为辛亥革命的导火索。晚清统治者的悲剧在于，每当尚有一线希望的时候，他们总是拒绝任何变革，因此任何变革都是在机会尽失情况下的一种为时已晚的被迫行为，完全丧失了变革的主动权。可以说，下层的“激进”大都是上层的极端造成的。改良应是双方妥协的产物，只要一方固执己见，便无法改良。倘套用矛盾论的说法，在这一对矛盾中居主导地位的应是统治者的极端。所以，与其指责下层的“过激”不如指责上层的极端，与其呼吁被统治者告别革命，不如吁请统治者放弃极端。

在近代以来西学东渐的过程中，“体”“用”的确是被引用最多的概念，但由于根本说不清什么是“体”，哪些是“用”，所以必然引起极大的混乱和争论，实有碍文化的发展建设。一旦超越体用概念，就会发现“全盘反传统”固然是势所必至，而不是理所当然，而维护传统其实也非理所当然。之所以重视维护传统，是因为我们无法完全割裂、抛弃、摆脱传统，是因为在承继传统基础上的创新更为平稳。但并没有一种先验的原则、道理规定人必须遵从传统。所以，无论对传统采取什么态度，都只有实践操作意义上的行与否、利与弊，而无道德价值意义上的对与错、是与非。

“犯罪的火烙印”——关于辫子的故事

——读《割掉辫子的中国》*

按理说，留不留辫子完全是个人的事情，与他人无涉。然而不应忘记，我们曾经经历过一条小小的辫子居然关系到身家性命的年代，“留头不留发，留发不留头”，有不少人因此丧生。这样，本来无关紧要的辫子却成了意义重大的社会的、政治的象征，成为区分顺与逆、文（华夏）与野（狄夷）的标志。

在世纪之交，如何对待“辫子”，不仅成为一种个人选择，而且成为一种国家发展道路的选择。为了剪掉这根被封建统治者视为政教象征的辫子，近代中国发生了一幕幕悲喜剧。因此，鲁迅的许多文章和小说，都与辫子有关。他专门写了《头发的故事》：“那时做百姓才难哩，全留着头发的被官兵杀，还是辫子的便被长毛杀！我不知道有多少中国人只因为这不痛不痒的头发而吃苦，受难，灭亡。”一些留学生受新文明浸染既深，毅然剪去辫子，不想却被停了官费，被送回国。回国后只得买条假辫子挂上，但走到哪儿都还是被骂为“假洋鬼子”。“同事是避之惟恐不远，官僚是防之惟恐不严，我终日如坐在冰窖子里，如站在刑场旁边，其实并非别的，只因为缺少了一条辫

---

* 张亦工、夏岱岱主编：《割掉辫子的中国》，中国青年出版社，1997 年。

子！”直到辛亥革命后，“才消去了犯罪的火烙印”。但政治的起伏不定，是升斗小民无法把握的，为生存计，只得像鲁迅的《风波》中的赵七爷那样观察风向，随着政治风波的起伏而将那条辫子时而盘起时而放下……后来，连逊帝溥仪也毅然“剪发易服”，剪辫子终成定局。

当然，割去有形的、头上的辫子，并不必然使人同时就能割去无形的、心中的辫子；或许，割去心中的辫子将费时更久，更为艰难。当人们对“割辫子”的历程淡忘已久，对自己心中残存的辫子便浑然无觉。可能正是为了治疗这种健忘症，中国青年出版社新近出版了《割掉辫子的中国》，把中国近代割辫子的一幕幕悲喜剧又准确、生动地展现出来。或许，今天我们读来更多的是感到可笑，但在这可笑之中又深含着一种莫名的苦涩、一种历史的沉重。如果细细咀嚼、体味，我们对自己心中残存的辫子便能更有觉察。

割辫子是从天朝上国观念的破除开始的。《从“夷”到“洋”》一文细述了这一巨大的观念转变。在传统观念中，天下实际就是中国或华夏文明，所谓“以九州为天下”，是唯一的礼义教化之邦，余皆“狄夷”。这种以文化优越论或曰文化中心论为基础的天下观，根深蒂固，难以破除。当现代世界地图初次摆在国人面前时，国人痛斥：“中国当居正中，而图置稍西”，中国本为“天下”，而在此图中仅为一国，且“如此蕞尔”，因此“其肆谈无忌若此”是“语涉诞诳”“以其邪说惑众”。林则徐的伟大，更在于他能“睁眼看世界”。切莫以为兹事容易，且看时至今日，还有人罔顾史实，强以中国为天下，以其他文明为野蛮，妄言要以此“为万世开太平”。所以林氏当年所遇阻力之大和所需勇气之巨，这种观念的历史性变化之艰难都是我们今天难以想象的，连主张“悉夷”（了解敌情）都被认为是汉奸，而为了最终战胜敌人而学习制造洋枪、洋炮更被视为大逆不道……这种华夏中心观正是中国进步的巨大障碍，当这条“辫子”被割去之后，近代中国在方方面面才有可能一点点前进。后来，火车、自行车、汽车出现在中国大地；现代学校取代了传统私塾；西服旗袍取代了传统的袍褂；天足解放了小脚；握手取代了作揖；行刑方法也从砍头改为一枪毙命；讼师为律师所取代；帝制最终为共和所取代……总之，上至家国政制，下至日常生活，都发生了难以逆转的巨大变化。

正如本书编者所言，近代中国的历史也“可以说是不断割辫子的过程。不论改良、革命，还是改革开放，虽然情况千差万别，至少都要割掉一些辫子，否则就一事无成”。“割辫子”所引起的一阵阵轩然大波，至今仍给人以历史的启示。的确，重要的是割掉心中的辫子，尤其是自己心中的辫子。

大众的历史

——读《近代中国社会文化变迁录》*

长期以来，史学在我国肩负的不是“穷探治乱之迹，上助圣明之鉴”的重任，就是寻找或论证人类历史发展规律的伟业。结果，一部无比丰富繁杂、生动多彩的历史，不是被简化成几个帝王将相、英雄豪杰的家谱，就是被抽象为几条规律、几个公式的总结。而一代又一代人民大众在一场又一场历史风云变幻下的衣食住行、婚丧嫁娶、休闲娱乐等则根本不被重视，因为普通人的日常生活和具体的生存方式是“不入流”的，是不能进入历史的。对此，虽早有史家屡表不满，呼吁人们注重对社会史、文化史、大众生活史的研究，但对生活史、风俗史的具体研究委实过于繁难，因此一直成效甚微。所以当我读到这部三卷本《近代中国社会文化变迁录》时，便格外兴奋。这厚厚三大册，以编年的方式逐年、逐月有时甚至逐日地记录下了近代中国的文化变迁和百年间人民大众的生活方式、习俗的变化，一页页读来，好像翻开一幅幅关于近代中国的风情画。

西学东渐引起的不仅是治国方略的变化，还有日常生活的变化。这种生活的变化，有的悄无声息，有的却引起轩然大波。修铁路、架

* 刘志琴主编：《近代中国社会文化变迁录》，浙江人民出版社，1998 年。

电线、开矿等引发的剧烈争论早为人熟知，就是煤气灯的使用，人们也不是没有疑虑的。西人在上海的一些马路安装煤气路灯之初，“谣诼纷纷，而其最可笑者，则云地火盛行（当时名之为‘地火灯’），马路被灼”，故赤足者无人敢从附近走过，担心地火“攻入心脾”，伤及性命。几年后，北京安装煤气灯时也有不少人认为“此必有碍风水。及其成功也，京城以为见所未见，颇觉欢欣，风水两字，置之度外”。

大众文化的出现，必然使一些观念发生转变。过去由于造纸、印刷的困难，文字向为精英垄断，并使文字本身神圣化。“敬惜字纸”是中国古训，也是民间习俗，引导人们对写有文字的纸张抱有崇敬，不可轻慢亵渎。但近代新式造纸、印刷技术的传入和书报的大量出现，尤其是商业用纸的普遍，使“敬惜字纸”大受干犯。为此，天津、上海的地方官在同治年间曾下令禁止鞋店纸包和鞋上用文字标写店号，“谓此等行动，等于用脚踏字”，有辱文字，违者严惩。两江总督还札饬各纸坊铺号“不准于草纸等项纸边加盖字号戳记，更不许将废书旧账改造还魂纸（即手纸），以免秽亵”。1873 年底，上海道宪还专门饬定了《惜字章程》，共十余款，洋洋数千字，详定各种禁条，今日读来，使人忍俊不禁，兹聊举数端，以供一哂。例如，“枕顶置之卧所，肚兜、手帕系妇女所用，以及束腰带、裤带等件，一经绣字秽亵尤甚。嗣后务须一律改用花样，如敢再绣字迹，定干提究”；肥皂、化妆品上也不得印店号，因“洗衣擦体，尤为亵渎”；花炮店“每用字纸包裹炮心，一经放碎，飞扬践踏，污秽不堪”；茶食点心各店号“往往于糕饼上印有吉利字样，并盖印招牌，一经入腹，秽污更不可言……如再印有字板，定当提究”；豆腐干以及糖食各铺“毋许将招牌印于腐干及糖上”。总之，如再有违反，“一经察出，定即传提掌柜之人到案，枷责示众，决不宽贷”。不过，面对铺天盖地而来的字纸，此规定终究只是一纸空文，徒添笑料。“精英”，终归不敌大众。

商业的勃兴使崇奢之风随之而起，同时对传统的等级、身份制度形成了强烈的冲击。中国向来礼法森严、等级分明，穿衣戴帽乘车坐轿都按社会身份各有定制，不得逾制。红风兜、青缎褂、蓝呢轿、朱轮车等都是官员的专利，但在华洋杂处、商业发达、政治控制略松的上海，一些商人也大胆穿用这些衣物，以显尊贵，造成了服饰用具僭越的现象。当然有人看不惯：“红风兜，耀日头，舆台皂隶等公侯。”“朱轮车，装饰华，京师乘者惟王爷。何物狂奴妄豪奢，笞杖罪应加。”但愤懑毕竟无用，身份、等级制度和观念就是这样一点点被冲破的。其实，就在20多年前，电话、轿车也曾是官位、身份的象征，而今不也“飞入寻常百姓家”了吗？

与普通百姓关系最密的还是服饰的变化。1874年秋，《申报》刊登了《论日本改朔易服》这篇文章，对日本明治维新后定西服为官员正式礼服和民间亦开始流行西装的现象大表不满：“自古圣王有天下，颁正朔、易服式、异器械，所以明一统之尊，而使天下知当王之贵也……何期与泰西通商而后遂不知尊王之义乎？”但一年后就又有人在《申报》发表《论日本善法西学》一文，对士人普遍批评改服之事不以为然，对日本从法政到衣食皆“法西学”大表赞扬。到1903年初，在《大公报》发起的有关断发易服的讨论中，赞同者已占了多数，有论者甚至公开主张“今使皇上首易西装，为国民倡，天下之人，有不靡然向风者乎？”对此，《大公报》的编者按亦大胆誉之为“新中国特别精神”。断发易服终成风气，于是西装日渐流行，且又有中西合璧之中山装和旗袍，新旧土洋，千奇百怪，服装迅速多样化。不过，在几十年后我们的穿戴又变为“一身蓝”“一身黄”。及至改革开放之初，党和国家领导人提倡并带头穿西装，向国人乃至世界表明改革开放的决心与态度。服装的变化往往得社会变化的风气之先，普普通通的穿衣戴帽居然与国家大事如此息息相关、紧密相连，说怪，也不怪。

中国向来只有私家花园而无公园，在一些有识之士的努力之下，在清末，个别城市也建立了公园，但大都有男女不得同游的规定，如“星期一、二、三、五、六，准男客人览。星期四、日，独许女客人览”之类。但变化了的社会终要冲破“男女之大防”，不仅男女同游公园终无法禁止，就是男女自由恋爱也得到愈来愈多的认同。社会的发展使大量女性冲破禁忌外出务工，虽有人看不惯，认为男女一起工作有伤风化，提出所有工厂应“易女工而为男工”，但终挡不住妇女走向社会的潮流。妇女的解放，必然导致性观念的变化，于是出现了第一则征婚广告，甚至出现了专供男女幽会的“台基”……

近代百年社会生活的变化既广且深，真是说不尽，道不完。在每种变化后面，又有种种令人匪夷所思的故事，既可悲又可笑，或许，历史就是这样荒诞。但在哭笑不得之后如果能掩卷深思，我们肯定会得到某些关于今天和未来的启示，因为昨天总在影响着今天和明天。

战争、外交与社会变动

——《大门口的陌生人——1839—1861 年间华南的社会动乱》*

众所周知，近代中国的历史，是以英国凭借其船坚炮利悍然发动的鸦片战争为开端的。《大门口的陌生人——1839—1861 年间华南的社会动乱》一书，便以第一、第二这两次鸦片战争作为研究对象和背景。“大门”指广州，“陌生人”指以英国为代表的西方人。这本书的作者是美国伯克利大学的教授，曾任美国社会科学研究理事会主席的魏斐德。此书于 1966 年出版，几十年间学界创新不断，各种新论迭出，但此书仍是在美国的中国近代史研究者的必读之著，仍不断被研究者引用，可见其分量之重。

以往对鸦片战争的研究，不是集中在军事方面就是集中在外交、政治方面，而本书的独特之处在于从社会史的角度来论战争和外交史，即不是把战争、外交简单地视为政治家之间的谈判、阴谋、结盟、缔约、毁约等一系列政治活动，而是从社会史的角度来研究外交与社会间互相影响、制约的动态关系。作者没有主要研究鸦片战争和英国侵华史，而是以英国侵华的两次鸦片战争为线索，研究了这一历

---

* ［美］魏斐德著，王小荷译：《大门口的陌生人——1839—1861 年间华南的社会动乱》，中国社会科学出版社，1988 年。

史时期广州和广东省的社会动态，研究在这样的背景下，广东的各阶级、各社会集团（如官府、士绅、团练、农民、宗族、秘密社团等）对外国的态度、各自的活动、相互间的关系以及这些态度、活动和关系的变化，从而揭示中国近代史开始阶段的某些趋势。

除了清政府的正规军，广东地区的团练在鸦片战争中也起了重要的作用，所以，本书首先对广东的团练进行研究。研究表明，团练一直是地方士绅维护当地治安的重要组织力量，但官府对地方团练的态度却颇为矛盾。一方面，根据儒学“民本”思想，团练正是寓兵于民的理想形式，对维护地方稳定有重大作用，所以不能取缔。但另一方面，团练又使本已不弱的士绅阶层的力量更加强大，成为一支能与朝廷分庭抗礼的潜在武装力量，极具威胁性，所以必须严格控制，必要时坚决取缔。在鸦片战争中，由于官兵不足或其战斗力明显低下，地方自发组织起来的团练在反侵略斗争中作用明显，因而引起了官方重视。林则徐较早意识到团练的作用，因而积极支持发展团练。但琦善到任后，看到团练发展迅速，唯恐其力量过于强大，于是不无惊慌地提出从福建调官方的兵勇比利用团练更佳，便大力削减团练。然而，1841 年 3 月，面对保卫广州的任务，琦善亦不得不下令恢复团练。但是，当危机稍稍缓解时，1843 年夏，朝廷又决定取消团练。但此时颇具实力的团练已不是任官府或兴或灭的软柿子，他们对朝廷的决定阳奉阴违，依然秘密存在。随着社会、政治危机的不断加深，不久团练再度勃发，且力量越来越大。

随着团练作用增大，地方士绅力量渐强，传统的官—绅—民社会结构的平衡随时可能被打破。作为“官—民”间的中介，士绅是维护中央集权制度不可缺少的力量。但如果地方士绅力量过大，官府势必大权旁落，清政府是深谙此事的。作者写道：“所以，不允许知识阶层与群众有过多接触，是清朝政策中的要点，虽然并未明言。绅士可以帮助统治人民，但绝不允许他们掌握人民，最后利用人民。”然而，如前所述，鸦片战争势不可当地增强了团练、士绅的力量，广东由来已久的“社学”也空前活跃。其中，最重要、最著名的是由李芳领导的数县士绅捐助的升平社学。作者的分析表明，社学与保甲的不同之处在于，保甲只是一种消极的控制机构，而不是积极的社会组织形式，社学才是一种跨村落的积极的社会组织形式，是促进地区合作的关节点，能够承担诸如调解宗族械斗、争讼和兴办团练等任务。但“清朝的皇帝们很久以来对那些非官方组织的地方活动抱有疑虑，由于社学是半官方的组织，同时口头上和行动上都十分儒家化，它给社区的或绅士的活动提供了一个‘外壳’”。正是这种外壳，使社学能在政府对非官方组织极端警惕的情况下长期存在、发展。

士绅阶层的力量大增，使得他们的对外态度，对当地政府官员的对外政策，都产生了相当的影响。他们恪守儒家信条，认为中国文化高于一切，坚决反对侵略，反对英国人进入广州城。相对而言，商人的地位低得多，力量小得多。广州向来商业发达，还是对外贸易的唯一口岸，这种特殊地位使广州商人格外富裕，甚至可用富可敌国来形容那些与外国人做生意的行商。因此，一些英国人曾认为行商不会那样排外，认为他们有可能用自己的力量影响政府的对外政策。但实际上商人在这方面几乎没有任何影响。相反，一些商人为表忠诚，还向政府捐钱捐物。对广州公行制和商业发展的研究表明，广州的商人虽然富有，但社会地位并不高。与欧洲商人不同，“广州的商人没有成为一个向统治贵族挑战的、独立而强大的阶级，而是成了与国家及其官员共生的阶层。所谓有地位就是花钱买官，或是像有功名的绅士那样花钱享受，而这两种行为都消耗了资本”。“这样，中国的商人总是卑躬屈膝于社会荣誉的象征——绅士”，“广州的地方上流人士对这个城市及其商业，似乎存在着一种持久的怨恨，发展着一种反城市主义，证明着广州自己的不道德、衰落以至社会的无信无义”。由于他们与外国人经商，与其有共同的商业利益，所以在鸦片战争中一直被官方和士绅认为是为一己之利而出卖国家的汉奸，颇惹众怒。由于商人都居住在广州市，所以更增加了大多住在乡间的士绅、农民对城市的反感、憎恶。甚至连一贯倾向妥协的琦善在给朝廷的奏折中也说：“除业为汉奸者更无庸议外，其余亦华夷杂处，习见为常，且率多与夷浃洽。”作者的分析表明，在这期间，“对广东人说来，‘汉奸’一词凝聚了所有以上描述的反对城市、反对商人、反对洋人的感情。乡村绅士的纯正和忠义行为将有农民参加”。在这种情况下，商人是“避之唯恐不急”，对清政府并无独立的影响。

士绅的突然强大，迅速打破了传统官—绅—民的社会结构，埋下了社会动荡的种子。鸦片战争的后果之一是珠江流域的产业开始迅速向长江流域转移，造成了珠江地区的经济危机。这两种因素叠加、耦合，就导致了诸如太平天国一类的农民起义。这样，本书就由对鸦片战争的研究自然而然地转入对太平军起义、凌十八起义和红巾军起义的原因、失败及对广东社会的影响的研究。同样，作者不是就事论事地研究起义的过程，而是通过深入分析，指出这一次次“华南社会的动乱”所造成的深远的社会后果。绅权过大，在农村加大了两极分化，“于是团练的作用也发生了变化。它不再是民众自卫和使公众一致的手段，而成为其巨大的权力掌握在有钱的名人手中的社会控制机构。随着这一进程，农民变得愤愤不平。越来越多的人开始加入超越宗族的秘密社会”。无疑，各种形式、各种类型的农民造反将此起彼伏。而为了镇压农民起义，清政府不得不更加借助、倚重地方士绅和团练，结果使其更加强大；同时，对农民起义的残酷镇压，使农民力量受到严重打击。这样，“广州的绅士在社会上已没有什么对手”，官府甚至把征税的权力都转让给了士绅，搅乱了既有的租税关系，官—绅—民的社会结构更加失衡、畸形。由此，士绅“抛开其名分与职能，变成了寄生阶级。所有这些不公正都是19世纪中叶平衡破坏的直接结果。团练、反洋人主义以及造反破坏了政治，分裂了社会。革命几乎是不可避免了”。这里，不能不使人想起若干年后“打倒土豪劣绅”这短短一句口号，对千千万万农民竟有那样巨大的动员作用。

鸦片战争的重要后果是社会结构的变化和社会转型，但对这种变化的意义，清政府懵懂无知，也就根本不可能主动调整社会关系，不可能主动通过利益的重新分配来整合社会各阶层。结果必然是社会动乱，导致自己垮台。因为社会转型期也是社会各阶层利益的重新分配期，既有的社会结构已被打乱，既有的社会控制形式已被破坏，而各阶层都想将自己的利益最大化，社会矛盾很难不尖锐化，相当于为社会动荡准备好了温床。因此，如何主动调整各阶层利益关系，建构良性的社会结构，对国家与社会的发展关系重大。

绕不过的门槛

——读《一百个理由》*

近代中国历史发展的两个关键时期都因日本的侵略而改变方向。一是1894年的甲午之战，以中国的惨败宣告了洋务运动的破产。一是1937年日本发动全面侵华战争，中断了中国工商业难得的迅速发展。反过来，在日本的现代化过程中，中国起了重要作用，通过发动对华侵略而获得的大量赔款和资源，让日本获得了现代化急需的资金和资源，相当程度上弥补了国土狭小、资源贫乏的不足。

直到今天，中日近代史上这一段“恩怨”仍是影响中日关系的重要因素，也是影响两国政治、经济发展的重要因素。正如胡平先生在《一百个理由》中所说：“中国欲一扫近代以来的耻辱与颓唐，走向民族的全面复兴，非得通过日本这道心理门槛；在很大程度上，这道门槛将考验中国能否成为一个成熟的现代国家。日本要洗去孤独与暧昧，成长为世界性大国，更是绕不过中国这道道义门槛；在某种意义上，这道门槛成了判断日本能否重铸为一个政治诚信国家的试金石。”

在近代西方列强侵入东亚之后，有“同文同种”之说的中日两国

---

* 胡平：《一百个理由》，二十一世纪出版社，2011年。

先后对外开放，但最后的结局却是一弱一强，大为不同。这种结果的不同，使人们在对比中日现代化道路时更多地强调彼此相异之处。但胡平却独具慧眼，认为彼此的相似性更加重要：“比起触目可见的相异性，探寻并体味中日两个民族在文化上较具实质意义的相似性，于我更有兴趣。”

明治维新时日本开始向西方学习，甚至提出“脱亚入欧”的理论。1872 年，日本政府规定今后礼服一律采用西服，从天皇和大臣到军人、警察、学生，无一例外，并且花巨资建鹿鸣馆，请西方人教身着燕尾服的达官贵人跳舞，学习西方社交礼仪。当时孩子们在玩一种游戏，一边唱着《文明拍球歌》，一边按着韵律拍球，歌词中列举了蒸汽机、煤气灯、照相机、电报、报纸、学校、邮政等当时日本人最为渴望并且认为是导致西方富强的十种物品。

但在对外学习的过程中，日本人渐为普鲁士模式深深吸引，因此毫不犹豫地摈弃了美国、英国、法国式的民主宪法范例，将普鲁士军国主义道路作为自己的建国方针，这是日本最后走上对外扩张的远因。与之相应，日本人转而全面强调国家的传统，肯定并坚守本民族有特色的东西。从明治中期开始，在日本所要肯定和坚持的国家传统、日本特色中，最不可动摇的是天皇制。这种变化也反映在游戏当中。相扑是日本人深为喜爱的传统运动，但明治维新初年却突然成为落后、丑陋、可耻的象征，原先大受欢迎的相扑手突遭冷落。但后来官方强调传统的复兴，而且明治天皇在 1884 年亲自举办并出席了一个相扑表演会，表示对相扑的支持，相扑运动由此起死回生。这些历史细节，亦从一个方面说明了胡平的观点：“明治时期的领导人感兴趣的方面，几乎完全集中在外在的形式上，若要他们理解并接受西方的价值观，那无异于要淡水鱼游进大海。”“在天皇制下，作为现代化的主要目标，人的现代化并没有完成，反而使自我与个性受到极大的扭曲乃至丧失。可以说，这一封建性的传统的主体，成为日本昭和历史悲剧的文化根源，并导致日本现代化走上了歧路。”

而中国自洋务运动起，对外开放、向国外学习同样表现在外在形式上，而拒绝其价值观念，“中学为体，西学为用”是众所周知的纲领。如张之洞就对近代以来涌入中国的各种新词极为反感，禁止幕僚使用。“健康”一词，因是日本新词，使他勃然大怒。这一细节，亦说明中国对外最热衷的是器物技术层面的开放。所以，中国的现代化进程，比起日本来更为复杂，其阻力也似乎更大。

对中日对外开放和向国外学习的措施进行比较后，胡平的结论是：“但看两者之间，有一个共同的视角——即在应对外来文化与厘清本土文化之间，如何真正实现文化的现代化，这是事关两国前途的难点与焦点。”

谈到日本，国人确实很难平心静气，往往充满激愤之情。这种发自内心的激愤，无疑有其必然性。但是，如果没有理性的堤坝，这种激愤将如滔滔洪水，泛滥成灾，最终冲毁一切，包括自己的家园。胡平的《一百个理由》，既充满激愤，又富有理性，是理性与激情的完美结合。

对日本从文化到制度、从历史到现实的许多负面因素，胡平都做了深刻且严厉的批判。同时，对日本民族从文化到制度以及从历史到现实的许多优长之处，他又做了客观的评价甚至赞许。因此，他对盲目、狭隘的民族主义，不仅不以为然，而且深以为虑。胡平表示：“我不想介入这场争论中去。一是学识有限，二是我总怀疑其中逡巡着某些利益集团的影子，而一有利益集团混迹其中，很多事情便说不清楚道不明白。根据自己肤浅的理性与一般的观察，我想说的只是两个问题：一、中日两国是否真的在走向战争前夜？二、在相当多的国人看似牢记民族耻辱、溢满浓重悲情的反日仇日情结中，那份悲情是否只是一种伪悲情？”

在日本的经验使他认识到，日本的右翼势力虽然总是在为当年的侵略战争涂脂抹粉，到靖国神社祭拜战犯，“但是反对战争、告诫战争会给世人造成深重灾难的教育和声音要比右翼强大得多，也深入人心得多”。在日本，严重歪曲侵略战争历史的《新历史教科书》被作为教材的概率不到百分之一，还受到广大爱好和平人士的强烈批判和反对，甚至“不仅仅是抗议，日本民间还有人站出来，以理性、良知与血凝固的事实，与篡改者进行笔与笔的角逐”。日本还有专门为日本侵华战争的中国受害者提供法律支持的组织，他们甚至资助中国受害者到日本打官司。一位素昧平生的日本人对他说起自己在 20 世纪 90 年代泡沫经济中的惨痛经历，同时看到中国一些大城市近些年魔术般矗立起来的高楼大厦有不少空置，不禁为中国担心，并告诉胡平：“日本经济泡沫的形成在民间是有些迹象的，开始是网球热，不久又转为保龄球热，再后来官员们和各界成功人士纷纷以打高尔夫球为风尚……在中国，是不是这样？”

在经济全球化的今天，中日两国的经济联系越来越密切，“你中有我，我中有你”，互惠互利。这也是两国政治关系坚冰难破，但经济来往依然密切，并被称为“政冷经热”的原因。许多日货其实是在中国生产的，如果悉数抵制，对中国经济的影响可想而知。我们使用的许多电脑，无论是美国品牌还是本土品牌，有些是在日本研发的，有些含有相当多的日本配件，是否也应抵制？

因此，真正的爱国不是或不仅仅是网上、街头激愤地宣泄，更应是冷静地将国内的事情做得更好。胡平冷静地写道：“这里当然有一个前提，即当政者必须把国家治理得人人安居乐业，生死无忧，如同一匹杭锦，经纬分明不说，还光彩照人。倘若逼近天下板荡、河决鱼烂之时，再提倡爱国主义，古语云‘乱邦不入，危邦不居’，那就肯定不灵了。”

在可以看到的未来，日本问题仍可能“促使两国民族主义过激反应，在很多问题上纠缠不清，从而转移中国国家注意力，加重中国现代化的成本，大大迟缓或停顿中国和平崛起的进程”。这不是胡平的危言耸听，而是冷静的思考，所以“中国能找到100个理由谴责日本，中国更能找到100个理由与日本和平相处”。

日本对台殖民统治的法理剖析

——读《春帆楼下晚涛急——日本对台湾的殖民统治及其影响》*

1911年，梁启超曾到已经被日本占领16年的台湾游玩。夜泊马关时，他曾到丧权辱国的《马关条约》签订之处——春帆楼一访，亲临楼台，他不禁感慨万千，写下“明知此是伤心地，亦到维舟首重回。十七年中多少事，春帆楼下晚涛哀”之句。在台期间，梁氏深受身处异族统治下的台湾名士敬重，其间他与台湾友人诗酒唱和，写下不少感怀祖国山河破碎、手足分离之作，深叹“破碎山河谁料得，艰难兄弟自相亲”。不过，梁氏此行并非专为伤时感怀，而是想对日本统治下的台湾做一理性的全面考察，以裨未来中国的建设。他在给上海《国风报》同人的信中说：“吾兹游本欲察台湾行政之足为吾法者，而记述之以告国人。”然而经过半个月的考察，他认为当地改币制、兴水利、公共卫生管理建设等不少方面“多有独到之处”，国人应当虚心效仿而不能“违心以诋之”。但总体而言，日本在台湾的殖民统治令他“大失望也”。

从1895年签订《马关条约》到1945年日本战败台湾光复重回祖

* 黄静嘉：《春帆楼下晚涛急——日本对台湾的殖民统治及其影响》，商务印书馆，2003年。

国怀抱，整整半个世纪。对这半个世纪日本在台湾的殖民统治做认真细致的梳理和研究，确具学术和现实意义。商务印书馆出版的黄静嘉先生所著《春帆楼下晚涛急——日本对台湾的殖民统治及其影响》，便是填补这方面空白的力作。作者将梁任公当年“春帆楼下晚涛哀”易一字为“春帆楼下晚涛急”，作为书名，以示承续当年梁氏之志。

年已八旬的黄先生早年毕业于东吴法学院，后获美国富布赖特奖学金留学美国南美以美大学，为台湾著名律师，并在一些著名大学任兼职教授。特别有意义的是，作者在抗日战争中曾投笔从戎，1945 年参加中国政府对台湾的接收工作，以后一直生活在宝岛台湾。这种经历，使作者对此问题既有深厚的学力，又有丰厚的感性体验。当然，作者坦承这种经历使他在研究这一问题时很容易带有某种感情色彩，但由于意识到此点，所以作者在研究中对此便格外警惕，不让感情妨碍学术研究的客观公正。从参加接收起，黄先生就有心对此问题做深入研究，注意访求搜寻有关资料，并不断取得阶段性研究成果，一直为学界所重。因此，本书可说是黄先生有关研究之集大成，是他逾半个世纪之心血结晶，所以功力格外深厚。

从 16 世纪起，西欧逐渐成为现代世界体系的中心，出现了列强争霸的局面，并开始向海外殖民扩张，西班牙和葡萄牙在早期的殖民扩张中处于领导地位。稍后，荷兰、英国、法国和其他一些国家也加入了殖民的行列，英、法两国更是后来居上。在亚洲，日本经过明治维新走向富强，亦开始积极向外扩张殖民。1895 年中日《马关条约》签订，中国政府被迫割让台湾，这样日本也成为殖民国家中的一员。

台湾是日本第一个殖民地，其时日本还不能说是羽翼丰满，英、美、法、俄、荷五国在日本还享有领事裁判权（直到 1899 年，即日本据台第四年才告废），应该说它当时并无足够的资本（资金和能力）

去经营殖民地。日本的殖民是“资本随着国旗前进”，而英、法等老牌殖民主义是“国旗跟着资本走”。正因如此，日本对台湾的殖民统治更加残酷、严苛，这是其殖民统治的重要特点。

作者指出，在一般关于现代殖民统治的讨论中，大体分为从属主义、同化主义与自治主义三类。从属主义指“在殖民地统治上，对于殖民地自体利益的否定，一切悉基于殖民‘母国’之利益，殖民地与殖民地人不过其统治权力支配的客体。因此不承认殖民地人民之参政权，所谓法制只是由统治者依其本身需要制定”。同化主义“系以对殖民地人民施行法制、风俗、习惯以至语文之同化，在法律及政治上则赋予殖民地人民与其殖民‘母国’人相同的自由、权利与地位，因此，殖民地人民并得产生代表参与殖民‘母国’之议会”。自治主义则为“尊重殖民地人民之固有法制、风俗、习惯、语文等，尊重殖民地人民之政治权利与自由意志，在立法上，殖民地人民可以产生自己的议会，选择自己所需要的法制”。作者的详尽分析表明，日本在台湾地区实行的是“从属性的同化主义”，即竭尽全力同化台湾地区的居民，使之在方方面面都尽快割断与祖国千丝万缕的联系，忘却祖国而达到“皇民化”；但是，台湾地区的居民却又不能享有与日本本土“皇民”同样的权利。事实上，日本的军国主义统治使其本国国民享有的权利和自由较其他宪政国家本就少得可怜，因此台湾民众的待遇则更等而下之。

从法理的角度，作者将日本在台湾的殖民统治分为前后两个时期，每个时期又细分为两个阶段。

1895 年到 1921 年是殖民统治前期。这一时期的殖民统治制度为“敉平”各种反抗，实行武官总督制，总督须具有海陆军大中将之资格，并兼任台湾军司令官，在立法上以总督律令立法为原则。所谓律令，为由总督发布的具有法律效力之命令。“就此，殖民地统治者宣称，此系基于台湾殖民地统治之特殊需要，故以律令之特别立法为统治上之基准法源。”律令立法的基调就是在民事上承认旧有习惯，刑事法方面上采取严刑峻法的威压及应报主义，造成强有力的行政权力，施行高压殖民统治。在作者的分析框架中，这一时期又被细分为第一段和第二段。第一段（1895—1914）是其殖民统治“奠基期”，也被认为是台湾殖民地被“驯化”的时期。第二段（1914—1921）是所谓“调整转型期”，此时殖民者在政治上已面临调整的压力，所以不得不采取若干怀柔政策，其中重要的是删除了台湾总督须为海陆军大中将的资格限制。首任文官总督于1919年10月上任，为“律令立法”转变为“敕令立法”做了准备。

从1922年到1945年台湾光复，为殖民地统治后期。这一时期又细分为第三段和第四段。第三段（1922—1931）的特点是一方面以虚伪的形式上的地方自治来显示其“柔性”政策，另一方面仍以治安警察法、治安维持法镇压殖民地人民的反抗。第四段（1931—1945）的特点是日本处于准战争及战争体制下，日本统治者使台湾战争基地化或要塞化达14年之久，“其基地化及要塞化，则突显台湾之殖民地之属性，具有强烈的军事根据地的性质”。此一时期的殖民统治从原来的武官总督改为文官总督，“律令立法”原则改为“敕令立法”原则。敕令立法与律令立法的区别在于律令立法为总督之行政立法，而敕令立法虽由天皇名义发布，但实为日本中央政府（内阁）行政权力作用的结果，故为中央政府的行政立法。敕令立法所标榜的“内地延长主义”，即日本本土法制之延长施行于台湾，台湾民众（殖民者称为“本岛人”）与日本本土人民（殖民者称“内地人”）适用同样的法律。

与日本相比，台湾的人口和面积都不能说少，而且台湾的文化传统、社会结构、法制传统和政府治理方式更与日本完全不同，如何将其“驯化”，是日本统治者侵占台湾后必须面对的挑战。为了巩固其殖民统治，日本殖民者处心积虑地将日本本土法律与台湾实情相结合，建立了一套完整的法律体系。这套法律体系，对日本在台半个世纪较为稳定的殖民统治起了重要作用。对这套法律体系的分析，亦即对日本在台统治性质的分析。

台湾殖民地时期的刑事法制，自军政时期的军令刑法始一直到台湾光复，其重要特点是威压报应主义和民族歧视。如 1898 年 11 月通过的《匪徒刑罚令》，实际上是 1895 年军政时期的《台湾人民军事犯处分之谕示》及《台湾住民刑罚令》之延续，实质是镇压台湾人民的反抗。20 世纪 20 年代进入敕令时期并标榜所谓“内地延长主义”，即台湾人也适用日本本土法律，但进行了重要修改，“此一律令刑法仍被继续保持，并不惜因而在敕令原则和内地延长主义之新貌上留一缺口，殖民地政府之目的，盖在于用以起威吓作用，预备必要时援用，其用心可以说是昭然若揭的”。

殖民统治前期的民事法制，为了维持社会安定，无法在短期内全部更张，只能承认以原有习惯即旧惯为基调。但日本统治者并非无条件承认旧惯，而是有取有舍，这种取舍，反映出日本统治的需要。例如对于土地的法律关系，日本殖民统治者就进行了非常“积极”的改造，一方面承认旧惯，另一方面则积极进行土地清查，施行土地登记，明确土地权利，实质是强化殖民政府对田赋（地租）的征收。同时，规定对未如期办理申报者，径行宣告为国有，并拨日本财阀使用，还宣布无主公地和“凡无证明所有权之地契或其他确证之山林原野，皆属官有”。这种对土地权利关系的“积极改造”，其实是赤裸裸的掠夺。与此相反，对亲属法关系则相当消极放任，完全承认旧惯，如对于蓄妾、蓄婢、置奴等采取完全承认的态度，法律对纳妾更以“夫妾婚姻”的名目正式承认。直到后期之民事法制对此并无改变，盖因此对殖民统治毫无妨碍，甚至可以说这种“愚民政策”（作者语）对其统治更为有利。再如，在1923年以前，日本统治者以承认、尊重旧惯为理由，禁止本岛人组成现代化的公司，其目的是束缚殖民地人民开展经济活动的自由，抑制殖民地人民民族资本的发展。在宗教方面，殖民统治前期因其根基未稳，所以对台湾本土宗教采取不干涉甚至放任的态度。但其统治后期便开始对台湾本土宗教进行“整理”“净化”，以行政权力推行日本国教神道教。如1934年台湾总督府曾发令要求确立每一街庄（乡镇）各建一所神社的方针，将神社置于地方教化的中心，同时促使各家供奉神宫大麻。这种宗教政策，明显是为配合日本军国主义和战争的需要，对殖民地人民进行思想控制，培养死心塌地的“皇民”（但又无日本本土“皇民”所享有的权利）。

对于“内地延长主义”，现在有些人称，这标志着本岛人和内地人享有同样的平等的权利。对此问题，作者的分析格外细致、深刻。

作者分析表明，日本旧宪法系采立宪主义原则，立宪主义原则一般被归纳为法治主义、代议制度、责任政治和权力分立四点。在法治主义方面，台湾的司法制度并非完全独立，而且在立法方面殖民地无权选举议员以参与议会立法之权的行使，台湾的立法权实际是在总督手中。在代议制方面，日本议会的代表性仅及于本土，而台湾及其他殖民地中既无独立的议会，日本的议会也不能依选举产生其代表。在责任政治方面，由于殖民地无代表参与议会，所以追问政府责任可能性之前提就不存在，“而殖民地总督享有广大之行政、立法、司法之权，其不对殖民地人民负责尤不待言”。在分权制衡方面，如前所述，行政、立法、司法大权实际都集中在总督手中，根本没有分权一说。而且台湾总督的专制并不以法制的规范为其界限，在许多情况下甚至是非法律或超法律的，“而此专制政治之绝对性与彻底性，正是台湾殖民地统治制度之基本特质”。作者以许多案例表明，对于涉及殖民地人民的政治及基本权利地位之事项，日本殖民统治者表现出极为坚执顽强的抗拒。所以，从人民应享有的最重要的政治权利方面说，日本统治者并未将台湾人民视为“内地延长”的本土人。

有观点认为，1923 年以后，日本殖民者对本岛人施行日本内地的商法，允许其组织现代化的公司，说明其对本岛人经济控制的放松。然而作者的分析表明，真正的原因是此时“日本产业资本之独占既已建立，并已获得对‘土著民’（指本岛人）资金之控制，其对‘土著民’经济活动自由之法的约束，已可开放解禁”。再如，笞刑系对犯人的体罚，为现代刑法思想反对，中国（当然包括台湾）封建法律向有笞刑，说明了法律的落后性。日本自立宪后即废除笞刑，然而，它在台湾却在相当长的一段时间内保持了笞刑，并在 1904 年 1 月以律令第一号公布，同年 5 月 1 号施行，直到 1923 年修改法律时，才将此条废止。而诸如笞刑的废止等，容易使人误认为日本的统治已经和缓，但实际并非如此。正如作者所说：“盖‘内地延长’及皇民化运动，强制改汉人姓氏为‘和’（日）式，并崇拜天照大神，消除本岛人对于所隶民族之归属感（identity）及效忠，乃为更高度的民族压迫。”

总之，作者以深入细致的法理和案例分析表明，殖民者所标榜的“内地延长主义”“内台共婚”及徒具虚名的“地方自治”，企图让殖民地人民以为他们将可逐步获得与日本本土人民平等的待遇，以缓和殖民地人民的反抗。但是，“纵在其以敕令‘施行’其本国法之范围，遇有对殖民地人民基本权利承认其地位之规定，均在排除之列；而刑事法制仍继续适用律令立法，并维持其威压、民族歧视主义之法制”。殖民地人民的基本地位并未因此得到实质上的改善，相反，“由所谓‘内地’延长主义，以及所代表的同化主义（从属的同化主义）的强化，毋宁显示了殖民地统治者采取了更‘深文周纳’的殖民政策，殖民地人民所受到的政治压迫与凌虐，也未因进入新的时期而有实质上的改善”。而“皇民化”运动，正是这种“同化”（却又不同权）主义合乎逻辑的发展，亦为其实质。日本在台湾的统治，无论前期后期，无论从军令、律令还是敕令上看，都是严酷的殖民统治。

去漫画化的“蒋介石真相”

——读《蒋氏秘档与蒋介石真相》*

在风起云涌的中国现代史上，蒋介石无疑是非常重要、复杂的风云人物之一，如果对蒋介石没有深入研究，对中国现代史的理解也就不会十分深刻。但长期以来，由于种种原因，蒋氏始终是一个被高度漫画化的政治符号，人们对他缺乏客观、深入的研究。现在，对他进行去漫画化的学术研究，已是深化中国现代史研究的重要课题，杨天石所著《蒋氏秘档与蒋介石真相》，便是这方面最重要的研究成果。

在这部近50万字的著作中，杨天石以大量未刊日记和难得一见的原始档案为基础，对蒋氏的方方面面都做了深入研究，令人耳目一新。书中讲述的“中山舰事件”的真相、蒋介石与胡汉民的关系、奉蒋谈判与奉系出关、抗日战争时期对日谋略、蒋氏和李宗仁的矛盾等，都十分精彩。但我最感兴趣的，却不是这些重大政治事件，而是他的早年日记。这些日记反映出了他的内心世界里天理与人欲的激烈交战，以及他反复思量、权衡，最终选择反俄反共道路的复杂心路历程。说起来，这些早年日记的保存与发现过程也颇具传奇色彩。20世

---

* 杨天石：《蒋氏秘档与蒋介石真相》，社会科学文献出版社，2002年。

纪30年代，蒋氏将日记与其他一些文档交与他的老师和秘书毛思诚保存。毛思诚将此存放于宁波家中。中华人民共和国成立后，毛思诚的后人将这部分资料秘藏起来，在“文化大革命”中被抄家的红卫兵发现，辗转上交。“文化大革命”后落实政策，毛氏后人将其捐献给了中国第二历史档案馆。

所谓早年，是指从1919年到1926年，蒋氏33岁到40岁之间。正是在这期间，他从在政治上崭露头角但仍不脱上海滩小混混色彩之人，日渐成为政坛举足轻重的人物。或许一开始，蒋介石并未想到自己有朝一日会成为权倾一时的“党国要人”，所以此时的日记格外真实。从1919年到20年代初，日记中充满了荒唐放荡与自责克制的矛盾。如1919年10月初他下决心：“以后禁入花街为狎邪之行。其能乎，请试之！”“色即是空，空即是色，世人可以醒悟矣！”但10月15日又记道：“下午，出外冶游数次，甚矣，恶习之难改也。”其后几个月，日记中充满自责，也确无“不良记录”。但1920年初，他又无法控制自己的欲念，1月15日、18日分别记有：“晚，外出游荡，身份不知堕落于何地！”“上午，外出冶游，又为不规则之行。回寓次，大发脾气，无中生有，自讨烦恼也。”直到夏天前，日记屡有：“迩日好游荡，何法以制之？”“晚，又作冶游，以后夜间无正事，不许出门。”“晚，游思又起，幸未若何！”这年夏天，他遇到旧友，言谈中感到别人对自己的不屑，痛感自己为人所鄙，在8月7日的日记中云：“世间最下流而耻垢者，惟好色一事。如何能打破此关，则茫茫尘海中，无若我之高尚人格者，尚何为众所鄙之虞！”9日则记道：“吾人为狎邪行，是自入火坑也，焉得不燔死！”以后的日记仍有大量的理、欲交战的记录，但此时已基本是只有“邪念”而无“邪行”了。他写道：“我之好名贪色，以一澹字药之。”“见姝心动，这种心理可丑。此时若不立志奋强，窒息一切欲念，将何以自拔哉！”“欲立业，先立品；欲立品，先立志；欲立志，先绝欲。”“荡心不绝，何以养身？何以报国？”……可以说，在戒色方面他已取得成功。

在日记中，人欲与天理的冲突，表现得淋漓尽致，而重要政治人物的这种自我剖析更是至为难得，甚至可说绝无仅有。倘有意深究者，大可从心理分析的角度做另一种研究。

蒋氏戒欲的成功，当然是由于自己的毅力与决心，但与外在环境的变化似也不无关系。随着政治地位的提高和影响力的增加，政治自然渐渐成为他关注的焦点。

日记表明，他在五四以后把研究新思潮作为自己的学课，从1919年到1926年，他最常看的杂志是《新青年》，其次是《新潮》，而其他期刊则很少提及。同时，他对社会主义学说也表现出浓厚的兴趣。1923年后，他对马克思主义投入了相当的精力，日记总有“看马克思经济学说”“看马克思学说”“看《马克思学说概要》”“看《共产党宣言》”……这类记载。看完《马克思学说概要》后他的感受是：“颇觉有味。上半部看不懂，厌弃而去者再。看至下半部，则多玄悟，手不忍释矣！”又一则记道：“看马克思学说。下午，复看之。久久领略真味，不忍掩卷。”不久，他对苏俄革命的兴趣大增，曾一度自学俄语，多次阅读《列宁丛书》并屡有好评：“其言劳农会与赤卫军之组织与新牺牲之价值，帝国主义破产之原因，甚细密也。”“其言权力与联合民众为革命之必要，又言联合民众，以友谊的感化与训练为必要的手段，皆经验之谈也。”值得玩味的是，从亲俄的1923年到早已反苏反共的1931年底，他对《俄国革命史》一书的兴趣始终不减，认为“甚觉有益也”。正如杨天石所说：“蒋介石后来虽然反苏反共，但是，在他的统治术中，仍然有不少来自苏俄的东西。”1923年8月到 11 月，蒋介石被孙中山派往俄国实地考察。从日记看，他对苏俄有褒有贬，起初是褒多于贬，后来是贬多于褒，他对共产国际尤为不满。12 月中旬他回到上海，在孙中山催促下才寄出游俄报告。在翌年春致廖仲恺的信中，他写道："俄党殊无诚意可言"，"其对中国之政策，在满、蒙、回、藏诸部，皆为其苏维埃之一，而对中国本部未始无染指之意"，"彼之所谓国际主义与世界革命者，皆不外恺撒之帝国主义，不过改易名称，使人迷惑于其间而已。所谓与英、法、美、日者，以弟视之，其利于本国而损害他国之心，则于五十步与百步之分耳"。有如此思想基础，在孙中山去世后国民党内左右两派斗争日趋激烈，在现实利害的权衡取舍中，蒋氏最终选择反苏、反共，就不难理解了。

对蒋介石这样非常敏感的政治人物，现在不仅已可进行实事求是的学术研究，而且还得到了国家有关部门设立的"华夏英才基金"的支持，这也从另一个方面说明了时代的进步。

蒋介石的“天下得失”

——读《天下得失：蒋介石的人生》*

要了解、研究中国现代史，尤其是政治史，无论如何蒋介石都是个绕不过去的重要人物。山西人民出版社出版的《天下得失：蒋介石的人生》并非蒋的详传，而是从他人生的几个重要侧面，来透视他“得”“失”天下的人生，视角独到。更重要的是，汪朝光、王奇生、金以林三位作者均长期治民国史，自然不同程度地涉及蒋介石研究。此书为三位作者有关研究之结集，互相补充，更是相得益彰。

在国民党统治中国时期，1932 年似乎是平平常常的一年。然而就在这一年，蒋介石经过第二次下野后的深刻反省，在统治手段和方法上做出了重要变化。

此前与李宗仁、白崇禧的蒋桂战争，及由此引发的与冯玉祥、阎锡山、李宗仁间的蒋冯阎大战，蒋都取得了军事胜利。但是，军事胜利并未完全转化为他在党内的政治优势，国民党内多数人仍认为他是军事领袖而非政治领袖。在错综复杂的党内派系矛盾、斗争中，他不得不在 1931 年 12 月中旬下野。

这次下野，蒋介石深深意识到一些原本不曾关注或关注不够的

---

* 汪朝光、王奇生、金以林：《天下得失：蒋介石的人生》，山西人民出版社，2012 年。

重大问题。当国民党的统治由“军政”进入“训政”时期，执掌中央大权的蒋介石深感自己在党、政方面的能力远远达不到对军政大权运用自如的水平。经过痛苦的反省，他认识到自己以往只注重军事、军权而相对忽视了其他方面，认为“无干部、无组织、无情报”是自己军事成功而政治失败的关键。因此，在这一年中，他确立了自己的核心干部，主要是原来得到他信任的干部和一些党外知识分子，几乎没有一人来自汪精卫、胡汉民阵营，也很少有孙科的“太子派”、西山会议派和地方实力派人物。在这一年中，除了原来的直系外，他建立了一个以黄埔学生为核心和主体的绝对效忠于他的组织——三民主义力行社，从组织上加强了对国民党的控制。在这一年中，他重组情报机构，成立了军事委员会调查局，由陈立夫任局长，下设三个处，由徐恩曾、戴笠、丁默邨分任处长。此三人之后分掌了中统、军统和汪伪特工总部。在这一年中，此前一直关注军队建设、巩固“党权”的蒋介石，不能不认真地考虑一个对他而言全新的课题——政权建设。为了加强政权建设，他开始与以前基本没有来往的知识界建立密切联系。从 1932 年 4 月开始，他有计划、有系统地召见大批学界精英，虚心向他们请教。学习内容为他以前关注很少而此时亟待解决的经济、政治、外交和国际关系这四个方面。作者通过细致分析得知，这个学习过程，不仅提高了蒋介石的治国能力，更重要的是很好地改善了他与知识界的关系，并吸引了一大批知名学者纷纷加入国民政府。这“不仅可以扩大国民政府的统治基础，巩固统治秩序，从而在很大程度上改善了国民政府的政治生态，更解决了他人才匮乏的困境”。作者强调，蒋介石吸收的这些知识分子大都不是国民党员，他们参加政府工作后，占据了许多重要岗位，引起了党内各派的强烈不满。但正是对党内干部素质的不满，才迫使蒋将眼光投向党外，因此不顾党内强烈反对，坚持重用党外知识分子。现在为不少人津津乐道的“十年建设”“黄金十年”，与蒋重用知识分子，使大批国民党外知识分子参加政权建设确有重要关系。

确实，1932 年是蒋由军事领袖向政治领袖转型的关键之年。

蒋虽成为政治领袖，权势空前，但国民党内派系林立的状况并未根本改变。如何处理、解决党内矛盾甚至激烈斗争，是蒋政治的重要内容。他对党内元老从倚重到闲置，恩威并重摆平地方实力派，直到仓皇去台后，才最终在党内独大。不过，他对反对派的处理却颇堪玩味。

在蒋桂战争、中原大战、两广事变中，阎锡山、李宗仁、白崇禧等与蒋介石兵戎相见。结果都以“反蒋”失败告终。然而，双方争战时你死我活，战争结束后，党内胜利者并未将失败者“诛之而后快”，失败者不仅性命保全，且大多仍有一定职位。如果说在大陆时这些派系因拥有实力，蒋不敢也不能将之诛之后快的话，去台后，阎、白已无一兵一卒，蒋虽然对他们防范甚严，但仍然予其高位，使其享有尊荣。蒋的三次下野，桂系都是逼宫要角，尤其是第一次、第三次下野，桂系都是压倒骆驼的最后一根稻草。在 1948 年底淮海战役后期，蒋的嫡系或被围或被歼，蒋令在武汉任“华中剿总”的白崇禧增兵南京，但白拒绝了，且留下了增援南京的武器。蒋在日记中既无奈又愤恨地写道：“桂白在汉口留政府东下之运械船舶，其叛逆昭彰，又对第二军东调始终阻止，乱臣叛将非可以诚感也。”将白视为“非可以诚感”的“乱臣叛将”，其恨之深，可以略见。但白到台后，蒋虽暗中防范，却依然予其荣尊之位，并未清算其屡次严重反蒋倒蒋的历史旧账。

只是，这种对党内不同派别并不残酷迫害致死的政治宽容，在蒋时代未能发展演变成为一种党内不同力量在制度层面公开制衡的现代民主与法治的制度。对此，胡适在1951年5月致蒋的信中，坦率指出这是蒋丢失大陆的主要原因之一。（《胡适致蒋总统书》，1997年2月27日《联合报》第37版）

这封信写于1951年5月31日，其时胡适离开中国到达美国刚刚两年，在普林斯顿大学葛斯德东方图书馆任管理员。表面强大的国民党在如此短的时间内便如此彻底地惨败于原本明显居于劣势的共产党，举世震惊，纷纷探讨其中的原因。深涉政坛的胡适也对这一历史巨变的前因后果做了一番省思和分析，得出了自己的结论。在这封四千余言的长信中，他从共产党的斗争策略和国民党自身的问题这两方面对国共的胜败原因做了分析，且直言不讳。在分析了共产党的策略之后，胡适笔锋一转，对国民党自身的原因做了非常尖锐的分析和批评，并明确提出要蒋介石辞职。他认为，退守台湾的国民党当务之急有两条，一条是“由立法院与监察院联合妥商一个宪法上规定的总统、副总统选举方法的紧急补救条款”，否则“将来必有大懊悔之一日，已来不及了”。另一条更为重要，他的建议也更为详细：“今日似可提倡实行多党的民主宪政，其下手方法，似可由国民党自由分化，分成三四个同源而独立的政党，略如近年立法院内的派系分野。此是最有效的改革国民党的方法。近一年内所谈党的改革，似仍不脱‘党八股’的窠臼。鄙意今日急需的改革有这些：（1）蒋公辞去国民党总裁的职务。（2）由蒋公老实承认党内的各派系的存在，并劝告各派系各就历史与人事的倾向或分或合，成立独立的政党。（3）新成立的各政党应各自立纲领，各自选举领袖，各自筹党费。（4）新成立的各政党此后以政纲与人选，争取人民的支持。（5）立法院必须修改议事规则。凡议案表决，原则上均须采唱名投票制，以明责任。（今日立法院表决不记名，乃是一大错误，故国民党有百分之九十立法委员，而无力控制党员。）”

胡适进一步说，之所以到如此地步，一是孙中山的“联俄容共”政策，另一则是“‘清共’之后，不幸国民党仍保持‘联俄容共’时期的‘一党专政’的制度，抹杀事实，高谈‘党外无党，党内无派’”。“这是第二大错，就使清共反共都不彻底。后来领袖者虽诚心想用种种法子补救（容纳无党派分子入政府，迫致党外人才入党，办三青团，设参政会、制宪、行宪……）但根本上因党政军，大权集于一人，一切补救方法，都不能打破这‘一党专政’的局面，也都不能使国民党本身发生真正有效的改革。故今日要改革国民党，必须从蒋公辞去总裁一事入手，今日要提倡多党的民主政治，也必须从蒋公辞去国民党总裁一事入手。今日的小党派，都不够做国民党的反对派。最有效的民治途径，是直爽地承认党内几个大派系对立‘而且敌对仇视’的事实，使他们各自单独成为新政党。这些派系本是同根同源，但因为不许公开的竞争，所以都走到暗斗、倾轧的路上去。其暗斗之烈，倾轧之可怕，蒋公岂不知之。如欲免除此种倾轧的暗斗，只有让他们各自成为独立政党，使他们公开的作合法的政争（公开的政争，是免除党内暗斗的唯一途径）。但蒋公若继续做国民党总裁则各派系必皆不肯独立，必皆欲在此‘党政军大权集于一身’的政权之下继续其倾轧暗斗的生活。在此状态之下，国民党的改革，除了多作几篇‘党八股’之外，别无路子可走，别无成绩可望。”

对蒋介石希望自己出来组党，胡适写道：“数年来，我公曾屡次表示盼望我出来组织一个新政党，此真是我公的大度雅量，我最敬服。但人各有能有不能，不可勉强。在多党对立之中，我可以坚决地表示赞助甲党，反对乙党，正如我近年坚决的赞助我公，而反对国内国外的共产党一样。但我没有精力与勇气，出来自己组党，我也不同情于张君劢曾慕韩诸友的组党工作。”“因此，我在这几年之中，曾屡次向国民党朋友大谈‘国民党自由分化，成为几个独立的政党’之说。此说在今日，对内对外，都不容再缓了，故敢为我公详说如上。”

胡适很清楚，在近代中国，其他所谓“反对党”只是无足轻重的摆设，蒋要他组党亦不过把戏，因此一直婉拒，反寄希望于大权在握但又派系林立的国民党通过自我改造来实现民主政治。不过，在蒋介石的独裁统治下，想要通过这种“理性”来说服国民党实现派别公开化、合法化，甚至分裂出来独立组党，只能是胡适的一厢情愿。在大陆时，李、白、阎等“实力派”的力量要比去台后大得多，尚且未能实现派别公开化、合法化，去台后就更难实现了。

这种政治的现代化转型，蒋氏一生并未完成，或者说他实质上是反对转型的。诚如作者所说：“其思维方式当然不脱国民党的主流意识，自然也是‘革命’为先，‘民主’为后，甚而是有‘革命’而无‘民主’，并且对可能危及国民党执政地位的‘民主’有着本能的反感与警惕。”这种思维，无疑是他“失天下”的一个重要原因。

民国政治的逻辑

——读《联合政府与一党训政：1944—1946 年间国共政争》*

抗战末期，民主气氛高涨，而在这种情况下又迎来抗日战争的伟大胜利，人们不仅为国家、民族的胜利欣喜若狂，更有理由期待以此巨大历史转折为契机，中国开始走向民主自由之路。然而在不到一年的时间里，内战竟全面爆发，许多人“心向往之”的民主政治并未实现。

这段决定中国命运、充满戏剧性惊天巨变的历史，自然为史家瞩目，有关研究成果丰硕。然而邓野新作《联合政府与一党训政：1944—1946 年间国共政争》，则以客观的立场、开阔的视野、冷静深刻的分析，把这一段历史的研究向前大大推进。

抗战胜利后，国共矛盾骤然尖锐，而“第三力量”，尤其是美、苏两国对中国的影响举足轻重，此时的政治形势确实复杂万分。这一阶段国共两党边谈边打，各种事件令人眼花缭乱、目不暇接，今天提出的条件明天就反悔，刚达成的协议墨迹未干就被撕毁……作者指出，在这些纷繁的事件下面真正起作用，或“限制历史”使其未能向

---

* 邓野：《读联合政府与一党训政：1944—1946 年间国共政争》，社会科学文献出版社，2011 年。

许多人理想方向发展的还是“民国政治的逻辑”，即“政治与武力的高度统一，政党作为政治集团的同时，又是一个武装集团，武力是政治的出发点和最终依据”。以此为纲，许多困惑便迎刃而解，因此作者对许多问题的解释客观中肯，言人所未言，新意迭出。

不过，我以为本书一个最具根本性的突破是不以抗战胜利作为历史的分界线，而以抗战末期中共“联合政府”的提出作为历史的分界。1945 年 8 月抗日战争的胜利无疑是中国历史的一个重要转折点，因此自然形成了一个历史研究的定式，即以抗战胜利为分界，将历史分为战时与战后两个阶段，然后泾渭分明地论述不同历史阶段不同的历史主题。战时的历史主题是中日民族问题，战后阶段的主题是国共政治问题。然而邓野却发现，发生于 1945 年 8 月的历史阶段的交替，并不以历史主题的交替为基础，因此并不表现为历史主题的交替。换句话说，中日问题并非抗战末期中国政治的主题。

那么，抗战末期中国政治的主题是什么呢？作者的分析表明，虽然中日战争仍在激烈进行，但这时中国政治的主题，实际已从民族革命转换为社会革命。这种主题转换的具体标志就是 1944 年 8 月中共要求建立“联合政府”。“总之，以历史主题为根据，从历史主题的发生、发展和终结的全过程来看，1944—1946 年间是一个相当完整的国共关系的政治转型时期。”所谓完整，就是指在这个时段从“联合政府”的提出，各方围绕这一纲领的复杂斗争，直到最终未能实现而仍持续国民党“一党训政”的过程。这种横跨抗战胜利的时段划分，确是言之成理的创见。

1944 年是欧洲反法西斯战争大反攻的一年，却也是中国抗日战争正面战场经过几年相持后大失败的一年。这年 4 月中旬，侵华日军在河南发动了加紧侵华的“一号作战”，国民党驻豫主力节节败退。此时，中共中央认识到国民党主力受到沉重打击，立即将战局的变化与国共谈判联系起来，提出实行民主政治与言论、出版、结社、集会、人身自由，开放党禁、承认中共及各爱国党派的合法地位等。这样，就变原来谈判仅涉及两党双边问题为全国性问题，变以军事问题为主如八路军、新四军人数多少为全国性政治问题。5 月 25 日洛阳失守，河南战役发展到顶点，举国哗然，国民党威望进一步降低。6 月 5 日，长期以农村为发展重点的中共认为国共力量对比将进一步变化，所以中共六届七中全会召开了一次全国城市工作专题会议。在这次会议上，提出在国民党军队受到日军严重削弱的基础上，中共有抢先进入城市甚至是大城市的可能。8 月初，在日军的进攻下衡阳失守，国民党军损失惨重，而政治上的损失更为惨重，舆情汹汹，直指国民党、蒋介石。河南失败，引出了中共关于民主政治的要求和城市工作的动议；而衡阳失守，则引出了中共关于结束国民党一党专政、建立联合政府的主张。

美国态度的变化，也有利于中共建立联合政府的提议。中国战场的失利引起了美国的关注，于 6 月中旬派副总统华莱士访华，了解失利原因。在此期间中共对美宣传的重点是国民党的独裁制与美国民主制的对立，美国开始注意到中共的作用。而随着长沙、衡阳的失守，国民党除军事受到严重打击外，民心尽失，美国则要求蒋介石将军队的指挥权交与美国将军史迪威。蒋介石愤怒地拒绝了美国的要求，美国与国民党的矛盾骤然尖锐。与此同时，美国与中共关系取得重大进展，美军驻延安观察组进驻延安。在国民党军事、政治受到种种重大打击，内外交困之时，中共认为从根本上改变国共关系的时机已到，于 8 月提出了使中国政治格局发生重要变化的结束国民党一党训政、建立联合政府的主张。

正如作者所说，1944 年 8 月“联合政府”口号的提出，标志着中共此时“已开始将争取一个抗战结果的问题提上议程，标志着中共开始将改变国共合作的方式与基础的问题提上议程”。“民国政治的逻辑”决定这项政治主张必然伴随军事部署的支持。1944 年 11 月，中共中央派王震率部从延安南下，其战略意图是在湖南、湖北、河南三地“筑一道堤”，以待抗战结束之际将国民党军堵在西南、西北。时任南下支队五大队政委的廖汉生回忆，针对日军的南侵，“党中央提出了‘敌人攻到哪里，我们跟到哪里’的战略决策：决定组织八路军南下支队，跟在南侵日军后面，挺进湘粤边界地区”。

历史的伏笔，确在 1944 年夏秋就已埋下。

中国的美国在华经验

——读《史迪威与美国在中国的经验：1911—1945》*

《史迪威与美国在中国的经验：1911—1945》是美国学者巴巴拉·W. 塔奇曼在 1971 年出版的一部名作。三十几年过去了，书中某些史料、观点自然略有过时之处。但从书名可以很明显地看出来，作者反思的是 20 世纪前半叶，尤其是二战后美国深深卷入中国事务，妄图影响乃至改变中国的经验教训。这个基本语境并无变化，而且全书征引史料和基本观点仍然甚有价值，所以仍然值得我们重视。

书的结尾处，作者经过反思，得出了结论："最后，中国走了自己的道路，就仿佛美国人从来没有去过那里似的。"当然，这是美国人对自己在中国的经验的反思。但读完此书，我却突然想出了"中国的美国在华经验"这个有些拗口的词。中国人大可不必将美国人的反思当作自己的反思，中国人更应该反思自己怎样看待他人的在华经验，即怎样看待他人对自己的分析、赞扬、批评和建议。

1942 年初，日本空军刚刚在珍珠港对美国太平洋舰队进行了毁灭性打击，中国抗日战争也进入非常艰难的时刻。此时，世界反法西斯同盟成立，蒋介石出任中国战区最高统帅，美国总统罗斯福派史迪威将军任中国战区参谋长、中缅印战区美国陆军总司令以及对中国抗战

---

* ［美］巴巴拉·W. 塔奇曼著，万里新译：《史迪威与美国在中国的经验：1911—1945》，新星出版社，2007 年。

至关重要的租借物质督导人。史迪威在1911年就到过中国，后曾任驻中国使馆的武官，是个“中国通”，能讲流利的汉语。

史迪威对中国社会的实情十分了解，对当时的腐败非常不满。中国那时号称有四万万人口，但他常说：“三亿九千九百九十万的中国人是好人，剩下十万是贪官污吏。”他刚上任，就雄心勃勃地打算以美军的方式训练一部分中国军队，在他的多次要求下，蒋介石委任他出任缅甸远征军全权总指挥，罗卓英、杜聿明任正副司令长官。但事实上，指挥权仍在中国军官手中。经过一番痛苦的斗争，他终于明白军队的指挥权将永远在蒋介石和忠于蒋的人手中。而蒋名义上重用他，只是为了多要一些美援。他更难容忍的是普遍的贪污腐败。例如，为了绕开中国军队中盛行的军官克扣军饷、中饱私囊的做法，史迪威在他指挥的中国军队中想办法把军饷直接发给士兵。结果，自然引起中国军官的不满。

他不断地向蒋提出各种军事甚至政治改革的建议，想提高中国军队的战斗力、政府的廉洁程度和行政效率，但均为蒋拒绝。他与蒋的矛盾越来越深、越来越激烈，终于使罗斯福在1944年7月给蒋介石发了一封毫不客气的电报：“鉴于中国战局危急，我感到有必要让史迪威指挥在中国的全部中国军队和美国军队，包括共产党军队在内……为此我把史迪威晋升为四星上将，请阁下把中国战区的军队指挥权移交给史迪威将军。”

然而，最后的结果却是蒋介石通过种种手段迫使罗斯福将史迪威撤回国内。再后，是拒绝史迪威种种改革建议的国民党政府在抗战胜利后，腐败更加肆无忌惮，终至溃败台湾。

西南联大传奇的生成

——读《上学记》*

陈寅恪在课堂上用他的江西口音讲隋唐史和魏晋南北朝史，既不看书也不看讲义，引经据典，信手拈来，果真是博闻强识；钱穆与雷海宗好像在打擂，同时开讲作为全校公共必修课的中国通史，各有自己一套理论体系，内容也大不相同，学生可在二者中任意挑选；陈受颐讲西洋史，讲了一年连古埃及都没讲完；向达讲印度史，两个学期其实只讲了中印关系史；一个年纪稍大的学生总在金岳霖的逻辑课上与他抬杠辩论；钱锺书聪敏，博学过人，讲课时有些地方并不讲明，卖卖关子，只有很聪明的学生才能体会明白，反应迟缓者往往莫名其妙；陈福田讲西洋小说史，从《鲁滨逊漂流记》的笛福讲起，而且此公课堂上还时时关心现实、分析战局，教学章法全无；明清史大家郑天挺的课却是讲得非常系统，一二三四、ABCD、政府组织经济体制……这是著名历史学家何兆武先生回忆自己当年在西南联大求学时的情景。

西南联大已经成为中国教育、学术、文化史上的一个传奇。在那"国破山河在，城春草木深"的艰苦岁月，在物质极端匮乏和条件异常简陋的情况下，一群流亡他乡的师生，无论是人才培养还是学术成

* 何兆武口述，文靖撰写：《上学记》，生活·读书·新知三联书店，2006 年。

果，双双成就斐然，确实有如传奇。传奇是如何生成的？其中秘密何在？何兆武先生的《上学记》在某种程度上——很可能是最重要的方面——给了我们答案。

据他回忆，“联大教师讲课是绝对自由，讲什么，怎么讲全由教师自己掌握”，“不然每人发一本标准教科书，自己看去就是了，老师照本宣读成了播音员，而且还没有播音员抑扬顿挫有味道，学生也不会得到真正的启发”。教师如此，学生又如何呢？“我们那时候的学生可真是自由，喜欢的课可以随便去听，不喜欢的也可以不去。”由于生计所迫，许多学生都要打工、兼职，一些人还到外地工作，到考试的时候才回来，甚至有人不见了也无人过问。而许多物理系、化学系的学生之所以也选修郑天挺先生的明史，只因他的课最容易通过，凡选修者考试至少得七八十分，为凑学分也。

这种自由散漫，使人想起传说中的雅典学院，而这也是西南联大成为传奇的秘密所在。著名的生化学家、中国科学院院士邹承鲁当年也是西南联大的学生，当有记者问他为什么联大在那样差的条件下培养出那么多人才的时候，他的回答就两个字：“自由。”对此，何先生坚定地表示：“我深有同感。那几年生活最美好的就是自由，无论干什么都凭自己的兴趣，看什么、听什么、怎么想，都没有人干涉，更没有思想教育。”“一个所谓好的制度应该是最大限度地允许人的自由。没有求知的自由，没有思想的自由，没有个性的发展，就没有个人的创造力，而个人的独创能力实际上才是真正的第一生产力。”今天有关部门极力想用标准化的评估来提高大学质量，是不是南辕北辙呢？

何先生今年高寿八十有五，早过“从心所欲，不逾矩”之年，因此才能如此坦率地说出自己的回忆与思考——甚至指名道姓地说出自己对师辈吴晗和冯友兰的反感（现在已很少见）。

全球化视野下的岭南文化

——读《先导——影响中国近现代化的岭南著名人物》*

提起岭南，人们首先想到的恐怕是韩愈的名句“一封朝奏九重天，夕贬潮州路八千”，叮嘱亲人“好收吾骨瘴江边”。韩愈在唐宪宗时因言触犯“人主之怒”，几被定为死罪，后被贬去潮州。“日啖荔枝三百颗，不辞长作岭南人”，这是苏轼以“讥斥先朝”的罪名被贬谪岭南三年之后在广东惠州所作。“百越文身地”，岭南历来就是遣戍罪臣、流放囚犯的地方。直到东坡居士写此诗的宋绍圣三年，也就是1096年，岭南仍被中原视为蛮荒之地，仍是贬官流徙和犯人流放之所。

但广州早就是“番舶凑集”之所，“宝货丛集”之地。从唐宋的蕃坊、市舶司到清代的十三行，广州一直就是外贸重镇，因此岭南受商业文化的影响自然较中原更深、更久。不过，在中原传统正统观念看来，这种与“岛夷诸国”通商贸易的实质并非互通有无，而是四夷宾服、万方来朝，“圣朝奄有四海，尽日月出入之地，无不奉珍效贡，稽首称臣”。在“天朝”统治者的观念中，中国是居于世界中心的中央王国，无所不有、无所不产，所以无须互通有无；四周不是

* 陈寅主编:《先导——影响中国近现代化的岭南著名人物》，深圳报业出版集团，2008年。

“狄夷”就是“蛮戎”，皆为“天朝”藩属之国。所以尽管商业发达、市面日渐繁华，但在长期实行抑商政策、歧视商人的社会中，岭南在中国的文化版图上一直居于边陲地位。

直到1840年鸦片战争爆发，仍无人意识到此次西方列强罪恶的刀光剑影并非传统“狄夷”的侵凌进犯可比，而是一种强势文明的挑战；无人意识到中国面临着“三千年未有之大变局”，近代化将成为历史主题；当然更不可能认识到，从根本上说，中国的近代化实际是由缓渐急的全球化过程中的一部分。

然而，坚决抗击侵略者的林则徐毕竟不同一般。虽然当时他也无法理解鸦片战争的全部意义，但他与友人魏源提出的“师夷长技以制夷”却石破天惊，使国人开始从天朝上国的迷梦中惊醒，代表了近代中国的初步觉醒。因此，林则徐确实是近代中国“睁眼看世界”第一人。这出惊心动魄的中国近代化大剧，从此在岭南拉开大幕；中国艰难曲折的全球化之路，从此在岭南蹒跚起步。在近代化、全球化的大背景下，岭南从中国文化版图上蛮荒落后的边陲之地，一跃而为人杰地灵，屡得风气之先的先进之区。

在中国近代化转型的几个重要阶段，岭南人物都起了重要作用。就性质而言，太平天国与中国传统农民造反并无二致，但洪仁玕的《资政新篇》，却给这个传统的农民运动平添了几分时代气息和近代化色彩。洋务运动是中国第一个近代化运动，虽然其主持者曾国藩、左宗棠、李鸿章、张之洞都不是岭南人，但洋务运动的理论家和具体经办人，却有很多是岭南人物，如丁日昌、郑观应、何启、胡礼垣、容闳、徐润、唐廷枢，等等，他们对洋务运动的各项事业都做出了重要贡献。当只有经济变革而没有政治体制变革的洋务运动的弊病日益明显，历史将政治体制变革提上日程时，以康、梁为代表的维新派登上了历史舞台。在清王朝内执掌大权的顽固守旧力量残酷镇压维新运动之后，中国近代化的动力转由体制外的力量承担，推翻清王朝的革命就成为历史的主题，来自岭南的孙中山完成了这一历史重任。除政治外，在近代工商业、文化教育事业、民间社会的发展等许多方面，岭南人物也起了重要作用。

近代中国内忧外患不断，时有亡国之险。在关乎民族生死存亡的危急时刻，救亡成为全民族最紧迫的任务，激发了国人强烈的爱国热情。然而，在饱尝欺凌的背景下，爱国热情又很容易发展成为盲目排外的激愤之情。这种激愤纵然情有可原，但毕竟于国于民有害，无法救国救民。因此，岭南人物表现出的既有爱国热情又不盲目排外的理性精神，更显可贵。在严守“夷夏之辨”的氛围中，洋务派虽被指责为“溃夷夏之防”，但仍想方设法引进坚船利炮，引进大机器生产。在甲午战争中，中国惨败于日本，无数中国军民惨遭屠戮，举国滔滔、义愤填膺，康有为却甘冒天下之大不韪，提出“不妨以强敌为师”，向日本学习，变法图强，这才是真正的爱国救国之道。孙中山深受欧美影响，在欧美三权分立基础上再进一步，创造性地提出“五权分立”。

爱国而不排外，爱国而广泛汲取域外文明甚至敌人的优长之处，这就是岭南人物的爱国精神。其实，这也是爱国的真谛。

由于种种历史原因，共和国的前30年也曾处于对外封闭状态，著名的“广交会”是当时联通内外的唯一孔道。当改革开放成为共和国的基本国策时，岭南再度成为赤县神州现代化转型的排头兵。30年来，岭南大地的种种试验、创新曾引起一次次争论、一场场风波。然而，风风雨雨之后，岭南的许多试验往往最后被国家认可，成为国家正式的制度。

在中国的近现代化转型过程中，岭南的作用与意义彰彰在目。不过，人们注意不够的是，岭南在制度创新和与国际接轨方面虽然长期以来确实走在前面，但在许多方面却顽强地保留了自己的传统，包括生活习俗和人际关系伦理。不少人到岭南之前，对“改革开放前沿”的想象是彻底反传统，与传统彻底决裂，然而凡是对岭南地区有较多了解的人，无不惊叹那里的文化底蕴之深厚。或许，这就是学术界、理论界论述、探讨、研究与向往的传统与现代的创造性转化。

传统与现代的关系，是所有后现代化国家都深感困扰的问题。为了现代化，必须完全抛弃传统吗？要保持传统，只能拒绝现代化吗？在全球化时代，能不能保持自己的文化特性，如何保持自己的文化特性，如何确证自己的身份认同，如何避免文化的同质化，这些都是人们严肃思考甚至备感焦虑的问题，因此，这又被称为“全球化焦虑”。然而岭南文化面对这个问题时却泰然自若。

香港曾被英国统治一个半世纪之久，是典型的国际化大都市，是全球化程度最深的城市之一。它的政治、经济基本制度早早就与国际接轨。然而，香港市民的生活却依旧非常传统，非常岭南，非常中国。许多大陆当年疯狂“破四旧”破掉的习俗、传统，在香港市民中依然得以保留。英国绅士淑女的下午茶，不是被港人与传统结合，创造性地转化为茶餐厅么？有人说，香港是国际化、现代化的骨架，中国化、传统化的血肉，委实不错。潮州商人遍布全球，以善于经商闻名。他们熟悉、适应各国各地的制度习俗和风土人情，因此无论在哪里都很快就如鱼得水，大获成功。不过，无论在哪里，碰到潮州商人又能分分明明感到他们是潮州人，因为他们身处异地仍鲜明地保留了自己的文化和习俗。无论港人还是潮州人，能在高度适应、融入全球化的过程中又保持自己的特质而未被同质化，盖因岭南文化之深厚矣。

因此，岭南文化不仅对中国的现代化深具意义，在全球化时代更具有世界性的典范意义。通过人的活动，文化既陈陈相因，又不断创新。《先导——影响中国近现代化的岭南著名人物》一书对近代到改革开放以来不同领域的一百六十余位对中国近代化、现代化深有影响的岭南著名人物做整体性扫描，必然加深我们对岭南文化的了解，进而加深我们对中国的历史、现实与未来的理解，加深我们对全球化的理解。这便是本书的意义。

“寓论断于序事”的陶菊隐

——读《北洋军阀统治时期史话》*

明末清初的著名思想家顾炎武在《日知录》中的《〈史记〉于序事中寓论断》篇中有“古人作史，有不待论断而于序事之中即见其指者，惟太史公能之”之语，足见他对史学中“寓论断于序事”之能力的评价之高。当代史学大家白寿彝先生对此论格外钦佩，于1961年发表了《司马迁寓论断于序事》一文。1980年，时近20年后，他又着意将此文重新发表，并发表谈话，提请史学界同人注意此问题。由此，足见他对此文、此论的重视。或是有感于今天历史叙述干瘪无文，史学家似乎已经不会“讲故事”，往往将丰富多彩、生动无比的历史简化成几个抽象枯燥的公式，所以白先生在谈话中提出：“今天，我们史学界，应该在这方面向司马迁学习，要使我们的作品能吸引人，能让人爱看，才能发生更大的效果。一般读者反映，说我们的历史书，写得干巴巴的，人家不爱看。我们应该接受这个意见，改变我们的文风。尽管做起来很困难，但这是我们应该努力的。”

陶菊隐先生近半个世纪前写就的《北洋军阀统治时期史话》，便是非常难得的“寓论断于序事”“能让人爱看”的佳作。

* 陶菊隐：《北洋军阀统治时期史话》，生活·读书·新知三联书店，1957年。

从1912年初袁世凯当上民国大总统，到1928年底张学良宣布东北易帜，这17年里，中华大地兵连祸结，战火连天。特别是袁世凯死后，出现了“有枪便是草头王”的分裂局面，指不胜屈的大小军阀各自为政，彼此征伐，战事一日未绝；军阀、政客翻云覆雨，要尽阴谋诡计，在这17年中，仅北京政府即如走马灯般更换了13任总统、46届内阁，而其他地方军阀政权的更替则难以胜数。这段历史的残忍、荒诞和惊心动魄，恐超出人们的想象。所以无须任何虚构，仅如实将这段历史做全景性扫描，读来即令人时时紧张、悚惧无任。然而，若无如椽巨笔，休想不假任何虚构便将这一段千头万绪、纷繁复杂的历史说得清清楚楚、明明白白、头头是道。陶先生这130余万字的《北洋军阀统治时期史话》，就不假任何虚构便把上至袁世凯朝鲜发迹，下至张学良东北易帜这段长达33年的经纬万端、云谲波诡的历史说得清楚明白。陶氏对史实极为认真，所用素材皆有所本，且大都经过自己的一番考证，毫不“戏说”却通俗生动，确担得起“目光如炬的史学家”（曹聚仁语）之称。

更令人啧啧称奇的是，陶先生其实只有中学学历，并未受过正规的史学训练。原籍湖南长沙的陶先生出生于1898年，中学尚未读完，就于1912年进入长沙《女权日报》当编辑，年仅14岁即步入新闻界，开始了30年的报人生涯。不久，就任《湖南民报》编辑，撰写时事述评；稍后辞职接办《湖南新报》，任总编辑。同时，他还为上海一些大报撰写湖南通讯。1919年，他以湖南报界联合会代表资格，参加湖南的“驱张（敬尧）运动”。由于对湖南政情报道出色，1920年他受聘上海《新闻报》驻湘特约通讯员，撰写长沙特约通讯。1927年任《武汉民报》代理总编辑兼上海《新闻报》驻汉口记者；其间还为著名的《申报》、天津《大公报》撰写通讯。1928年他曾担任《新闻报》战地记者，随国民军报道“二次北伐”，冒枪林弹雨发回大量战地消息，亲身经历了日本侵略者制造的“济南惨案”。他对军阀混战、时事新闻迅速、准确的报道和深入的述评分析，为他赢得了极高的声誉，与天津《大公报》的张季鸾并称为当时中国报界“双杰”。30年代起他又先后在南京、上海办报。

由于国民党的新闻管制日紧，他便从写新闻转为写北洋时期“旧闻”。抗日战争爆发后，他积极宣传抗战，曾受蒋介石单独召见。长期的政治、军事报道培养了他对时局犀利的眼光和深刻的分析、判断能力，所以他对国内抗战尤其是国际形势的看法深为蒋赏识，故蒋曾想重用他，但他的好友蒋百里认为他回到上海新闻界作用更大，便代其婉拒。于是蒋要陈布雷转嘱他，回沪后可将他对时局的看法、形势的分析写成书面材料设法随时转交。他在上海“孤岛”时期不顾日伪百般威胁利诱，坚持抗战，几次受到迫害。1941年太平洋战争爆发，上海“孤岛”沦陷，他不得不退出新闻界，过着隐居生活，专注文史研究和写作。1949年后，他曾任上海文史馆副馆长，因为他的复杂经历与交游，在“文化大革命”中遭到残酷迫害。“文化大革命”结束后，他终获平反，又重新握管疾书，后于1989年病逝。

他1912年步入新闻界时，正是袁世凯窃取辛亥革命果实，被后来史界所称“北洋军阀时期”之初。当时的湖南政治活跃，各种矛盾非常尖锐，是各路军阀必争之地，同时又是北伐军师出广东的首攻之处。可以说，陶先生是报道北洋军阀起家的，是这段历史的直接目击者。他与各路军阀和北伐军的一些重要人物都有相当密切的交往，对他们做过周密细致的采访，参与过许多重要会议报道，不仅对台前发生的事情了如指掌，对许多鲜为人知的秘闻逸事也知之甚详。他巧妙周旋于不同派系的军阀、政客间，获得他人难以得到的消息，却又不失独立报人的原则，客观、如实地向公众报道新闻。如实报道许多被军阀当局列为禁区的独家“政情内幕”无异于引火焚身，但如果避而不写就是对报馆和读者的不负责，他总能想方设法将消息发出，又保证自己的安全，至为不易。这种本领，是新闻界业者应当学习掌握的。

长期的报人生涯使他特别注重资料搜集、整理、积累。许多当事人给他提供了珍贵的史料，日积月累，他建立了自己的小资料库。对北洋时期史实的熟稔和资料的丰富，使他从20世纪30年代起由新闻向文史研究、写作的转向轻车熟路。其中，《筹安会六君子传》《督军团传》《吴佩孚将军传》均与北洋军阀有密切关系。

新中国成立之初，周恩来总理提议旧时代过来的人可多写文史资料，陶氏便开始写作《北洋军阀史话》，计划分八册出版，从1957年初春起陆续出版了前几册。然而，就在这年年中，政治风云突变，出版社认为此时出版这种军阀时代的史书——而且共出八册，政治风险太大，便要单方面中止合同，不再续出后面几册。他的儿子陶端回忆：“父亲自然心有不甘，在万般无奈之际，他想到了求助于毛泽东主席。早年同为湖南人的父亲与毛泽东在‘驱张运动’中曾有一段共事经历。张敬尧祸湘时期，长沙市民组织各界联合会，要求开放言路，改选省议会。时任老师的毛泽东是教育界代表，陶菊隐则是新闻界代表，在一次重兵把守的辩论会上两人都差一点被军阀逮捕。果然给主席去信还是起了作用。毛泽东并未亲自回信，处理来信的工作人员可能考虑到这段历史渊源，也有可能调查过这本书前几册没有问题，作者也并未打成右派，《史话》终于在1959年12月全数出齐。”在当时的政治氛围中，陶氏在个别地方不得不生硬地使用自己并不熟悉的新时代的“新语言”“新观点”，以至傅雷先生见到他时打趣地说："陶老，你写的这本北洋军阀史话好是好，可怎么钉了那么多的红补丁呀？我看还是你老早写的书好。"陶菊隐一直未忘老友的这句调侃。在已经实行改革开放的1981年，这部书重新出版修改时，他仍念叨着已在"文化大革命"中遇难的傅雷所说的"红补丁"……

昨天的新闻是今天的历史，今天的新闻就是明天的历史，所以有人曾形象地说"新闻是历史的初稿"。陶菊隐先生不愧是将新闻化作历史的高手，历史在他笔下娓娓道来，绝无"戏说"却又引人入胜，恢复了史家说事的能力。而当今"戏说"的繁盛，在一定程度上是对史学界"讲故事"能力匮乏的惩罚。其实，历史不必戏说即能扣人心弦，端看史家本事如何了。

第三编

不让岁月空流逝

许许多多的小人物如风中飘絮，转瞬即逝，但年年不绝；如一茎小草，荣了又枯，但枯了又荣。这，就是历史。

不让岁月空流逝

——读《流逝的岁月》*

我很赞同著名作家王蒙先生的评定，他说，李新先生的回忆录《流逝的岁月》最重要、最大的特点，就是“迂直”。李竟是著名作家王蒙遇到的第一位共产党员。那是 1946 年，王蒙刚刚 11 岁，李新随叶剑英元帅到北平执行北平军事调处执行部的工作，因与王父是好友曾到访王家。李新与王父的谈话，对年幼的王蒙竟有深刻的影响，所以王蒙在自传《半生多事》中做了相当详细的记述。读到影响自己人生道路的长者的回忆录，王蒙感叹道：“此次有机会读到他的自传的一部分，真是令人感慨。他在书的开始所讲的关于写真话的想法，关于拍马式的史料的抨击，还有他的诗，也令人感到他的一身正气，甚至是迂直的书生气。”

李新先生曾长期担任中国社会科学院近代史所副所长，虽然 80 年代中期我到近代史所工作时，他已升任中央党史研究部门的副主任，但由于他主持的两项主要研究任务仍由近代史所承担，因此对我多有具体指点。他长期在此工作，因此影响或曰“遗风”仍“大大的”，时不时就会听说有关他的许多言行，在几次会议上也听过他的发言，

* 李新：《流逝的岁月》，山西人民出版社，2008 年。

所以读他的回忆录自然感到亲切，更感格外深刻。深刻，是因为他既是经历过革命和历次运动的老革命，又是一位治学严谨的史学家，是中共党史、民国史研究的老前辈、大专家。这种经历，使他的回忆录自然不同寻常。正如他的学生，著名史学家也是这部回忆录的整理者陈铁健先生所说，这本回忆录“是革命者的反思，是历史家的批判，是学问家的质疑，是文化人的启蒙”。

与许多青年知识分子一样，李新是由积极参加“一二·九”爱国运动走上革命道路的。在战争年代，他做过地方工作（县委书记）、军队工作（县围城司令部政委）、组织工作（组织科长）、青年工作（青委负责人)等，所以他的回忆多方位地反映了战争年代各个方面，尤其是基层情况。与其他老革命的回忆一样，对那一段烽火岁月他也满怀激情地颂扬、怀念，而且，他在激情中却又有史学家的冷静与客观，比许多同类回忆录更多了些理性的反思。虽然现在关于当年“审干”的回忆已有不少，但他回忆的种种细节，还是令人意想不到。他沉重地写道：“后来，由于没有认真总结这次审干的经验，所以新中国成立以后发生的‘文化大革命’，情况比审干时不知严重多少倍！”细致回首这一页，不是为了追究某些个人的责任，更不是为了猎奇，而是为了严肃认真地反思，汲取历史的经验。

李新曾担任过两个县的县委书记，这期间正值轰轰烈烈的土地改革。以往的党史书中更多地记载最高领导层在土地改革中的探索、分歧、争论，而他的回忆录则详细记述了基层干部在理解、贯彻、执行中的争论，而基层的情况又反馈到高层，对高层决策的形成和调整也起了重要作用。一些重大决策的形成，往往是这种高层与低层互动的结果。所以，基层如何向高层反映、汇报情况，对最终制定政策的正确与否，至关重要。

就在共产党要夺取全面胜利、执掌国家大权的时候，李新却出人意料地主动要求脱离权力颇大的“实际部门”，而到权力小得多的“教育口”工作，参与中国人民大学的筹备。他早年就想当老师，因此考入川东师范，却因参加救国救亡运动而中止学业，走上职业革命家道路。或许，救亡、革命理想实现后，当老师，回到教育界对他而言是一偿夙愿。后来，他又从人民大学调到近代史所工作，仍不脱离文化、学术界。

因他的资历，无论是在人民大学还是近代史所，他仍居领导之列。而这一阶段，对知识分子思想改造、理论、思想、学术、意识形态领域内的运动接连不断，风急浪高，最后酿成暴风骤雨。作为领导，他对这些运动的了解自然较他人更深一层。

1959年，北大和人大组成了联合调查组，激情满怀地想调查人民公社和“大跃进”的“优越性”。哪知实地一看，才知情况之严重，负责调查的领导人根据材料实事求是地写了一批报告和文章，没想到正赶上“反右倾”，考察团的材料成为攻击“大跃进”和人民公社的证据，负责人也是位参加过“一二·九”运动的老革命，却被打成“右倾反党分子”，遭到严厉批斗，含冤而逝。下情不能准确上达，必将造成更大错误甚至灾难。

老革命和史学家的双重身份，使李新先生意识到自己的责任：“因为我亲身经历过的一些历史事实，都被一些大名鼎鼎的‘史学家’为了政治目的而把它歪曲了，我的良心使我感到有责任把它纠正过来，因此我必须写回忆录。”

当代中国的集体记忆

——读《论集体记忆》*

“集体记忆”这一概念是法国社会学家哈布瓦赫首先提出的。他生于 1877 年，1945 年二战即将结束时去世。他是第二代涂尔干学派最重要的代表性人物，对工资、农村与城市的自杀比较、社会阶层、社会学方法论等都有开创性研究。在知识社会学方面，他最具开创性的研究即关于集体记忆的探讨。

与传统史学认为只有历史学、传记等才是认知过去的渠道不同，在《论集体记忆》一书中，哈布瓦赫认为日常生活中的节日、仪式、聚会等与史学、传记一样，是记忆、认识过去的重要渠道。而且，他尤其强调记忆必须依赖于某种集体场所和公论坛，比如家庭团聚、宗教活动、同行同业聚会，更不用说国家、社会的大型活动，这些都是记忆的公众场所。脱离集体、公共的记忆，将迅速被时间腐蚀。只有在社会性中，集体记忆才能葆有活力。由于社会是分层的，可以分为许许多多不同的集体，不同的集体对过去有着不尽相同甚至大相径庭的集体记忆。因此，社会强势集体的集体记忆往往要尽一切可能成为社会主导的集体记忆。当代中国关于五四运动的一件雕塑，为哈氏的

* ［法］莫里斯·哈布瓦赫著，毕然、郭金华译：《论集体记忆》，上海人民出版社，2002 年。

集体记忆理论提供了一个小小的注脚。

由于政治原因，陈独秀、胡适在新文化运动中的作用一段时间内在中国未得到应有的评价。在21世纪初竖立的这座《翻开历史新的一页》雕塑，仍然罔顾历史事实，不愿还历史本来面目，不愿为陈、胡恢复名誉，不能不使人深感遗憾。由于雕塑的作者完全是以后来的成败论英雄、排座次，所以才会把当年历史事件中的学生置于中心，把老师辈的李大钊、蔡元培等放到边缘，而起指挥、领袖作用的陈独秀、胡适则干脆被一笔抹杀。在这里，过去的历史明显屈从于后来的胜利者。难怪有人玩笑地说希腊神话中司掌历史的女神克莱奥是位俊俏势利的时髦女郎，总是欢待成功者，冷落失意人。这说明要真正做到实事求是确实不容易。正是在种种非历史观念的指导下，才会产生这种扭曲历史的雕塑，其后果非常严重，应该重视。因为这种具有公共纪念性质的公共艺术品具有某种宣传的强迫性，使过往者不能不看；同时对大众而言，它对所表现、诠释的事件又具有某种权威性。所以纪念性公共艺术创作、策划和审批者个人的识见，即他们对历史的记忆和理解，可以通过这种作品极强地影响集体记忆的形成。现在时常有人在《翻开历史新的一页》前照相留念，但留给他们的，将是没有陈独秀、没有胡适的“新文化运动”。

如上所述，依托一个事件创作的雕像，其功能在于把某种特殊记忆灌入大众的脑海之中，使之成为集体记忆。德国思想家哈贝马斯指出，所谓公共记忆在本质上带有规范性意义，即人为地规范人们记住什么，忘却什么，实际上充满了人为选择。在这种人为的筛选过程中，纪念性公共艺术起了重要作用。事实证明，纪念性公共艺术品从不是纯粹的美学表现，在其建造过程中，规则的制定、对艺术家的挑选、艺术家对作品的理解、对作品方方面面的修改和审订直到最后完成，价值、权力、利益等诸种因素可谓贯彻始终，并或明或暗地体现在作品之中。

如何恰当地表现某个场所独特的时空特性，即用艺术的形式来表征、凝结与此场所相关的事件或人物，形成独特的历史性，是这种纪念性公共艺术应当慎重考虑的重要问题。而且，公众对此更有参与的权利，即有权提出建议、意见和批评。有关方面事前应公布方案，广泛征求意见。总之，公众、不同的集体都应参与公共记忆或集体记忆的形成过程，而不能由少数人来影响、决定我们的公共记忆或集体记忆。

被延误的现代化

“美人自刎乌江岸，战火曾烧赤壁山，将军空老玉门关。伤心秦汉，生民涂炭，读书人一声长叹！”元人张可久《卖花声·怀古》中这“一声长叹”的确道出了读史者那每每充满遗憾、惆怅，百般无奈却又难以言说的心境。

如果不仅仅是一般地读史，而是研究历史，并且研究的又是大故迭起、云谲波诡的中国现代史，这声长叹可能更深、更长……但长叹之后，更应有深刻的反思。

鸦片战争之后，中国的大门被暴力打开，此后便一直面临现代化挑战。然而云起云消，潮涨潮落，中国在现代化挑战面前长期举止失措、应对失当，错过了一次又一次机会，产生了一次又一次悲剧。直到 1978 年，中国才逐渐迈入现代化轨道，虽然一波三折，但意义毕竟重大。中国社会转型的缓慢艰难不能不使人更深入地追究中国现代化严重“迟到”的原因。原因当然是多方面的，比如华夏中心论对改革思想的巨大阻碍，以及清朝统治者的颟顸顽固。晚清史表明，如果统治者不主动变革，那么它以后将为之付出更高的“利息”；如果它拒不“付息”，将一步步丧失社会变革同时也是统治者自我图存的空间与时间，最后只能破产。1949 年为中国的现代化提供了一次难得的历史机遇，中国面临社会发展模式的不同选择，是坚持巩固新民主主义，还是尽快进入社会主义，两种选择一时成为斗争的焦点。但只几个回合，这次选择便以尽快进入“一大二公”的“社会主义”模式而告结束。在这种模式下，又有是“以阶级斗争为纲”实行群众运动式“命令经济”模式，还是“以经济建设为中心”对经济实行“科学的计划管理”这两种模式的选择。很遗憾，获选的是前者而不是后者，这就使“大跃进”“文化大革命”等灾难很难避免，使中国的现代化再次受挫。1978年开始的改革开放，从“以经济建设为中心”开始，几经风雨，最后终于明确提出社会主义市场经济发展模式，这是中国现代化发展的关键一步。

从现代化视角对中国近代以来的历史进行反思，可以使我们对当前社会现代化转型的意义和面临的一些问题有更准确、更深刻的把握和认识。在社会的大变动中，个人的命运更难把握，有的乘势而起，成为时势的宠儿，甚至能主宰千百万人的命运；有的明知不可而为之，给自己命运涂上了浓重的悲剧色彩；当然，更多人只能随波逐流，听凭时与势的摆布。知人论事向来不易，对历史大潮中一些个人命运的探究，不仅有助于我们知人论事，更有助于我们对自身，以及自己所处时、势和自己命运的理解与把握。一场巨大的历史变动的意义、一个社会的文明程度，最终是由这场运动、这个社会对人的肯定程度来衡量的。

当然，能够创造时势的豪杰和敢于反抗命运的英雄毕竟为数极少，但他们一直是历史研究中的主角，而只能听天由命的芸芸众生一直是历史研究中微不足道的配角，无人关注他们的喜怒哀乐、生老病死……总之，他们的日常生活长期是历史研究中的空缺，不被记录，不能进入历史。其实，这种日常生活的状态最能反映一个时代、一个社会的实质。这种日常生活的真实状态，不仅远非那些抽象的理论、纲领、口号所能概括，而且经常与之完全不同，甚至恰恰相反。许多事件、政策、数字……在史书中只是短短几句话或一些抽象的数字，这几句话或数字的后面，却是无数普通人的悲欢离合、一生一世、生命血泪……这些，却是后人难以体会的。

最能反映一个时代、社会的特点、本质的，恰恰是这种百姓的日常生活。历史记忆的空白，为伪造、涂抹历史提供了可能。历史能如此轻易地被忘却、被涂抹，着实超出了人们的想象。德国和日本对战争的不同认识，说明了主流话语对人们遗忘什么、记忆什么的掌控力之强。近在眼前的当代史尚且如此，那千百年前的古代史又如何说得清，道得白？这样，我们不能不追问：历史是什么？以“求真”为鹄的之史学的根基何在？这“真”果真是求得到的吗？真、假、善、恶在历史中还有区别吗？再进一步说，历史学家生命的意义又是什么？正如米兰·昆德拉所说，对过去记忆的丧失，使“人变得比大气还轻，会高高地飞起，离别大地亦即离别真实的生活。他将变得似真非真，运动自由而毫无意义”。这便是“生命中不能承受之轻”的原因。

摆脱历史记忆，生命将变得毫无意义。而千千万万无辜的死难者，将被历史迅速遗忘，最多化为历史教科书上一小段无足轻重的文字或几个干瘪枯燥的数字。

因此，为了死者，更是为了生者，请记住人类、国家、民族和自己的苦难与罪过……

超越五四？

——读《五四运动：现代中国的思想革命》*

若从陈独秀1915年创办《新青年》算起，五四运动和新文化运动迄今已逾80个年头了。当年的文化先进大概想不到，他们的言论在80年后依然是敏感的话题，依然能拨动人们的心弦，使人强烈地肯定或否定，严厉批判或坚决维护。这说明，纵然我们一次又一次地宣布要“超越五四”，实际仍然无法超越。或许，这便是当年新文化运动先锋的伟大之处，他们紧紧抓住了历史的主题，令后人难以超越；这或许也是后人的不幸，时虽过而境未迁，我们仍在与之类似的语境中说话，无法轻易超越。

无论对五四运动取何态度，人们都不否认它的重要性。的确，这是中国近代史上的一个重大转折。自鸦片战争以来的一切似乎都必然在此汇拢，而此后的一切似乎又都由此生发。读毕哈佛大学出版社1960年出版的周策纵教授所著的《五四运动：近代中国的思想革命》，使人对这一点的感受更加强烈。在这部洋洋46万余言的里程碑式的巨著中，周策纵先生对五四运动的社会和思想背景、事件具体过程、巨大历史影响及各种政治派别在不同时期对五四运动的不同阐释等，都做了细致入微的描述和鞭辟入里的分析，丝丝入扣，发人深

---

* ［美］周策纵著，周子平等译：《五四运动：现代中国的思想革命》，江苏人民出版社，1996年。

省。这确是五四研究的经典之作，并不因出版的久远而过时。

对这一意义深远的历史事件，作者给出如下定义："它是一种复杂的现象，包括新思潮、文学革命、学生运动、工商界的罢市罢工、抵制日货以及新知识分子的其他社会和政治活动。这一切都是由以下两方面因素促发的：一方面是由二十一条和巴黎和会的山东决议所激起的爱国热情；另一方面是有一种学习西方、试图从科学和民主的角度重新评价中国的传统以建设一个新中国的愿望。它不是一个统一的有严密组织的运动，而是许多通常具有不同思想的活动的结合，尽管这个运动并非没有其主流。"（第5页）尽管五四运动的背景十分复杂，但在这一运动中，起主要作用的是清末以来逐渐产生、壮大的新式知识分子、新的工商阶层和工人阶级。实际上，传统的社会格局已无法容纳这些新的阶层。最明显的是1905年科举制度的废除，表明了旧的士大夫势力的衰落。但是新的人才选拔制度又未建立，此后新式教育的迅速扩大却产生了大量受现代文明教育的新式知识分子，如作者所说："他们与现代西方文明的各种形式的接触，与传统的思想体系和统治阶级的不断疏远，使得他们能够领导其他不安定分子开展一场'救国'的伟业。五四运动正反映了所有这些社会势力的重新改组。"（第10页）

而直接触发五四运动的两个因素却是互相矛盾的，即强烈的民族主义和学习西方富强之路而导致的对自己文化传统的无情批判。可以说，从近代以来这一矛盾就一直存在，但在五四运动中，以"外争国权，内惩国贼"为号召的民族主义达到了最强烈的程度，以"打倒孔家店"为号召的反传统主义也达到了最强烈的程度。但这种逻辑的矛盾却并不是历史的矛盾，在近代中国的历史情境中，人们正是为了救国才要学习西方，学习西方也正是为了救国。也就是说，是民族的救亡为偏离、批判传统提供了合法性。这样，中国儒学正统的天下观念不得不让位于现代的民族国家观念。其实，中国传统的天下并非一视同仁的“普天下”，而是自视为“天下之中”，是具有强烈文化优越感的华夏中心主义。这种天下主义对异域文明极端排斥，皆目之为狄夷，要严守“夷夏之防”，拒绝文化的交流与融合，结果恰恰反对“天下一家”。相反，五四时期的民族主义却承认异域文明的合理性与向之学习的必要，这恰是文化交流融合的前提条件。作者通过对五四运动具体史实的分析得知，此时的民族主义并不排外，是一种健康、开放的民族主义。然而，纵观中外历史，产生、维持这种健康的民族主义极为不易，很容易就会滑向极端、狭隘的民族主义。五四运动的难得之处在于，民众中的民族主义为其提供了强大的感情动力，使之能产生巨大的影响；而受现代文明影响的青年知识分子则提出了实现国家现代化的种种措施，为这一运动赋以思想内容。

为这一运动赋以思想内容的青年知识分子，主要来自在美国、日本和法国这三个国家学习的留学生。作者指出：“这些学生回国之后，通过他们所提倡的不同的、有时是相互矛盾的对中国问题的解决办法，显示了这三个国家的文化差异。五四运动也反映了这些不同的影响。”（第26页）

大体说来，以胡适为代表的留美学生态度较为和缓，对提倡白话的文学革命起了较大的作用，而后在哲学、教育理论、科学方法论及整个学术界，起支配作用的也是“留美派”。通过胡适，杜威的实用主义哲学和教育理论广为传播。他们主张点滴的改良而反对暴力革命，希望通过教育救国。从清末起，留日学生最多，也最激进地投身政治。新文学的创造也深受日本风格的影响，如周氏兄弟和郭沫若等创造社成员，都曾留学日本。作为援西入中的一个中转站，日本的另一个影响是向中国输入无政府主义和社会主义思潮，片山潜、幸德秋水等广为人知。“总体说来，中国留日知识分子比在任何其他国家的留学生受到更多的军事、社会主义和民族主义的影响。”（第 35 页）当然，法国的影响也是巨大的。自 20 世纪初以来，法国大革命的政治思想在中国青年知识分子中独步一时，在 20 年代更为流行。法国的乌托邦社会主义和无政府主义别具魅力，在法勤工俭学的中国学生的经历更是在他国学习的学生所没有的，他们对欧洲的劳工运动和华工状况的深入了解，使其容易走向社会主义，对后来的群众运动有着深刻的影响。总之，“五四运动时期的中国知识分子的气质常常带有法国浪漫主义的痕迹”（第 36 页）。

对五四运动后期苏俄异军突起、影响剧增的原因，作者做了非常细致的探讨，对当时的国际国内形势、列强对华政策和对五四运动态度的变化、苏俄的政策等都做了具体的研究。“西方在华租界当局对新思想运动的帝国主义和殖民主义态度以及列强对中国的外交政策，与西方思想家、政治家如杜威、罗素、威尔逊等人所鼓吹的思想相去太远。俄国对中国的诱惑，是针对当时正在高涨的民族主义热潮以及中国企图摆脱列强政治和经济控制而展开的独立运动的。”“这样，西方对中国的追求商业利益的自私态度和俄国社会主义对中国知识分子的诱惑力，便深刻地影响了五四运动潮流的趋向。”（第 214 页）

但在运动的前期和中期，新知识分子联盟中的这种差异却被对传统和旧势力的批判所掩盖。面对他们凌厉的攻势，守旧者的反对相当无力，正如作者所言：“从一开始，保守派的反对，因为他们的努力不是为了得到公众的支持，而是为了招致政府的干涉。他们企图说服安福系控制的国会去弹劾教育总长和北大校长，并且要求教育部解聘陈独秀、胡适、钱玄同等自由、进步的教授。弹劾的议案曾在国会提出，但因政府慑于学生和公众舆论的强烈反对而没有通过。”(第72页)然而随着新文化运动的节节胜利，新知识分子间的差异也日渐扩大，终至分裂。这种分裂，也标志着近代中国中西论战的重大转变，而后的几次论战，主要是“西与西战”，如“科玄论战”中维护中国传统的“玄学派”，也是以伊倭肯、柏格森等西洋“玄学鬼”的理论为基础的。这种分裂无疑表明中国人对西方认识的深入，即突破了近代以来将西学简单看成一个整体的模式，而认识到西学的复杂与多元。然而这种学理性分裂冲突，在近代中国又极易转成政治性分裂冲突。或许，这原本就不是纯学理的讨论。

这种分裂，首先发生的是“问题与主义”的论争。但“具有讽刺意味的是，就在自由主义者提出‘多研究些问题’建议后不久的1920年，很多社会主义者及其追随者开始走向工人和农民中去研究他们的生活状况，而自由主义者却很少参加这种社会调查和劳工运动。1922年后，不少自由主义者却倾向于从事考据之类的学术工作”（第221页），忽视了社会政治问题。这固然是因为他们的基本设定是文化和教育的改革远比政治的变革更为重要；另一方面，这也是对中国近代政治的残暴黑暗深有了解却又无能为力的一种躲避。因为他们认识到自由的期望有赖于社会的、政治的和经济的力量，而这是他们当时无力掌控的。但五四运动在本质上是一次思想革命运动，而之所以能产生这种运动，恰恰又是因为近代以来知识分子的政治参与热情不断高涨，所以这场思想文化运动必然导致知识分子更积极地参与政治，不同的政治派别大都由此发端。不仅各种社会主义者和无政府主义者义无反顾地投身到高潮迭起的大规模群众运动中去，就是标榜“二十年不谈政治”的自由主义者也难以避免。他们在《争自由的宣言》中无奈地感叹道：“我们本来不愿谈实际的政治，但实际的政治，却没有一时一刻不来妨害我们。”胡适在日记中也不得不承认：“政治不良，什么事都不能做：教育也办不成，实业也办不成，甚至于小生意都做不成。”所以他们不但创办论政的《努力周报》，甚至还组成“好人政府”，希望改造军阀。但“这些改革建议是注定要失败的，因为它们既没有权力上的支持，同时也因为大多数倡议者不愿意采取过分反对军阀的实际政治行动”，而且“这些人中许多人脱离人民群众，甚至脱离大多数年轻积极的知识分子”（第241页）。结果，他们不但被军阀玩弄于股掌之中，还丧失了对广大青年的影响，只得再次回到学术研究之中。在血与火不断的近代中国，他们无视社会经济问题的严重性和紧迫性，不愿被卷入政治的风暴，而企图通过文化、教育救国，的确是不切实际的，终只能成为无足轻重的政治砝码。

所以，自由主义一派在为五四定性时，总是强调这是一场思想和文化运动，而回避它也是一场政治运动的事实，甚至认为后期的政治性有碍于它的正常发展。尽管如此，他们还是一再受到来自大权在握的国民党的政治“妨害”。

中华民国政府定都南京后，开始实行以恢复传统道德为主旨的文化保守主义政策，对五四运动大加挞伐。国民党四届二中全会决定，今后的宣传工作“以唤起民族精神，御侮自卫，共赴国难为主旨”，认为强国“就要先恢复中国固有的忠、孝、仁、爱、信、义、和、平的民族道德”（蒋介石：《革命哲学的重要》），并规定这“八德”培养是普通教育的目的。为此，他们发动了“新生活运动”，因为“‘五四’的新文化运动，是主张把中国固有的东西，像礼、义、廉、耻等统统摧毁，把外国的自由主义、阶级斗争等学说介绍过来”，所以“新生活运动唯一的目的，就是要把‘五四’的新文化运动的破坏运动，改变成一个建设运动。‘五四’的新文化运动，是把中国固有的精华完全不要，今天的新生活运动，是把中国固有的精华加以发扬”，“‘五四’的新文化运动与今天的新生活运动，完全是那样绝对不同的东西”（贺衷寒：《新生活运动之意义》）。蒋介石在20世纪40年代依然谴责说：“我们试看当时所谓新文化运动，究竟是指什么？就当时一般实际情形来观察，我们实在看不出它具体的内容。是不是提倡白话文就是新文化运动！是不是零星介绍一些西洋文艺就是新文化运动！是不是推翻礼教否定本国历史就是新文化运动！是不是打破一切纪律，扩张个人自由就是新文化运动！是不是盲目崇拜外国，毫无抉择地介绍和接受外来文化，就是新文化运动！如果是这样，那我们所要的新文化，实在是太幼稚、太便宜，而且是太危险了！”（《哲学与教育对于青年的关系》）直到退居台湾后的50年代，他仍把“民主精神”解释为“纪律”，把“科学的意义”解释为“组织”，并认为应加上民族主义或传统伦理道德作为第三个口号，以补充“民主”和“科学”。

对此，胡适等人是坚决反对的，起初他们还撰文力争，怒斥道：“前进的思想界的同情完全失掉之日，便是国民党油干灯草尽之时……如果这几件最低限度的改革还不能做到，那么，我的骨头烧成灰，将来总有人会替国民党上‘反动’的谥号的。”（《新文化运动与国民党》）但国民党反应相当强烈，对他们施加种种政治压力和迫害。在政治高压面前，胡适等人只得沉默下来，在30年代中期凄然感叹“这年头是‘五四运动’最不时髦的年头”，因为“五四运动的意义是思想解放，思想解放使得个人解放，个人解放产出的政治哲学是所谓个人主义的政治哲学。”（《个人自由与社会进步》）在近代中国，这种政治哲学的确势单力薄，难成“时髦”。正如周策纵先生所言，五四的“个人解放的潮流与西方所宣扬的个人主义并不是一回事，与西方所提倡的自由主义意义也不尽相同”。“五四时期对于个人和独立判断的价值确实比以往任何时候都重视，但同时又强调个人对社会和国家的责任。”（第 360 页）这样在五四运动的后期，社会主义和民族主义思潮实际已居主导地位。

可以说，五四运动的变化对后来中国政治和社会的发展有着关键性影响，在其后的几十年中，“中国经历了比过去任何一个历史时期都更为深刻的变革。但那个时期兴起的潮流依然左右着今天；那个时期提出的深刻问题依然有待重新思考和解决”（第 368 页）。

重新认识百年中国

——读《重新认识百年中国——近代史热点问题研究与争鸣》*

20世纪即将过去，恰逢中国社会转型，在这种时间和社会都处于关键时刻的双重交叠下，人们自然而然地对我们如何迈入新世纪格外关注。为了瞻前，我们不得不时时顾后。改革出版社的冯林先生所编《重新认识百年中国》，便是一部明确为瞻前而顾后的书。

不必细说，从1840年到1949年，中国近代的百年历史的确风云变幻、大潮迭起。民族危亡之紧迫，新旧冲突之尖锐，各阶级、阶层间的斗争之激烈，确实罕见。而且，各种矛盾、各种因素彼此交错，使得近代中国的“图式”更加错综复杂。这种复杂性，无疑增添了近代史研究的难度，同时，也使这一研究更具挑战性和丰富性。更有意义或更重要的是，我们顾后的方式将影响到我们瞻前的方式，也就是说，要影响到我们的未来。所以，对百年中国的重新认识便显得尤为重要。

对历史的重新认识，也就是历史认识、史学研究的深化。每一代人，甚至每一个时代，都会对历史形成自己的认识。当代著名的科学

* 冯林主编：《重新认识百年中国——近代史热点问题研究与争鸣》，改革出版社，1998年。

哲学家库恩认为，科学的进步并不仅仅是量的积累，而是质的飞跃，不同的科学家共同体有不同的研究方法、研究重点、提问方式和理论体系，即不同的范式。科学的进步就是范式的更迭，而且，旧范式的衰退与新范式的涌现，与当时的社会环境和社会心理有着极密切的关系。也就是说，科学的进步与发展并不是一个封闭的逻辑体系，而是与社会实践紧密相关的开放系统，因而要受社会的巨大影响。自然科学尚且如此，社会科学的发展受社会、时代的影响当然更大。

由此看来，重新认识近代中国百年历史与改革开放新时期几乎同时起步就不是偶然的了。此时时代精神已由激烈的“革命”“斗争”转向追求现代化（尽管为时嫌晚），这就为从现代化的角度来重新认识百年中国的新范式的出现和影响的不断扩大提供了先决条件。当然，以农民起义为主线的旧范式，是以“革命”“夺权”“反抗”“斗争”为时代精神的那一社会阶段的必然且合理的产物。这种不同时代对历史的重新认识和反思，也是一种范式的转换。

这种新范式与旧范式的最大不同，就在于它更主要是从现代化的角度来看待、分析中国近代史，而不把中国近代史仅仅视为一场革命史。从这一视角出发，新范式对近代史上的一些重大事件、人物、思潮等，都做了重新审视。从不同的视角看，必然要发现或关注不同的问题，即便对同一研究对象，也会因视角不同而得到不同的研究结果。在这种理论框架中，太平天国的《资政新篇》就比它的《天朝田亩制度》更有意义、更受重视，也应该得到更高的评价。对洋务运动，现在人们注重的主要是它冲破重重阻力，引进现代大机器生产求富求强的努力和成就，因此而将其称为“近代中国的第一次现代化运动”；相反，对其兴办者的主要动机之一——镇压太平天国农民起义则不多考虑。也就是说，农民起义不是这种理论的主要评价标准和参照系。这样，它对义和团运动的评价也比旧范式的评价要低得多，而对义和团的盲目排外等不利于现代化的消极方面，则有较多的分析。对于近代中西文化的剧烈碰撞，它也不是简单、完全地把侵略与反侵略视为唯一的视角与标准，而是较多自省，对那种故步自封、以“天朝上国”自居的闭关心态持批判态度，对危害匪浅、盲目排外的狭隘的民族主义更多一分警惕。同时，它更多地看到西学东渐对中国新文化的催生作用，认为只有这种新文化才能最终使中国成为真正独立、民主、自由、富强的国家。由于以现代化为主要参照系，因此它对由现代化而产生的一个新的社会阶级，即资产阶级的作用做了更为充分细致的研究，也做出了较以往更高的评价。它对戊戌变法、辛亥革命等以资产阶级为主体的运动也做了更多、更细的研究，给予较高的评价。同样，对清末的新政、立宪等自上而下的具有现代化取向的努力也并不像以往那样以一句“改良主义”而批判之，而是进行了非常细致的研究，得出了新的结论和认识。

从新的视点出发，不仅要对旧问题进行新的审视，得出新结论，更值得注意的是，必然会发现新的问题。在现代化过程中，社会与国家之间的关系是近年来研究的一个新热点，所以近代中国商人的自治组织——商会，受到了较多的关注。商会研究成为热点，人们探索的主要是市民社会的兴起以及它的功能和意义。在社会转型的过程中，这一问题尤有意义。历史或有惊人的相似之处。在改革开放、社会转型的今天，各种观念互相冲突碰撞，在思想界爆发了关于“东西文化”“民主与新权威”等一系列论战。然而，所有这些论战其实在20世纪前30年几乎都爆发过，我们今天的话题，其实早就是昨天的话题，只是这些大都不在旧范式的视域之内。《重新认识百年中国》这本书，对中国近代思想史、文化史的重要性和复杂性都做了非常深入的研究。作为思想、文化的主要创造者，知识分子研究也是一个全新的课题，读书人从传统的士转为现代知识分子的历程，知识分子在近代中国的作用和历史命运，都令人浮想联翩……

有关研究不可胜数。但据主编说，这部选本的对象是史学爱好者而非专业史学研究者，所以选编的标准是学术性、思想性、启迪性与通俗性并重。这种在专业与普通之间搭桥的努力确值得赞赏，因为“历史学以人类的活动为特定的对象，它思接千载，视通万里，千姿百态，令人销魂，因此它比其他学科更能激发人们的想象力”。让非专业人士也受到史学的激发，当然很有意义。

如前所述，重新认识百年中国是为了更好地面向未来。但愿即将来临的新世纪不仅仅是时间意义上的新世纪，而在社会发展的意义上也的的确确是一个“新世纪”。

树碑立传

——读《胡适文集》*

胡适自28岁起在新文化运动中“暴得大名”后，几十年来始终处于时代的文化、政治大潮的风口浪尖，长期为世人瞩目。因此，生前死后，许多出版社都出过他的文集。而现在再出他的文集，则既易且难。说易，是因为只需把以往的几种文集拿来互相增补一下即可完事；说难，则因如果立意较高，定要超过以往的文集，实为不易。因为这既需要编者有深厚的学力校正勘误，又需要广泛搜寻资料，长期下拾遗补阙的“笨功夫”。北大出版社新近推出的《胡适文集》，无疑是后来居上的第二种。

这部文集共12卷，650余万字，为目前海内外所出胡适文集中分量最大的一部，堪称搜罗宏富。其中“早年文存”所收胡适早年文章而今已很难见到，“集外学术文集”“时论集”和“序跋集”中的许多文章都是零星散见各处，搜寻、汇集一处殊为不易，这些都至为珍贵。而且，编者对所收文章原始出处都作注说明，裨使用者查考方便，也显示出编者的谨严。这些文章，使人对胡适的思想、学行都能有更为细致的了解。

胡适是新文化运动的领袖之一。从他十五六岁发表的一些作品中，也可略窥其后来思想，如反迷信、妇女解放、彻底反对传统文化

* 欧阳哲生编：《胡适文集》，北京大学出版社，1998年。

等已现端倪。在一篇名为《说雨》的文章中，他简要介绍了雨形成的自然过程和科学原理，然后劝告人们："那有雨没雨，都是关于这天气上的事，并没有什么神道，也没有什么雨师龙神的，可见得那些人一遇了大旱的时候，便去磕头拜揖的去求雨，真是愚蠢得很可笑得很了。"此时，他便明确地用科学反对迷信。在同年发表的长文《敬告中国的女子》中，他对女性长期居于被压地位、"当作男子的玩物一般"充满同情，呼吁女性人格独立。他激烈地说"女子无才便是德"是"放屁话"，认为女性独立的当务之急是"不要缠足"和"要读书"。他参考古今中外的历史和生理卫生知识，详细讲解缠足的种种害处和不合理，反复论说女性读书的重要性，甚至说"大凡天下女子的心思比男子更细密"，"倘使他们肯用心去求学问，所成就的学问，一定比男子高些"。总之，"若能照这两件事行去，我做报的人，便拍手大叫着：'中国女界万岁！中国万岁！！中国未来的国民万岁！！！'"他在《生死之交》这篇短文中译介了一则西方故事，讲述了两个朋友间的感人故事。他坦承讲这个故事的目的是"给我们中国人做一个榜样"，因为"我们中国人，把朋友看得极不要紧，所以时时有那些无信无义卑鄙龌龊的行为"。他的结论是："你看中国这么大，可找得出这么一个好人么？"这已有"全盘激烈反传统"的意味了。

从外国留学回来后，胡适曾发誓"二十年不谈政治"，但黑暗的社会现实却使他不能不一次次被深深卷入政治之中。在1929年前后，他因在《新月》杂志上发表一系列有关人权问题的文章，与国民党当局发生激烈冲突。他还曾准备创办政论性质的《平论周刊》，亦因故未能如愿创刊，他为该刊写的发刊词《我们要我们的自由》当然亦未能正式发表。在这篇文章中，他对国民党当局的专制统治提出了严厉的批评和抗议，认为"以一班没有现代知识训练的人统治一个几乎完全没有现代设备的国家，而丝毫没有监督指导的机关，——这是中国当前的最大危机”。他借佛书中的一段神话表明自己的态度：一只鹦鹉飞过一座大山，见山上大火，便一次次飞到水面，以两翅沾水后，再飞回来滴水救火。鹦鹉明知无济于事，但只因“我曾住过这山，现在见火烧山，心里有点不忍，所以尽一点力”。胡适接着写道：“我们现在创办这个刊物，也只因为我们骨头烧成灰毕竟都是中国人，在这个国家吃紧的关头，心里有点不忍，所以想尽一点力。”这确是他之所以违背“不谈政治”诺言的初衷，也是他后来一直深涉政治的重要原因。

胡适在学术上的成就与地位自不待言，是“开一代风气”的人物。那一部部高深艰奥的考据、研究著作堪称典范，广为人知，影响极大。除此之外，他还写下了大量的学术短论、随笔、序跋等，这些短文因过于零散而知者不多，却不乏给人启发的真知灼见。他在1930年的《〈上海小志〉序》中写道：“‘贤者识其大者，不贤者识其小者’，这两句话真是中国史学的大仇敌。什么是大的？什么是小的？很少人能够正确回答这两个问题。朝代的兴亡，君主的废立，经年的战争，这些‘大事’，在我们的眼里渐渐变成‘小事’了。”相反，《史记》中偶然一句“奴婢与牛马同阑”或女子“蹑利屣”“在我们眼里比楚、汉战争重要的多了”，因为这关系到当时奴隶的生活情况、女子缠足的起源问题，“这种问题关系无数人民的生活状态，关系整个时代的文明的性质，所以在人类文化史上是有重大意义的史料”。这种史观与现在如日中天的法国年鉴学派如出一辙，对今日仍是重大轻小的中国史学依然可说是痛下针砭之论。

在某种意义上，为某人编纂文集就是为他树碑立传。文集搜求愈全，则碑传愈准确、全面，后人对其人、其事及所处之历史时代的理解、把握也就愈准确、全面。

“每个人的历史都是一部圣经”
——读《所谓草民》*

历史学是关于人的科学，是关于人的过去或过去的人的科学，我们对此几乎没有异议。然而这人是哪些人、是什么样的人，则因史观之不同而大为不同。传统观点认为这人不是帝王将相、天潢贵胄、英雄豪杰就是枭雄恶魔，如果说到普通人，那也是抽象的人、抽象的人民。在这种史观的严密笼罩下，历史叙事中很少有平凡的、普通的、具体的、个体的人的历史。其实，连凡人自己，大多也不认为自己的经历值得记述。的确，看看自己的周围，有几个普通人会写下自己的经历呢？进一步说，即便有少数凡人不甘寂寞，写下自己的经历，又有多少出版机构认为有意义、有价值并愿意出版呢？这样，芸芸众生的真实的、鲜活的经历就无法形成文献，因而无法进入历史。

然而，普普通通的谢声显却偏要向这种史观挑战，写下了自己60年的经历，因为他相信，每个人的历史都应当是一部“圣经”。广西师范大学出版社也偏要向这种史观挑战，出版了他的回忆录《所谓草民》，而且还将其与“文武北洋”、民国时期的硕学鸿儒、现代重要思想家、当代著名作家等“豪杰中的豪杰”“精英中的精英”“名

---

* 谢声显：《所谓草民》，广西师范大学出版社，2005年。

人中的名人”并列于“温故书坊”之中，彰显过人眼光。

我想，凡是过来人，读这本书时都会时时发出“确实如此”的感叹，早已淡忘的昨天重新浮现眼前。作者显然有心对那个时代普通人的生活——从物质生活到精神文化生活——的方方面面做详细记述。他长期生活在四川万县底层，早早就离开学校打零工、当挑夫，到大山里修铁路，在“文化大革命”中编过“战报”。他以自己的经历告诉人们，在那个年代中小学生怎样被“政治动员”起来，互相检举揭发，形成“告密文化”并且成为传统；在“大饥荒”时表现出人性的善、恶和生存的智慧；在日常生活中平民怎样艰苦度日……

作者在回忆自己的经历时，其实更注重身边的凡人琐事，使这些小人物因此走进历史，在“历史留名”的时候也成为历史的证人。许许多多的小人物如风中飘絮，转瞬即逝，但年年不绝；如一茎小草，荣了又枯，但枯了又荣。这，就是历史。正如作者所说：“历史是由无数个人的经历汇合而成的，特别是占绝大多数的草民。”

古今中外悠悠谈

——读《悠悠古今》*

《悠悠古今》是著名历史学家刘志琴女士的随笔集。文如其名，作者在这部随笔集中悠悠然谈古论今，历史学家的深厚冷静与女性的细腻感性融为一体，颇为独特。

或许是身为女性，刘志琴女士对妇女史，即妇女在中国历史和现实中的地位、命运格外敏感。她十分敏锐地指出，之所以要将妇女史从人类历史的研究中分离出来成为一门独立的学问，根本原因就在于以往人类历史十分不全面。人类历史本是由男女共同创造的，但历史实际是以男性为中心，把妇女排斥在历史的主体之外，充其量只是男性的陪衬。但在中国现代翻天覆地的历史运动中，广大妇女投身其间，大显身手，妇女的地位也空前提高。毛泽东多次强调妇女“是决定革命胜败的一个力量”，“妇女的伟大作用第一在经济方面，没有他们生产就不能进行”，而“男女都一样”的提法更将妇女的地位提高了。作者充分肯定了妇女地位的这种变化，但并未停留于简单颂扬，而是进一步分析指出，这些有关言论都是从革命利益和革命原则出发，“使得妇女问题一走向社会，就与革命功利紧紧联系在一起”。

---

* 刘志琴：《悠悠古今》，广西人民出版社，1999 年。

而“建国后各项运动一个接一个又都是政治性运动，妇女又都作为政治力量进行投入，政治对妇女问题浓墨重彩的直接后果，导致阶级斗争的观念代替了性别意识，阶级差别取代了性别差别”。人们没有想到“男女都一样”的另一个后果是“泯灭了男女性别的差异，致使妇女特有的生理和心理特征成为被社会遗忘的领域”。无视这种差别，当然也就没有单独成立妇女史的必要，实际上“以男性史取代妇女史也就顺理成章”。“因此早在三十年代就有人提出的男女同等却不同样的正确思想被淹没多年，这是妇女史这一门学科在中国长期不振的理论原因。”从“男女都一样”这一众人皆知的提高妇女地位的口号和方针，作者却看到了事情的另一面，确引人深思。

作者长期从事社会文化史研究，近年在中国近代社会风俗、器物变迁方面着力尤多。历史研究的一个长期传统是英雄豪杰和惊天动地的重大事件各占半壁江山，有关社会史，尤其是社会下层民众日常生活的历史则微不足道，有关资料零零星星，如鲁迅所说“正如通过密枝投射在莓苔上面的月光，只看见点点碎影”。而社会史研究正是要从这“点点碎影”中修复历史的残缺。

中国向有“敬惜字纸”的传统，但随着现代印刷术的普及和商品经济的发展，出现大量商标时，这一传统便很难保存。若强要维持，反显得不伦不类，分外可笑。1873 年元月，上海县令曾发令各鞋铺不得在鞋上用文字标写店号，认为有损文字的神圣；两江总督在同年 12 月通令各纸坊铺“不准于草纸等项纸边加盖字号戳记，更不许将废书旧账改造还魂纸，以免秽亵”，诸如此类的通令还有许许多多，但在强大的商品经济和技术发展面前，却无人认真遵守，使之成为具文。从社会的消费生活或曰消费方式的变迁中，也可看到社会变迁的影子。在专制社会和计划经济时代，对消费品实行指令性分配，使消费品的分配有了道德政治化内涵。而现代社会，“对消费品指令性的分配，最大的挑战就是商品经济的发展”。正如作者所说：“这些社会现象又启示人们，思想启蒙要收到如期的效果，还要有经济生活发展的推动和社会风尚的变化，这是召唤民众最坚实的力量。没有这个基础，启蒙者迟早会陷入曲高和寡的境地。要根本改变陈陈相因的习惯势力，只有依靠现代化的启动，加速推进小农社会向工业化的转化。”而不少精英恰恰忽略了经济生活，尤其是商品经济改变人们观念的力量，甚至更多地看到其负面作用而大加挞伐，其结果不仅仅是使自己“曲高和寡”，且更可能与自己启蒙的初衷恰恰相反。

衣是日常生活和消费最重要的内容之一，而着装的变化，也鲜明地反映出社会的变化。中国传统讲究“衣冠之治”，对人们的穿衣戴帽予以严格的礼制化形态，不同等级着装有不同规定，这充分体现了以伦理为本位的中国传统文化具有最广泛的凝聚效应，体现了“生活方式、伦理道德和等级序列三位一体的文化模式”。但近代以来，随着资本主义的发展，平等观念强烈冲击等级观念，人们的穿着渐渐冲破等级束缚，日趋多样化。但在 20 世纪 50—80 年代，“衣冠之治”的传统突然变相复活，并且得到强化，人们的服装式样与道德观念和思想意识紧密联系起来。奇装异服是“思想意识有问题”的代名词，许多人只因着装不合“制式”便受到严厉批判，甚至惨遭迫害。于是，出现几亿人的服装只有几种颜色、几种款式的今古奇观。而改革开放之初，社会的变化亦率先从服装的变化开始，喇叭裤、牛仔裤曾引起那样激烈的争论……终于，迎来了服装百花争艳的时代。的确，“衣冠之治的解体和个性解放息息相关，是中国走出中世纪特有的国情和民情”。

现代中国文化的种种变化与西方文化的关系极深，无论是正面还是负面，都不能否认其影响之巨。因此，近代以来国人对西方文化的态度便十分复杂。对张艺谋导演的紫禁城版意大利歌剧《图兰朵》，也是见仁见智，众说纷纭，不少论者甚至激烈地指其为“后殖民”或“文化殖民”。但刘志琴却认为，在中国上演的《图兰朵》虽未改变歌剧的西方内涵，却成功地使西方故事融入中国文化的场景。所以“这不是中国公主、中国题材，而是西体中用的图兰朵”。而川剧《中国公主图兰朵》则是西方故事中国化的成功范例，“活脱脱地在西方故事框架中融进中国文化精神，一出西洋大歌剧才变成地地道道的中国货，这才是中国的图兰朵！”

从这两个《图兰朵》中，作者得出了深刻的结论：“不论是西体中用的图兰朵，还是中体西用的图兰朵，都是中西文化交融的盛事。在全球经济发展一体化，生活方式国际化的潮流中，文化中你中有我，我中有你的现象已成为文化发展的大趋势，图兰朵属于新世纪！”

《帝国》似比《三国》好

——读《帝国的终结：中国古代政治制度批判》*

无论喜欢不喜欢，都不能不承认这样一个事实：很长时间里，易中天、于丹等“讲坛作家”在畅销书榜上一直名列前茅。惯性使然，这种势头估计还要持续相当一段时间。易中天的《帝国的终结：中国古代政治制度批判》（以下简称《帝国》）自然也是一本畅销书。

易氏的《易中天品三国》（以下简称《三国》）固然不错，但我更喜欢他的这本《帝国》，因此以自己的主观标准认为帝国比《三国》好。我以为，《帝国》比《三国》更有见地，更有思想，也更有意义。

对这本书的历史分期，颇有人不以为然。其实，对历史的分期确实不妨各有各的标准。有人以生产力为标准，有人以生产关系为标准，有人以文化为标准，有人以政治制度为标准。就是同样以历史唯物主义为标准，对中国古代社会的断代又有西周封建说、春秋封建说、战国封建说、秦汉封建说、魏晋封建说等多种观点，各有道理，很难说服彼此。因此，易中天以政治制度为标准将中国历史分为邦国时代、帝国时代、共和时代，亦无不可。这毕竟只是一家之言，更何况这本书又不是国家审定的教科书。写入教科书的观点必须经过严密的论证，确保其无误，

* 易中天：《帝国的终结：中国古代政治制度批判》，复旦大学出版社，2007年。

但学者作家可以提出自己的观点大家一起讨论，这本身也是一种进步吧。

“溥天之下，莫非王土；率土之滨，莫非王臣。”易氏强调，中国古代的所有制是非公非私、亦公亦私、不公不私、半公半私。一句话，产权不清。产权不清，实际就是权力最大者最有产权，可以任意剥夺民产。私人没有产权，或者说产权得不到保障，于是基本的生存权就得不到保障。甚至官员的家财，也随时可能被皇帝剥夺。因此，帝国时代的一系列制度，都是为了保证皇权的无限。从秦到清，两千年来帝国时代的制度已发展得非常深入、成熟、精致。虽然清朝肯定也有帝国的通病，但在帝国框架内，大多数事情已做得非常好了。不过近代以来，清王朝碰到的问题已不是这个帝国框架所能解决的了，中国必然要走向共和。所谓共和，就是要以民主的方式解决授权问题，以宪政的方式解决限权问题。由于长期帝国时代的遗产之丰厚和传统上共和因素的阙如，中国从帝国到共和的道路必然艰难曲折。

副标题明确指出，此书的内容是“中国古代政治制度批判”，与时下的“传统热”不仅不相谐调，而且正相反对。本来，中国传统的文学、艺术、哲学确实深厚丰富，当然是值得珍视的宝贵遗产，甚至政治制度，也并非毫无可取之处。但是，现在的“传统热”将一切绝对美化，并且将传统与现代对立起来，以传统反对现代，将继承传统与汲取外来文明对立起来，以“弘扬传统”之名排斥外来文明、文化。美化皇帝、皇权更是成为一种引人注目的文化现象。荧屏上满是奴才对皇上的歌功颂德，帝国时代一切的残酷血腥似乎都不存在。相反，五四以来宣扬的公民自觉自主的新文化、民主与科学的启蒙精神却被质疑，甚至被批判。在这种氛围中，易中天这本大大“不合时宜”之作竟能成为畅销书，足以说明他个人的影响之大。不合时宜而又能畅销，也正是这本书值得注意之处。

哀其不幸，怒其不争

——读《英人　法人　中国人》*

1939年，中国的抗日战争正处在最艰难的时刻，从英国伦敦大学经济学院政治系留学归来未久的储安平在重庆写就了《英人·法人·西班牙人》一文；第二年，他写了《英国历史上的外族入侵》；再过三年，来到湘西国立师范学院任教的他又写了《政治上的英人与法人》。这些文章看似与抗战甚至与中国都没有直接关系，但到1945年他写就《中国人与英国人》一文后，其良苦用心便显而易见：这些文章初看与中国无涉，其实却如抽丝剥茧般层层深入，最终还是为了将中国人的国民性与英国人的国民性做比较。正如作者将此四篇文字集结成书时所说的，《中国人与英国人》这篇文章是他"多年来关于中国社会的种种感想；这篇文字所涉及的许多问题，至少在著者看来，就是今日我们需要努力的许多工作之中最基本的部分"。这四篇文章，确实形成了一个完整的体系，前面三篇其实都是此篇的铺垫、准备和基础，为作者认为当时的中国需要做的最基本的改变这一目的服务。

所谓最基本的部分，即国民性改造。从纵向的历史演变和横向与法兰西、西班牙比较后，储安平概括了英国人的国民性，进而与中国

* 储安平：《英人　法人　中国人》，辽宁教育出版社，2005年。

人的国民性比较。大体而言，他从务实重行、组织性与合作性、对理性的态度及实效、政治文化等方方面面对中英两国的不同做了比较分析，然后写道："比较中的中英两国的民性及其作风，究竟孰佳孰不佳，读者可自行判断之。但吾人在此至少可以同意两点：第一，中英两国人民的性格及社会风气确是不同；第二，多年以来，英国为一强国，中国为一弱国。此两点皆为事实，而著者认为后一事实与前一事实有大大的关系。"但他认为其中的原因"归之于民族性者少，归之于教育训练者多"，也就是说，国民性是后天教育形成的，因而改造不仅是必要的，而且是可能的。进而，他又对宗教、家庭、学校、社会乃至体育游戏等各方面对英国人性格的培养做了详细的分析。他认为造成"英吉利典型性格"的主要力量首先是游戏，然后是宗教，最后是在有规律的生活中所包含的种种传统，亦即所谓的公共的传统，三者相辅相成。因此，这种国民性改造不可能是短期内疾风骤雨式的强迫，而是一种润物细无声的长期、缓慢、细致、自然而然的过程。在将中英两国的教育环境做了比较研究后，他悲观地承认，中国教育环境之恶劣，达到了令人难以忍受的程度，但他复以知其不可而为之的精神写道："我们诚以今日中国社会上令人鼓舞欣慰之事常少于令人悲愤失望之事为憾，但我们既为中国公民，单单失望悲愤，固无补于实益。"主张人们应踏踏实实地做一些实际的工作。"我们固希望有一个富强繁荣康乐的中国，但一个富强繁荣康乐的中国固不能得之于幻想，而须出之于中国人民的实事求是的努力。"最后，他充满感情地坦承："一个进步的现代的中国固常为著者所追求者，而他之所以于叙述他所知之英国以后，复写此文一述他心中的感触者，盖他实亦希望他的感触能够引起读者的共思，因而或能慨然兴起稍挽我们目前的颓风于万一。"忧国忧民的拳拳之心，溢于言表。

显然，储安平深受五四精神影响，因为改造国民性是五四新文化运动最为响亮的口号和主要内容之一。但改造国民性却并非如时下某些人所谪，只是五四时几个思想家凌虚蹈空的振臂一呼，而是近代中国社会变化、发展的内在需要，有自己思想发展的内在理路，植根在本土之中。从鸦片战争起，中国面临不断加深的民族危机，先进的知识分子为救亡图存由浅及深地提出、实行了师夷长技以制夷、中体西用、变革政治制度、革命推翻旧王朝等种种救亡措施，但全都落空，最后由五四一代触摸到了器物、制度之后的国民性。进一步说，鸦片战争之后，一些改革者和思想家也或深或浅、或多或少地涉及国民性问题，提出“开通民智”的重要性。在维新时期，梁启超就强调“变法之本，在育人才”；严复提出“鼓民力”“开民智”“新民德”是使中国富强的三项办法。梁启超留亡日本未久，更感改造国民性的重要。在《中国积弱溯源论》中，他批评说奴性、愚昧、虚伪、为我、怯懦等已造成了中国人的人格缺欠，国人的这种集体性缺欠是国家贫弱的根本原因。启蒙的任务就是要将品性上有根本缺欠的国人，改造成现代意义上的国民。在《呵旁观者》中他痛斥国人的冷漠，把旁观者细分为混沌派、为我派、呜呼派、暴弃派、待时派等，其共同点是“无血性”“放弃责任”，世上最可憎可鄙的就是旁观者。细读《呵旁观者》一文，不能不使人想起这一时期也在日本留学，稍后也以改造国民性为己任的鲁迅以及他的著名小说《药》。《药》中的烈士为国人牺牲，但国人却根本无动于衷，烈士就义时，国人反而在一旁看热闹，甚至有人为给自己的孩子治病，拿馒头蘸烈士之血。从《呵旁观者》到《药》，内在思想、情感一脉相承，从中也可看到梁氏的影响既深且广。在《过渡时代论》中，梁又呼吁国人要树立冒险性、忍耐性和别样性这三种德性，以适应新时代的要求，企盼具备这三种德性的平民英雄能在中国层出不穷。总之，他提出要造就“新民”，并以“中国之新民”作为自己的笔名。为此，他在1902年2月创办了《新民丛报》，发表了约11万字的总题为“新民说”的系列文章，连载四年。可以说，五四新文化运动所提出的改造国民性的理论，不仅是势所必至，而且是理所当然。国民性恰恰说明五四一代对中国社会的深刻认识，他们认识到在政治制度背后实际有一种更广的文化支持，具体表现为国民素质或曰国民性，所以要改造国民性。因此，鲁迅才会十分激烈地写道：“赞颂中国固有文明的人们多了起来了，加之以外国人。我常常想，凡有来到中国的，倘能疾首蹙额而憎恶中国，我敢诚意地捧献我的感谢，因为他一定是不愿意吃中国人的肉的！”

不必也不能否认，他们对中国国民性进行的严厉批判是以西方为参照的（储安平此书更具体地以他所熟悉的英国为参照），对西方文化和国民性充满了各种各样的文化想象或误读。但在文化交往中，这种对异己文化的文化想象或误读屡有发生，并且促进了自身的发展。在启蒙时代，欧洲人的中国观深受明末来华传教的耶稣会士影响，一些启蒙思想家对中国社会、中国文化也曾充满了这种想象或误读。伏尔泰、波维尔、魁奈、莱布尼茨等对中国文化、道德水平、伦理体系等赞不绝口，甚至提出希望请中国人到欧洲帮助他们提高道德水平。产生这种想象的主要原因在于，欧洲宗教一直以伦理道德为基础，而不言神怪的中国儒学经典却使他们发现了一种没有宗教色彩而以人为本的全新伦理道德体系，这恰恰适应了反宗教的启蒙运动的需要，为他们提供了反宗教的思想武器。

从20世纪30年代起，在中华民族生死存亡的厮杀和阶级斗争的大搏斗中，曾经风行一时的“改造国民性”话语因种种的不合时宜而渐渐消沉。但储安平显然不为时潮所动，仍坚守五四精神，以绵薄之力从事几乎是无望的国民性改造的艰苦工程，与鲁迅当年的“哀其不幸，怒其不争”一脉相承。1948 年春，储安平将近十年来陆续写成的文字结集出版，表明他认为五四精神仍有其现实意义。这可能是时代发生天翻地覆剧变前改造国民性的最后绝唱，而旧话重提，则在 80 年代中期——此时，储安平“消失”也近 20 年了。今天重新出版此书，不仅是对逝者的追怀，更是对现在仍大有意义的五四精神的承继。

全球化时代的“行万里路”

——读《朝觐古文明——世界遗产视觉之旅》*

“读万卷书，行万里路”可说是万古不易的至理名言，这种“在路上”的状态不仅可以从知的角度使我们增知识、广见闻，更重要的是可以从心的角度使我们认识到自然之壮美、人类文明之丰富多彩，从而意识到一己之渺小，能常存谦卑之心。个人、民族和国家的谦卑之心，是人类和平共处的重要前提。

全球化时代，这种“万里行”更显重要。在这样的时代，时空突然凝缩，以往不相往来的不同文明、习俗、制度被骤然拉近，彼此似乎不期而遇，因而可以互相砥砺，互补短长，但也更加容易导致摩擦和冲突。是和平共处共同发展还是兵戎相见攻伐征战，在很大程度上取决于彼此是否能够互相理解进而互相尊重，而全球“万里行”则是互相理解的重要途径。虽然全球化为国际旅行提供了极大的方便和可能，但在大部分中国人刚刚解决温饱的时候，能周游世界的毕竟少而又少，而周剑生就是这少而又少的幸运者。他将自己的所见所闻汇集成图文并茂的《朝觐古文明——世界遗产视觉之旅》，与读者分享他的体验，用他自己的话说，是“要用自己的镜头将世界介绍给中国，缩

---

* 周剑生：《朝觐古文明——世界遗产视觉之旅》，中国青年出版社，2004 年。

短中国与世界的距离”，“它们向人们提示：热爱自己的文化和历史与理解、尊重他国的文化和历史是不可分割的，教育人们在自己的价值观以外还有其他的价值观，在自己的民族以外还有其他的民族，要他人尊重自己道德应尊重他人，人应该自豪但切莫骄傲。”我想，对一个有着极为悠久的历史文化传统的民族来说，这一点更有意义。

世界遗产是世界上各种古代文明的凝聚，现在已被公认为全人类的共同财富。在周剑生的心目中，这些遗迹非常神圣，他抱着朝觐的态度来感悟、领会无限的历史沧桑，因此本书不是游客的观光猎奇，不是随团旅游者“到此一游”的轻松随意，这里的许多照片都是作者冒着生命危险拍摄的。而镜头反映的不仅是对象——被拍者的状态，还反映了镜头后的拍摄者的状态。这几百幅照片，有的宏伟凝重，有的秀丽轻灵，都透露出一种当代心灵历史之旅中饱含的虔敬。

可能与自己近年研究制度变迁史（正规制度与非正规制度）有关，本书作者在不同国度——从最发达的超级大国到最贫穷的大漠深处——的经历，以及对各种遗产下当代人的生存状态的描述，不知不觉间引起了我的兴趣。作为一个外来者，常常要与警察打交道，而作者在一些国家体验过警察严格却富有人情味的管理，或曰“服务”，也在一些国家遇到过非常不友好的警察，甚至还见过警察与小偷或各种不法分子的联手欺蒙，这类经历读来都颇为有趣。大体说来，作者遇到公事公办、廉明高效的警察时大多是在发达国家，而警察腐败这类事大多发生在比较贫困的国家，而且已然成为一种几近公开的非正规制度。或许很难从发生学意义上查清廉洁、腐败与富裕、贫困间的关系，搞清楚究竟是长期贫困导致这种腐败现象，还是这种腐败现象导致长期贫困，但可以肯定地说，如果不铲除这类现象、不破除这类“非正规制度”，就无法从根本上消灭贫困。

第四编

精神的年轮

长期的历史研究，使我越来越强烈地感到，在历史中，芸芸众生的日常生活甚至根本不被记录。然而一旦对历史做深入研究或换一个角度，从日常生活的角度来看，史书中有时看似无关痛痒的一句话或一个抽象的概念，往往事关千百万人的悲欢离合，一生一世。其实，这才是历史研究最重要的内容。

精神的年轮：从知青到历史学家

一

1977年初秋，我正在福州军区服役，传来了要恢复高考的小道消息。虽然大家都十分兴奋，认为早该如此，但又半信半疑。当时，人们依然沉浸在粉碎“四人帮”的兴奋喜悦之中，“第二次解放”是当时流传得最广的一句话，真实反映了人们的心声；一大批1966年之前的电影被解禁公映，一些冤假错案开始陆续纠正、平反；国家政策开始强调知识、科学、文化的重要性，开始强调要重视业务而反对空头政治……但是，“文化大革命”并没有被公开否定，“两个凡是”仍是居主导地位的纲领。高考是“文化大革命”中最早被废除的制度之一，“反击右倾翻案风”不就是从批判“否定高校教育改革”开始的吗？这一切都不能不让人在满怀期待的同时又深有疑虑。

然而，形势比人强，有关部门最后终于正式决定从1977年起恢复高考。虽然小道消息传播已久，但这一决定还是引起了全社会的强烈反响，用“奔走相告”形容毫不为过。在军营，起码在我所在的部队，也引起了强烈反响，或许，这是因为航空机务大队普遍文化水平较高，而且有许多从北航、南航、西北工大、空军工程学院等学校分配来的大学生吧。

得此消息，我当然也想报考大学，但部队毕竟不同于地方，报考要经过一定的手续，所以我无法参加 1977 年高考。这时我当兵已满三年，便动了退伍考学的念头。1978 年，退伍工作开始，空军机务部队很少有当兵满三年就退伍的，对我提出退伍要求一事，领导和战友都大吃一惊，指导员专门找我谈话，希望我不要退伍。指导员当然是出于好心，但我决心已定，就找了上一级机务大队教导员——一位南航毕业的大学生。他很理解我，当场表示同意我退伍，还顺便问了我几个最基本的数学公式，我说有的没学过，有的已经忘了，他一边写下这些公式，一边笑着说："那你回去后还真要加把劲呢！"

由于我是从河南叶县作为插队知青当兵的，所以 1978 年 3 月复员后，我就回到了离叶县很近的平顶山高压开关厂，在成品车间当车工。我们厂是省"大庆式企业"，当时在其他厂，各种规章制度都无人遵守，工人想来就来想走就走，来了也不怎么干活，只有我们厂严守各种规章制度。在部队养成了遵守纪律的习惯，我一天假都没有请。"紧车工慢钳工"，在流水线上的车工几乎没有任何休息的机会。回到家后，已是筋疲力尽，晚饭后还要复习到深夜。午饭后有几十分钟的休息时间，我就躺在机床旁边的长条凳上背书，有几次竟然熟睡过去。车间机器轰鸣，人们面对面说话都听不清，却一点没吵醒我，因为我实在是太困了。师傅肯定知道我的辛苦，也不喊醒我，几次都是车间主任把我推醒，醒后怪不好意思的。有一天深夜，我在睡梦中突然被呛醒，醒来一看原来是毛巾被掉到地上，被蚊香点着了，好在还未燃成大火，但堆满书、纸的小屋已是浓烟滚滚，好不危险！

我小学还没毕业，"文化大革命"就爆发了，又早早随下放农村的父母下乡，只在农村上了两年社办五七高中，毕业后就正式插队，成为知青了，所以我基本没学过数理化，只能报文科。高考完分数下来，我达到了重点学校分数线。这时父亲却劝我今年别上大学了，说我从部队复员回来就能考得这样好，不如现在开始好好补习数理化，明年再考，报理工科，上一所理工科大学。他是20世纪40年代学建筑的大学生，不仅相信科学救国，而且认定只有科学、技术才是真学问、真本事。虽然在他的教育下，我小时的理想是当科学家、工程师，但当时我知道自己的兴趣、知识储备全在人文、社会科学方面，所以我坚持要求当年上大学，而且是文科。

当时是先公布分数，后填志愿。但对于选报什么专业，我却十分犯愁。我之前"冒险"（当时许多书都被列为禁书，所以称作"冒险"）阅读了大量哲学、文学著作，因此对哲学和文学创作都非常感兴趣，思来想去，最后还是文学创作稍稍压倒了哲学。我当时深受高尔基的影响，认为要搞文学创作，更重要的是社会阅历而不是大学课堂，社会、人间就是"我的大学"；再加上我十几岁就下乡，出去修水库、打小工、扒火车……后又在江西、福建当兵，总之，在社会上闯荡惯了，还是想过一种紧贴社会的生活。所以，我报了一个谁都没想到的专业——吉林大学历史系考古专业（当时考古还是历史学下的二级学科）。许多人劝我说考古专业太苦，一年中大多数时间在野外，殊不知我喜欢的就是这个。当时我的"如意算盘"是只把考古专业作为一个仍能在社会闯荡的媒介，为自己的文学创作积累素材、增加社会阅历。如果学理工科，那我一定会选报地质专业，我并不是喜欢这个专业，而是喜欢在大自然、在社会中跑来跑去，能成就我的"作家梦"。但没想到的是，当时考古专业的分数非常之高，所以把我调剂到历史系历史专业。就这样，我既没走上文学创作之路，也没走上哲学研究之路，而是阴错阳差地走上了历史研究之路。

1978年是国家命运巨变的一年，也是我个人命运戏剧性变化的一年：前三个月我是军人，中间六个月我是工人，最后三个月我是大学生。

二

1981年夏，大学三年级的暑假，我回到当年下乡插队的河南叶县的一个村庄。距我上次回来，只有三年时间，但农村在这三年的变化之大却使我深受震动，使我对改革开放让中国社会发生的深刻巨变有了直接的感受。上一次是1978年秋，上大学前夕，我曾回到这个离开三年多的村庄——我是1974年底参军离开农村的。这三年多里，农村没有任何变化。而1974年底参军离开农村时，距我1971年初来农村则是四年时间，这四年几乎天天生活在农村，也没有任何变化。简言之，从1971年到1978年，我插队的村庄几乎没有任何变化。

我插队的农村，一年到头都是吃杂粮，以玉米面和红薯面为主，还吃不饱，尤其是麦收前青黄不接的时候，有些人家还要靠野菜、树皮充饥，一年只有过年时可以吃几天白面饺子和馒头，更别提肉了，也是只有过年才能吃到。农民总是对我们感叹："不知到啥时候，俺才能跟你们城里人一样，每天都吃白面蒸馍！"

的确，啥时候才能让广大农民吃上白面、吃饱饭呢？很长时间里，我真认为这遥遥无期。从1971年我来到这里到1978年第一次返乡，依然如此。然而，1981年夏，我回到这里，却发现这里的农民全都吃上白面蒸馍了！一户两户能吃上白面蒸馍当然不算什么，只三年的时间竟然让这样多的农民全都吃上白面蒸馍，确实不敢想象。而且，以前全村只有一家砖瓦房，1981年则起码有一半是砖瓦房，再不济，也是瓦镶边，有的人家还买了电视！只有对农村有感性体验和深刻了解，才知道这种变化的意义。或许，计划经济体制能集中力量干几件大事，却无法让几亿农民吃饱、吃白面。如今，国家并没有更多的财政投入，生产工具也没有大的变化，但体制一变，解散人民公社，实行家庭联产承包责任制，农村、农民的生活状况在不长时间内就发生了巨大改变。后来读制度经济学方面的著作时，突然想到，这不就是制度经济学的最佳典型吗？

当然，随着改革的深入，农村的深层问题也更深刻地表现、暴露出来，但种种问题，正是改革不足造成的，也只有继续改革才能解决。正是在农村的经历，使我对“吃商品粮的”和“吃农业粮的”这两种身份社会地位的巨大差别有亲身感受，所以我认为，“三农”问题的根本解决在于消除不平等的城乡二元化。人民公社解散后，基层政权的建设、农村的管理问题、一些乡镇干部的腐败问题开始出现，且有越来越严重之势，这就把政治体制改革提上了日程。

总之，改革初期农村的巨变，使我对中国正在进行的改革有了更深刻的认识。只有生产者有生产的自主性，而不是成为被动的计划执行者，经济才会有活力。恕我重复刚才说过的一句话：“有此经历的许多‘这一代’，思想早就解放了。”因此，1978—1980年间，在大学校园里的壁报、讲坛中，年轻的大学生、研究生大都主张以商品经济或市场经济取代计划经济，当时，这些主张还被当作错误言论严厉批判呢。确实，是“这一代”最先最早提出市场经济的，只是没有发表论文而已。必须承认，当时“这一代”学养非常有限，根本不知道哈耶克、奥地利学派等，只是根据自己刚刚学到的一点点学理，更是根据自己对社会的切身体验，就大胆提出商品经济和市场经济的概念。

三

1981年，我上大学三年级时，发表了我的第一篇学术论文《辛亥革命前夕资产阶级人道主义思想》。这原是大二结束时中国近代史课程的学年论文，没想到得到了任课老师李时岳先生的激赏，推荐我参加吉林省史学会举办的纪念辛亥革命七十周年学术研讨会，与会者中，只有我是大学生，这篇文章还被收入会后出版的会议论文集。这篇论文，可以说是我学术生涯的起点，也在某种程度上改变了我的专业志向——此前，我是一心想研究世界史并准备考世界史专业研究生的。对这个题目的研究和这篇文章的发表，使我对中国近代史产生了浓厚的兴趣，因此我决心研究中国近代史，考中国近代史的研究生了。在写这篇文章时，我惊讶地发现，我们当时满怀激情地讨论的许多问题，如人道主义、个人主义、人的个性的解放、对中国传统文化的批判甚至存在主义，辛亥革命前的思想界已经讨论过了。其水平甚至高于我们，我不禁感叹中国“历史的轮回”，感叹这些在现实中仍然敏感的问题。另外，可能我是第一个明确提出“这时期以人道主义为原则对封建意识形态的批判开了五四时期‘打倒孔家店’的新文化运动之先河”这一观点的。这篇文章的文风，也反映出自己长期读马克思、黑格尔那种欧化、排比句的影响，当然，文锋笔意中带有一种一去不返的青春的激情。

几乎同时，1981 年末，世界现代史课程结束，考试形式就是每人写篇论文。我写了《十月革命的启示》一文。这篇文章，反映了 80 年代初期南斯拉夫共产党理论、瓦尔加遗言、布哈林、捷克斯洛伐克“第三条道路”、欧洲共产主义等从“真正的马克思主义”（我们所理解的）角度对苏联模式批判等对我的影响。这些理论，为中国改革提供了最早的理论依据。当时，许多著名的学者、理论家和青年学生，都从这些理论获取了批判旧体制的思想资源。毕竟，它们早几十年就开始了对苏联模式的反思。这篇文章仅以几千字来“宏论”甚至质疑改变人类命运的十月革命，也只有年轻时才有此勇气。如今，早无做此种宏大叙事的勇气了。几年后，我一字未改将此文送《史学理论》编辑部，不久，就一字未改发表了。

1982 年，我本科毕业，考上本校硕士研究生，师从李时岳先生。李先生是研究洋务运动的专家，当时我的兴趣在思想史，所以在研究生三年级时写了论文《从冯桂芬到郑观应：洋务思想家试析》。以往观点认为，洋务派是反动的，从冯桂芬到郑观应等一干人则是早期改良主义者，因此具有一定的进步性。本文从思想史的角度，论证了他们与洋务派并无本质区别，实是洋务运动的思想家。换言之，洋务派就是改良主义者，因此是有进步性的。这篇文章得以在中国社会科学院近代史研究所办的核心刊物《近代史研究》上发表，今天的硕士研究生，能在此刊物上发文章的都不多，当时更加不易。后来，这对我找工作起了非常重要的作用。

1985 年，我硕士研究生毕业，当时的研究生已开始自己找工作了（当时还不时兴说“求职”），如果自己找不到工作，国家才会分配工作。当我到中国社会科学院近代史研究所《近代史研究》编辑部联系工作时，主编钱宏、丁守和（当时是双主编，钱分管 1840—1919 年的文章，丁负责 1919—1949 年的文章）大表欢迎。

从 1985 年到 1989 年，我在《近代史研究》编辑部当编辑，一边编稿，一边读书。前几年写作不多，但“文化热”还是感染了我，从 1988 年下半年起，我又开始写作。在 1989 年上半年发表了几篇文章，如《传统文化的“虚文”与“实利”》和《从传统社会走向现代社会：五四时期对传统伦理批判的再认识》等，也是“文化热”的一种反映，同时也反映了我当时对改革的思考——从个人依附性的单位制的传统社会到个人独立的现代的契约社会。改革的本质是从伦理型社会到契约型社会的转换，或许我也是较早提出这种观点的学者之一。1989 年末，我翻译的《中国现代思想中的唯科学主义》一书由江苏人民出版社出版。虽然我进入大学才开始学英语，但对英语兴趣甚浓，每天花相当多时间学习，所以进步很快，不久就是文科中的尖子了，曾代表吉林大学文科参加吉林省大学英语竞赛。工作后，近代史所馆藏的大量英文专业书籍使我如入宝库，当时读英文书的时间远超中文书，这也是这一阶段写作较少的原因之一。由此书出版开始，参与“海外中国研究丛书”工作，稍后与人合译了《传统与现代性之间：王韬与晚清改革》。

中国近代思想史和知识分子个案研究，是我的又一研究领域。通过对胡适、傅斯年、丁文江、张溪若、张申府、张君劢等的研究，我探讨了理性和自由主义在大变动时代的矛盾与困境，包括它们引起的个人焦虑与无奈感。我翻译的《胡适与中国现代知识分子的选择》在1991年由四川人民出版社出版，这本书也反映了我的研究兴趣。

90年代初，市场经济的大潮突然来到。在这种似乎席卷一切的大潮来临之初，知识分子颇有些错愕。我的随笔《文人还会被尊敬么？》在1993年《读书》第1期发表。这篇文章观点多少有些暧昧，一方面力论一个良好的社会应当尊重知识、知识分子，像伏尔泰对牛顿在英国之地位的艳羡；另一方面，又想说明在现代社会中，社会结构的变化使知识分子很难像过去的士那样高居四民之首，对此实不必怨天尤人，只需以平常心看待便是。但在社会转型时期，这种转换的冲击往往更加强烈，所造成的负面影响也更严重、更明显。对此，当然不能随波逐流，作为知识分子，更应抱有一分警觉。这一话题紧扣社会脉络，以至之后几期《读书》仍在谈此文此题。而且，台湾的《联合报》副刊也全文转载了此文。

1995年，在我的写作史中是比较重要的一年。

这一年，“后现代”“后殖民”理论影响力大增，虽然它们此时在史学领域的影响力还微乎其微，但是，由文论家从西方引进的这种“学术前沿”很少谈文学、文论，而是大谈历史。《读书》1995年第4期刊载的《背景与错位：也谈中国的“后殖民”与“后现代”》一文，是国内较早对“中国的后现代、后殖民”理论提出批评的文章。请注意，是对中国的后现代、后殖民提出批评，而并未对整个后现代、后殖民理论做出批评。希望中国的“后学家”真正学得福柯等人的立场、观点和方法，而不是仅仅照搬其现成的结论和词句，而对中国传统也做一番知识考古、做一番解构，对中国语境中的“主流”“中心”“大一统”“传统”做一番深刻的解析、解构、消解。相反，中国的“后学家”偏偏抛其精髓，不期而然地加入主流对支流的冲击、主调对杂音的掩盖、中心对边缘的扩张、整体对片段的吞噬以及强势对弱势的挤压中去。所以，现在仅仅是复述福柯等人的理论和结论意义已经十分有限，如何将这些理论中国化，才是艰巨的任务。

也是这一年，从西方引进的，后来被人们称为“新左派”的理论开始出现。开始，人们并未将其称为“新左派”，而是因其机械照搬西方左派理论，对“鞍钢宪法”、人民公社、“文化大革命”阐释过度，而称之为“洋泾浜学风”。《二十一世纪》杂志专门在1995年12月号组织了一组讨论文章，《“洋泾浜学风”举凡》即为其中一篇。后来，人们才将这种“洋泾浜”称为“新左派”。两年后，《今天非常“法兰克福”：对一种“理论透支”的分析》一文，也是强调运用外来理论要注意中国语境，否则，其作用与在西方可能正好相反。

《“白”与“黑”：伊朗两种“革命”的教训》分析了使伊朗经济迅速发展、人民生活水平有较大提高的巴列维“白色革命”最终因拒绝政治体制改革导致政权垮台的教训。此文发表后，引起相当大的反响，直到现在，还有报纸、杂志转载或约我再写此题。

《警惕“真理”》在某种程度是对当时人文精神论战的一种回应。顺便说一下，这篇文章中所引周作人的一段话在发表时被《读书》主编沈昌文先生删去，来信说引周作人“易为人乘”，最后一段则被完全删去。沈公常在我文章最后部分或加几个字或删几个字，为我“降温降调”。几年后与钱满素谈及此点时，她大笑说沈公也常在她的文章最后部分或加几个字或删几个字，但那是为她“升温升调”。

长期的历史研究，使我越来越强烈地感到，在历史中，芸芸众生的日常生活甚至根本不被记录。然而一旦对历史做深入研究或换一个角度，从日常生活的角度来看，史书中有时看似无关痛痒的一句话或一个抽象的概念，往往事关千百万人的悲欢离合、一生一世。其实，这才是历史研究最重要的内容。在历史研究中，文本固然重要，但历史研究一定不能唯文本，一定要探索文本背后的历史。所以，我写了《日常生活中的历史》一文来表达这个观点。以后，我也经常强调此点。

民族主义是对人类命运影响最大的思潮之一，20世纪的法西斯主义曾经得到一些国家和人民的普遍支持，因此，我在2000年发表《警惕法西斯》一文，意在提醒人们警惕民族主义。

90年代以来，国家与社会的关系是我的关注点之一，历史事实表明，民间社会或曰公民社会的发育、成长是政治的基础。当民间社会发达时，可将政治变动引起的剧烈社会震荡减至最低。诸如工会及各种行业协会等社会组织是社会稳定、和谐的重要保障。从这一角度出发，我写了一些时评，对一些社会事件做出分析。2010年，强调工会作用已成舆论热点。在农村插队当了几年农民的经历，使我对城乡二元化、农民地位的低下有了切实体会。因此，二元化的形成和消除、如何使国民均等享受社会福利，包括农民工问题和留守儿童问题，引起了我的强烈关注，我写了不少有关时评。

《“女性主义”“第三世界女性”与“后殖民主义”》这篇文章虽然发表于2004年，但其实是1995年在《东方》杂志上发表的同类文章的增订版，增加了一些史实。它对女性主义、后殖民主义这两个原产于西方发达世界的理论引进到中国可能会产生的矛盾做分析，而对此矛盾，中国的女性主义与后殖民论者多未有明确意识。对此矛盾的分析，也只是想说明任何社会科学理论都是在具体的社会、历史环境中产生的，因此都有自己的特点和程度不等的限度。当然，这并不意味着所有社会科学理论便完全没有普遍性，只能应用、限定于它所产生的特定社会。但如何把产生于某个社会的有关理论应用到情境非常不同的另一社会，则是一个非常复杂的问题。因为一种社会知识被化约、抽象之后便具有普遍性，同时也具有了危险性（被应用到另一个社会时）。因此，对这种社会科学理论的引进（尤其是应用）一定要非常慎重，要考虑外来理论与本土社会如何才能“接脉”。与此文类似，《“后现代批评”与“中国国情”》也是阐明此点。

1989年后，近代激进主义的危害引起了学界反思，而辛亥革命几乎成为激进的代名词。颇有人对清政府的“新政”“立宪”被辛亥革命“打断”而深感遗憾。不经革命的大动荡、大破坏而收革命之实效，当然是值得追求的理想状态。这作为一种良好的愿望，更是无可指责。但是，历史学的训练使我对此主观历史不表赞同。

这种观点的错误之一，是将历史事件的起源与意义混为一谈，以价值判断取代对客观历史过程的分析。因此，多年来我一直撰写有关文章，表达我学习、研究中国近代史30年来逐渐形成的一个基本观点。

例如，有人强以近代中国的历史为佐证，指维新运动和辛亥革命为过激，其实有违史实大矣。康、梁想通过明君自上而下改良，何曾过激？而被尊为“辛亥之父”的孙中山并非一开始就想“干革命”的，起初也是想走改良路线。只是在改良方案被拒之后，他才立志走上革命一途。

纵观晚清历史，每当还有一线希望，还能控制一定局面的时候，清廷总是拒不变化；到了时机已逝、丧失了操控能力的时候，它才匆匆忙忙地被动变革。改革愈迟，所付出的“利息”也将愈大。然而清廷对此似乎毫无认识，它总是在下一个阶段才做原本是上一个阶段应做的事情，而且拒不付息，不愿再多做一点让步和妥协，完全丧失了变革的主动权，完全是被形势推着走，改革的空间终于丧失殆尽。改革是当事各方都以理性的态度妥协的结果，只要有一方坚持不妥协，就无法改革，社会矛盾必然以革命一类的暴力方式解决。一场巨大的社会革命，并不是革命者的主观激进造成的。在社会矛盾中，统治者往往居于主导地位，革命往往是由上层的种种极端触发、造成的。人们总是称赞英国革命的平和，但在英国革命时期，正是由于当时的英国统治者善于妥协，才使英国革命相对平和。纵观近代中国的历史，清朝统治者根本没有英国统治者那种审时度势的能力、容纳各方的明智与气度和妥协精神。所以，与其说革命是下层激进的结果，不如说是被上层的极端逼迫出来的；与其指责下层过激，不如指责上层的极端；我们固然要呼吁被统治者告别激进，但更应吁请统治者主动改革，这才是避免激进主义的根本办法。

前面曾经说过，我青年时代的兴趣是文学和哲学，学习历史其实是“情非所愿”。但后来，我越来越庆幸自己学习了历史专业，因为“历史学以人类的活动为特定的对象，它思接千载，视通万里，千姿百态，令人销魂，因此它比其他学科更能激发人们的想象力”。

阅读即存在

——近三十年学术界非虚构作品阅读一瞥

阅读即存在。一个时代的阅读史见证了一个时代知识、心灵和思想的存在。三十年阅读史（三十年指1978—2008年），即一代人的精神发育、成长史。每个时代的阅读热点都影响着个人的阅读兴趣，但个人毕竟还有与众不同的趣味选择。30年来学术界非虚构作品的时代阅读与个人经验彼此互动的回忆，挂一漏万，也从一个重要方面重构了那段历史的知识、心灵和思想图谱。

1978年秋我进入大学时，“思想解放”运动已经发端，到80年代初已荡成大潮。时代潮流立即反映在校园阅读中，1966年之前出的书很快全部被解禁，一些新书尤其是翻译作品也越来越多。经过十年浩劫，经过“文化专制主义”和无书可读之苦，大家几乎是贪婪地“啃书本”。虽然各有所好，但还是有明显的阅读热点。

从1978年秋到整个80年代，虽有重重阻力，但“时代最强音”确是“以经济建设为中心”和“改革开放”。对改革刚刚起步的中国来说，不同于苏联模式的南斯拉夫社会主义实践发挥了重要的借鉴和启发作用，卡德尔等南共理论家的著作成为热门读物，无论是之前翻译的内部读物还是新译之作，都引起了激烈的争论。现在看来，虽然南共的实践并不成功，但他们对苏联模式的批判，还是使人深受启发。稍后，多家出版社共同推出了“现代外国政治学术著作选译”丛书，格外值得一提。这套丛书使人对欧洲共产主义、力图调和计划与市场走“第三条道路”的布拉格之春、斯大林时代、布哈林理论等有了系统的了解，功莫大焉。遗憾的是，至今未见有文详说这套由多个出版社联合推出的丛书的内情，比如由谁策划、怎样选题，等等。

当时影响最大、最具代表性、影响整个80年代中国经济学的，当属匈牙利经济学家科尔内，他的“短缺经济学”一时间几乎成为中国经济学界的口头禅。经过对市场导向改革的“自由化”质疑后，中国在1992年确立社会主义市场经济，经济学依然热门。90年代中后期，随着对海外经济学的了解更多、研究更加深入，以美国经济学家弗里德曼为代表的货币学派（开始主要经张五常引进）、以科思为代表的制度经济学、以诺斯为代表的制度变迁理论、以奥尔森教授为代表的公共选择理论，取代了科尔内的理论，成为显学。他们的影响甚至超越了经济学范围，对政治学、社会学、管理学以及其他社会科学都有相当影响。因此，他们的译著及相关研究著作一直长销不衰。

随着社会转型的深入，有关社会思想的著作开始受到重视。80年代的“韦伯热”使韦伯的《新教伦理与资本主义精神》等著作成为阅读热点。法兰克福学派也于此时在中国大规模“登陆”，《单向度的人》《爱欲与文明》《逃避自由》等都畅销一时。中国社会科学出版社自90年代末开始出版、至今仍在出版的“西方现代思想丛书”尤引人注目，迄今已出《秩序自由主义》《道德的市场》《开放社会及其敌人》等15种。而在80年代很少被提起甚至鲜为人知的哈耶克，在90年代后期开始受到关注，其主要著作《法律、立法与自由》《自由秩序原理》《通往奴役之路》等全都被翻译出版。无论赞同还是反对，亨廷顿的《变革社会中的政治秩序》《文明的冲突》《第三波：20世纪后期民主化浪潮》三本书，每一本都引起了激烈争论，也十分难得。

对西方文学艺术中的现代派，我国长期以来只有批判而鲜有译介，直到80年代初，现代派的作品仍属被批判对象，几乎没有完整的作品译介。但现在想来颇难理解的是，当时的大学生却偏偏对自己无缘多读、了解甚少的现代派分外着迷，想方设法从零星的批评、批判、译介文章中略窥一二，以至谁能谈几句现代派就被同学另眼相看。如果是男生，肯定能获得不少女生的青睐，用现在的话来说就是掌握了“话语霸权”。要说对一代人了解现代派起过重要启蒙作用的，则首推1981年出版的陈焜先生所著《西方现代派文学研究》。当时市面上很难买到此书（不知是否限制印数），记得我所在的吉林大学图书馆甚至规定因教学需要，只有外文系、中文系三年级以上的学生才能借阅，还要提前很久预约。在相当长的一段时间内，现代派仍被视为“自由化”，因此屡被批判。

外国现代哲学也是如此。80年代初，完整的译介并不多，但大家就是对国外哲学家感到着迷，尤其是萨特。萨特及其思想几乎在一夜之间风靡校园，对青年的影响之大曾令有关部门担心不已。他对人是“存在先于本质”的阐发，把人的个性张扬到极致，引起了个性曾经完全泯灭的那一代青年深深的共鸣，他的《存在主义是一种人道主义》一文，我差不多全文抄录过一遍。在80年代青年的心路历程中，萨特抹下了最为浓重的一笔。90年代初，我还应香港中华书局之约写了《萨特》一书，作为对自己青春阅读的纪念。在萨特之后，弗洛伊德、尼采迅速登场，由于几十年来大陆学者对这二位实在没有研究，所以仓促间一些出版社或将港台出版的弗氏著作拿来印行（当时对版权并不重视），或将三四十年代出版的尼采著作重新出版，以应急需。不久，没有多少人读得懂的海德格尔的《存在与时间》又成为读书人的案上必备。虽然真懂海德格尔的委实不多（也不可能多），但海氏“人，诗意地栖居”这句名言已成为小资的符号，经久不衰，影响广大。而与海氏完全不同的维特根斯坦的学说也很流行，他的《哲学研究》在不长的时间内居然出现多个译本。另外当然不能不提宾克莱谈伦理学的《理想的冲突》，这本书不知摆在多少人的案边床头，至今仍不断再版。虽然所学是历史专业，我却一句句读完了《小逻辑》《精神现象学》《纯粹理性批判》《实践理性批判》等当时所有被译成中文的黑格尔、康德的巨著，写起文章来也是满篇“现实的理性批判与批判的理性现实”之类。但从大学三年级起，对罗素的喜爱引导我一步步脱离德国哲学而沉迷于科学哲学、维也纳学派，罗素、波普尔、石里克、莱欣巴赫等人明白如水的行文风格使我的文风也随之一变。直到现在，我仍感叹中国思想界中德国色彩太浓，盎格鲁－撒克逊色彩太淡。从 90 年代到现在，福柯横跨几个学科的《知识考古学》《性史》《规训与惩戒》吸引了大量不同学科的读者。

社会转型期也是利益调整期，社会公正必然成为社会焦点，有关图书也成为阅读热点。罗尔斯的《正义论》在 90 年代引起广泛讨论，使学术界关于公平、公正的思考更加深入。

中国大陆学者中，在整个 80 年代影响最大者莫过李泽厚，确可用独领风骚形容。他的《批判哲学的批判》《美的历程》《中国近代思想史论》《中国现代思想史论》对一代人的影响之深，后人恐难以想象。

在 80 年代引进新知的大潮中，四川人民出版社的“走向未来”、生活·读书·新知三联书店的“文化：中国与世界”、华夏出版社的“二十世纪文库”这三套丛书厥功至伟，同时标志着中国新一代学人开始登上学术舞台。中国新一代中的青年学者也于此时崭露头角，在阅读图谱中渐占一席之地。从 80 年代中期起，阅读更加多样化，但

《第三次浪潮》和“走向未来”丛书还是掀起了以控制论、系统论和信息论为主要内容的“新方法论热”，红极一时，彼时竟有“开口不谈新三论，纵读诗书亦枉然”之势。现在人们很难想象，《第三次浪潮》发行量竟达数百万册。

在一波波热点阅读中，历史却是“广文先生官独冷”。到90年代初，“史学危机”一直是学术界尤其是历史学界关注、焦虑的话题。引起跨学讨论、争论的问题，却是30年代以来屡有争议的话题——亚细亚生产方式。对亚细亚生产方式的热烈讨论，背后关注的是对中国传统体制产生并延续数千年之原因的讲究。金观涛的《兴盛与危机》，以自然科学的方法，提出中国社会超稳定结构，是屈指可数的引起热议的史学著作。从90年代中期起，历史成为热点，特别是清史、民国史、中共党史，新作不断，新说不断，成为迟到的热点。

在80年代的“文化热”中，人们发现此时争论不休的问题，其实大都是在数十年前胡适、陈独秀、李大钊一代就引起知识界激烈争论的问题。由此，开始了对中国现代知识分子的研究探讨，到90年代渐成热点之一。有关胡适那一代知识分子的著作及他们本人的旧作层出不穷。尤应一提的是陆键东的《陈寅恪的最后二十年》，这本书被广泛传阅。陈寅恪为“教授中的教授”，乃象牙塔中的人物，他的命运竟引起广泛社会关注，塔外之人恐难以理解。顾准的一些遗作在80年代初已出版，却反响甚微。但跨入新世纪，思想界却突然有了“重新发现顾准”一说，甚至兴起一股“顾准热”，顾准遗著和有关顾准作品随之畅销。

在这三十年阅读史中，海外华人学者占据了重要位置。余英时的《士与中国文化》、林毓生的《中国意识的危机》、黄仁宇的《万历十五年》以及唐德刚的中国近代史系列都名重一时。牟宗三、徐复观、唐君毅、杜维明等海外“新儒学”的著作一版再版，直接催生了大陆“新儒学”。放眼望去，“新儒学”已蔚为一时之盛。

当然，30年来，对上述种种阅读，一直有时强时弱的严厉批判，使得这种阅读并不顺利。

80年代的知识界几乎是一边倒地呼唤输入新知。后来在“主流”的调控下，爱国主义成为主旋律，而传统文化成为爱国主义的重要资源。从90年代起，传统文化的热潮持续不断，各种传统典籍一直热销。1993年8月16日，《人民日报》用整整一版发表《国学，在燕园悄然兴起》一文，提出“国学的再次兴起……将成为我国文化主旋律的重要基础”；两天以后又在头版登出《久违了，“国学”！》一文，其他各媒体也发表了类似的报道和文章，中央电视台专门做了题为“北大‘国学热’的启示”的专题报道。国学被纳入爱国主义话语后，有关图书越来越多，国学也越来越热。

如果说传统文化本位论者从传统、前现代的角度，对近代以来尤其是五四以来的现代性观念进行批判的话，那么，从90年代起，随着西方后现代、后殖民理论的引入，其论者则从学术前沿、后现代角度对现代性进行批判，对启蒙、理性、自由、民主都提出质疑。利奥塔的《后现代知识状况》、萨伊德的《东方学》殊为中国的“后学家”看重。

三十年阅读史在某种程度上即三十年社会的心路历程，若有心人能将这三十年图书的发行量、图书馆借书单、书店排行榜详加统计、分析、研究，对这段心路历程的记录将更精确，对我们理解自己和后人理解我们，均大有裨益。

一道别致的文化风景线

——评《读书》杂志

从1979年创刊到90年代中期，生活·读书·新知三联书店（下文简称“三联书店”）的《读书》杂志一直是中国当代文化的风向标。在当代中国的文化、学术、思想的发展史上，在当代中国的精神发育和公共空间的建构中，如果只能评选一本杂志，无疑推《读书》。提起《读书》，大家自然都会想起在那个关键时段主编《读书》的沈昌文先生。

在他主编期间，每拿到新一期《读书》，我总是最先看最后一页，只因主编沈昌文先生脍炙人口的“阁楼人语”登在此页，所以要先睹为快。1979年沈先生参与了《读书》的创刊，不久便成为这个杂志的负责人。用他自己的话说，前几年虽也辄有所感，但自己绝少言论，大约从1984年起“稍稍觉得翅膀硬了一些”，便开始有感而发，略表心迹，直到1996年退休为止。把十几年来的一百多篇“阁楼人语”汇集一起，那十几年中国文化、思想界的风云变幻可谓尽收眼底。后来，他的《师承集》与《也无风雨也无晴》（海豚出版社2015年版）几乎同时出版，三书互读，不仅更加生动，一些情节也更加鲜明。他的回忆与思考，生动而深刻地折射出当代中国的文化史，形成一道别致的文化风景线。

一

沈先生是公认的文化人，但他的出身却与文化人相去甚远，属于社会最低微的阶层。由低微而成为文化名人，颇具传奇色彩。

他出生于上海的棚户区，祖上曾小有家财，但被一天到晚只抽鸦片、其他事情全然不做的父亲败光了。他对我说，老宁波有“宁抽勿赌”的说法，爷爷奶奶怕这个宝贝儿子赌，所以允许甚至鼓励、纵容他抽。父亲去世时，家中负债累累，沈先生只有三岁，他与姐姐全靠寡母养活。为了躲避债主，母亲带着他们东躲西藏。不过，家中再穷，母亲还是想方设法让他上了小学，给他改名改姓，冒充一位在上海英租界工部局工作的王姓远亲的儿子，免费上了工部局子弟小学。小学毕业，上初中就不免费了，于是他改回本姓沈。但上到初二，家中供不起，只能逃学，玩失踪，因为还欠着上学期的学费。最后，才十四岁，他就到一家银楼当学徒。

学徒几年，不仅学艺，更近于老板家的用人，其中一项重要差事是照顾好老板家的客人。这位老板结交上海场面上的三教九流，沈昌文机灵乖巧，颇讨客人喜欢。他也从中学到许多书本外的社会知识。他的一位要好的小伙伴是扒手，经常对他说自己“看人下手”屡屡成功的经验。还有一位“白相人嫂嫂”，一言不合就在他们小店撒泼打闹，他也看到老板最终如何妥善处理。在有“冒险家乐园”之称的大上海，小小年纪就在底层混生活的沈昌文看到，许多骗局之所以能成功，最重要的是受骗者贪小利。所以，“不贪小利”成为他一生的生存准则之一。他的老板，做生意极讲诚信，六年学徒生涯，他对诚信体会殊深，诚信也成为他此后做人的基本准则。他的老板还喜欢结交政界人士，有汉奸，也有新四军。有汉奸来打牌，沈昌文端茶送水；

有时新四军或苏北解放区来人，他们多是买药和通信设备，沈昌文照顾其起居。这是他和政治尤其是和共产党人的最初接触。

再忙再累，他也坚持读书读报，断断续续上各种私立夜校、补校，从速记、会计直到摄影、英语、世界语、俄语和无线电，他都去学。在当时的上海，他几乎从早上 5 点到晚上 11 点，都能找到学习机会。现在看来，这种杂，恰为他后来从事编辑工作打下了一定基础。所以他特别感谢那时上海教育的商业化，更感谢一些热心教育公益、义务教课的人士。沈氏事例再次说明，民办教育，是发展、普及教育的重要方面，也从根本上表明了民间社会的重要性。

50 年代初，百废待兴，到处是招工信息，其中当然也有文化单位。文化程度不高、长期把《文汇报》著名记者徐铸成的“铸”字读“寿”却一心向往文化的沈昌文，居然被权威的人民出版社录取了，虽然只是最基本的校对员，但终归跻身文化行列。他并不觉得自己水平有多高，他说：“当年凭成绩考取并不难，只要熟读学校里教的新民主主义革命史和政治经济学等课程即可，答题是把什么事情都归结在反帝反封建名下，保管老师欣赏。”（《也无风雨也无晴》，第 33 页）

1951 年 3 月，沈昌文离沪北上，正式成为人民出版社的工作人员。爱学好学，似乎是他打小就有的天性，在认真校对之余，他又花大气力学习俄语，甚至为了更好地学习马克思主义，还学了一点儿德语。功夫不负有心人，学习再次改变了他的命运，使他有惊无险地度过了“阶级斗争第一课”。工作不久，单位就开始进行“忠诚老实运动”，他老实交代了在上海滩混生活的种种“劣迹”。结果，人事部门有关领导认为他问题严重，不适合在北京的国营机构工作，要将他遣返回沪。恰恰在此当口，他业余时间翻译的介绍苏联出版情况的《出版物的成本核算》出版，在对苏一面倒、全面学习苏联的情况下，一个校对居然能翻译苏联出版方面的著作，这引起了出版社领导的注意。领导不仅否决了人事部门的决定，还将他作为“工人学文化”的典型，由校对提升为社办公室秘书，也就是领导的秘书，他一下子成为行政十七级的科级干部。当时，十三级以上为“高干”，十七级以上为县团级中层干部。此后，他入团、入党，一路前行。

在出版社办公室工作，不仅与领导熟悉，还趁机结识了一些特殊人物，这让沈昌文受益匪浅。原来，不知道是哪一级领导的方针，组织翻译稿时，可以便宜行事，找有学问但政治上有问题的人。这些人中有刘仁、华揽洪、李慎之、何思源、董乐山、施咸荣等。他们有的是右派甚至极右，有的是“特嫌”或“托派”。爱学的沈昌文从心里佩服他们的学问，虽然是他们的领导，要组织他们干活，甚至还负有监督、改造他们的任务，但他却是真诚地视他们为师。落难中的人，对人情冷暖最为敏感，这些人后来一直与沈保持深厚的友谊。喜欢《读书》的人马上会想到，改革开放后，他们中的许多人是《读书》初创时期的重要作者。沈昌文自己对此也非常得意：“我在这方面，说实话，有一长处，就是一点都不以他们的‘政治污点’为忤，而是真正拜他们为师，这可以说是我无意中得之的一个善为书商的法宝，决定了我以后的一生。”（《也无风雨也无晴》，第 79 页）

十年浩劫中他也被“火烧”过。有一次，社领导作为“走资派”被批判，被拉出去游街示众，“革命群众”居然命令沈昌文敲一小锣，走在队伍最前面，以示他从来都是为走资派“鸣锣开道”。在批斗会上，由于他是社长王子野的秘书，“革命群众”命令他上台揭发、批判王子野。他在台上表示要与王划清界限，接着揭发了一件“重要事情”，就是王从来不在社里吃饭，每顿饭都要回家吃，这说明他一向不愿意同革命群众打成一片，连在生活细节上都刻意反对毛主席的群众革命路线。帽子很大，事情很小，明显是“明批暗保”。

他在书中透露，“文化大革命”时一切学术文化著作几乎都停止出版了，“可是，大概到了70年代初，也就是林彪事件以后，忽然得讯，上面组织了专印大字本的机构，印的书只供伟大领袖及其周围的高参阅读。这机构的工作人员都是上海的。当然，在当年，上面认为‘文化部’烂掉了，出版局在文化部之下，自然不足信赖。一切秘密的行动，都在上海操作。据说，这种书起初只印十五册，后来又改成五册，免得他人阅读。排印这些书的铅字字模，都是上海有关印刷厂专门派人制用的”。“‘文革’后，据有关人士披露，这类大字本从一九七二年至一九七六年老人家去世，共印了近一百三十种。”（《也无风雨也无晴》，第107页）

到五七干校后，医务室有位金姓医生，“这位医生要入党非常积极，但医道并不高明。他把政治挂帅用到医务工作上：认为你政治上好，给你的药分量加倍，认为你政治上不好，给你的药分量减半。这位金姓医生与我住在一起，每天晚上听他的高论”（《也无风雨也无晴》，第96页）。

种种怪象，使他开始怀疑这场运动，但让他从根本上觉悟的，还是1971年的“九一三”事件。总之，“经过这场‘革命’，我更加清楚地看到，人的私欲是无法消灭的。‘文化大革命’那么一场口号响彻云天的‘破私立公’运动，回过头来看，谁都在为了自己个人利益而努力，而口号叫得最响亮的，谋私利的欲望越厉害。这就使我消除了当年还留存的不多的左翼乌托邦观念，并且很有助于我在十来年后改革开放年代里少走弯路”（《也无风雨也无晴》，第94页）。

改革开放开始后，沈昌文终于可以大展身手。他参与了《读书》的创办，后来三联书店恢复，他居然成为总经理。

1979年《读书》创刊号即以《读书无禁区》一文在那坚冰待破之时喧腾人口，以后大凡域外新思潮、新观点，都由《读书》率先介绍引进，而中国传统文化、旧式文人和一批五四后产生的被遗忘已久的新式知识分子，大抵也是由《读书》首先“发掘”。这种引进与发掘，反映出了社会的变迁、思潮的转变、文化热点的变动和学界焦点的转移。“阁楼人语”一路读下来，仿佛重温神州大地这堪称关键的十几年中，读书界的风雨历程。

在中国社会转型的重要时刻，沈昌文先生与同道一起以《读书》为平台，为中国知识界打造了一个弥足珍贵的文化空间。沈先生不无愤懑地写道：“‘空间’何指？一块广袤无垠的空地？一个人山人海的广场？知识分子要有自己的‘文化空间’，要那么大吗？能得到吗？”其实空间者，英文space之谓也。在铅字排印的时代，铅字间加的空铅，上海的排字工友直呼之为“司配斯”，最小的“司配斯”是一个老五号字的八分之一。“知识分子所需的‘文化空间’，以中国来比例，大概不会比这多。”所以营造一个这样的文化空间“大概是任何开明的文化政策都会许可的。这‘空间’，不是‘文化殿堂’，亦非‘文化广场’，充其量，‘文化阁楼’而已。让知识分子在自己的‘文化阁楼’里研讨、商酌，想来对国计民生不至有害而只能是有益的”。因此他明确表示：“很愿意让《读书》成为一个‘文化阁楼’。‘阁楼’既小，所容者自然也少，三四个疯女人疯男人而已！”那些年，不管是春夏秋冬还是东西南北风，沈先生自有定见，不为所动，一直在这“阁楼”上守望，已成一道令人难忘的文化风景线。

《师承集》几乎全是他保存的一些文档的影印，都是文化界名人的信函、稿件。《读书》创刊号刊载的李洪林先生的大作《读书无禁区》振聋发聩，已经成为思想解放、文化解冻的经典文献。整整十页稿纸，满是作者与编者的删改批注，在这如此敏感的时刻，对如此敏感的话题、如此重要的文章，作者与编者自然格外重视，字斟句酌，不敢有丝毫疏漏，以免授人以柄。仅文章标题就经二改，原标题是“打破书的禁区”，一改为“打破读书的禁区”，最后改为“读书无禁区”。密集的删改批注中，作者、编者在公开文本背后的意图与策略跃然纸上，而且三十余年后终于大白于天下。在《也无风雨也无晴》中的《〈读书无禁区〉及以后》这篇文章中，沈先生详述了当时这场轩然大波的前前后后，余波竟然荡漾数年而未息。《师承集》还收有作者李洪林在1992年6月下旬给三联书店的一封短信：“我因遭人诬陷，1989年被拘禁。拙著《理论风云》及《四种主义在中国》谅亦同时遭禁。今我早已无罪释放，想买几本自己的书，但遍觅各书店，并无踪迹。不知拙著皆已售罄，或仍在被禁之列？按拙著皆为普及三中全会路线所作，于理于法不致遭禁。贵店如有存书，请各售二本给我，价款当即奉上不误。如是另外的情况，请示知为盼！”一代理论风云人物，遭遇如此，的确令人黯然神伤。

汪子嵩先生是著名的哲学史研究者，20世纪40年代末曾是中共地下党员，是著名哲学家贺麟先生的学生。沈昌文要《读书》“五朵金花”之一的赵丽雅当面向他约稿，写有关老师贺麟的文章，却被他婉拒，他在信中写道：“赵丽雅小姐那天约我写贺麟，我这位老师的千金现任清华大学党委副书记、副校长，听说那年将讣告写成‘贺麟教授’，她大为恼火，说：‘是党员，为什么不称“同志”？’实在左得可爱，我们这些学生现在都不敢再写老师。那天商定，我还是写钱端升先生，一则我心上有些话想说，二则还没有看到《读书》写过政治学家。”（《师承集》，第210页）

《师承集》还收有朱光潜先生1979年夏的两封短信，沈昌文先生回忆，自己在20世纪50年代上半期曾“奉出版社之命”去向朱光潜先生约稿，按当时规定，必须先与朱先生供职单位的组织接洽，获准后才能与朱先生见面。没想到，虽然自己拿着组织介绍信，好说歹说，朱先生单位的人事部门仍不同意他见。最后，终于同意见面谈事，但人事干部一直在旁边监听。沈先生在《师承集》的自序《我的老师》中大发感慨：“现在，我居然可以自由出于任何一个大教授的家，彼此畅谈一切！现在人们老夸沈某人当年编《读书》杂志多带劲。其实，这劲儿全来自改革开放那个好年代，可并不是沈某人的个人能耐。”

二

《读书》曾经如此重要，我在那个时候能与如此重要的杂志结缘，实在是人生之幸。在那几年，与《读书》结缘，自然就与沈公结缘，更是人生之大幸。

第一次知道《读书》，是1979年春天。我当时正读大一，突然看到一本名为《读书》的杂志，刚好是创刊号，其中有一篇《读书无禁区》的文章，读后激动了好久。从此，锁定了以后的《读书》，期期不落。非常荣幸，几年后我就——确切说是竟然——成为她的作者。1987年，《读书》第6期发表了我的文章，该文章介绍的是美国学者鲍德威的著作《中国都市变化：山东济南的政治和发展，1890—1949》。这是我第一次给《读书》投稿，一个人都不认识，从邮局寄去。首投即中，当然是莫大的鼓励。能从《读书》的读者成为《读书》的作者，顿觉与有荣焉。

虽然1987年就在《读书》发了文章，但之后很长时间，我与编辑部仍无任何往来。其实编辑部离我工作单位和家都非常近，来来往往，经常从门前经过，可从未想过要进去拜访一下。1990 年第 6 期刊登了我的《“破”后之“立”》一文，还是作为重点文章在封面登出标题。更没想到，我还收到了编辑部举办的“读书服务日”的邀请信，这才与主编沈公昌文先生及那几朵著名的“金花”认识，并且越来越熟，后来成为真正的朋友。我也因此与《读书》的许多作者相识相熟，这才算正式成为引以为豪的“读书人”中的一员。

与沈公和“金花”成为至爱亲朋后，稿件就不经邮局而直接送去了，与沈公自然越来越熟。沈公生性幽默，越老越“不正经”，总是笑谈自己编辑、出书的经验是“吃喝玩乐，谈情说爱，贪污盗窃，出卖情报，坐以待币”。先是通过“吃喝玩乐”与作者交朋友，交情深到“谈情说爱”的地步，于是顺理成章地“贪污盗窃”作者的思想、观点，掌握学界思想界动态。然后“出卖情报”，把这些在编辑部统统提出来，讨论研究一番，依此“情报”策划选题，向某位学者约稿。等到书出来之后，就“坐以待币”啦。这段经验现在可能已广为人知，但当时我可是最早听他传授此秘籍者之一。我曾“偷偷”向不少年轻的编辑传授此道，他们都表示很是受用。

他身上一直有这种老出版人的传统，经常与各色人等吃吃喝喝，拉拉扯扯，云山雾罩，海阔天空，这是他业务的一部分，所以他对一些出版社规定编辑每天上下班都要打卡，大不理解，大不认可。由于我家和工作单位与他家和《读书》编辑部都非常近，他的饭局，经常把我叫上。计划好的饭局不说，更多的是临时来了某人，总是突然来一个电话，只要有时间，我就应邀而去。他的饭局上，总有些有趣的人，经常会听到一些有趣的事。他承认，自己最喜欢的事情，就是做“串联”，把一些本不相认或不熟悉的读书人“串联”一气，让彼此相识、熟悉。在他的饭局上，形形色色、各式各样的“人物”彼此交流、讨论甚至争论。他执意要办且坚持甚久的“读书服务日”，当然是一个更大的思想交流场域。许多思想的火花、灵感、创意，就是在这种交往中产生的。有意者，大可把布迪厄的文化场域、哈贝马斯的公共交往等理论深入研究一番。在这种交流中，总能聆听各方高论，学到、得到许多书本上没有的知识。

饭局总免不了喝酒，唯我酒量太浅，也就半瓶啤酒的量，所以在他的饭局上我基本不喝酒，只是大杯大杯喝可乐，前些年患上糖尿病，或与此有关？沈公酒量其实也不大，一天晚上吃喝之后，我与他一同出门，看他已有几分醉意，就劝他别骑车回家了，我送他回去。他坚持说自己没醉，哪知刚刚跨上车就摔倒在地上。我忙上前将他扶起，劝阻不住，他又跨上车去。歪歪斜斜没几步，又倒在地上，只得同意由我送他回家。第二天，他来电话问我看到他的钱包没有，他的卡、证件全在里面。又过一天，他来电话说找到了，原来在他家卫生间的马桶后面。

虽然熟稔如此，但我知道在《读书》发表的文章是要经过知识界集体检阅、点评的，我给《读书》写稿自然格外用心，不敢造次，绝不因人熟而马虎。当然，朋友总归是朋友，一般送去后两个月后就能刊出，以当时的编排印刷，算快的。偶有延宕，或要修改，也会说一声。但《背景与错位：也谈中国的“后殖民”与“后现代”》这篇文章，送去两个月后却一直没有刊出，不免有些纳闷。其间常与沈公见面，我不问，他也不说发还是不发，或是否还要修改。直到半年后，此文才在 1995 年第 4 期刊出。后殖民、后现代是当时的新潮之学，当时主要是文学界、哲学界在大谈特谈，史学界的有关谈论却不多见。拙作还对当时文学界、哲学界的谈法提出了不同观点和相当尖锐的批评。这篇文章的主要观点认为中国的“后学家”和后殖民论者偏偏抛后殖民、后现代精髓，不期然地加入主流对支流的冲击、主调对杂音的掩盖、中心对边缘的扩张、整体对片段的吞噬、强势对弱势的挤压。所以，现在仅仅是复述福柯等人的理论和结论的意义，已经十分有限，如何将这些理论真正置于中国背景中，才是艰巨的任务。他们应真正学得福柯等人的立场、观点和方法，而不是仅仅照搬其现成的结论和词句，而对中国传统也做一番知识考古，做一番解构，用以对中国语境中的“主流”“中心”“大一统”“传统”等做一番深刻的解析、解构、消解。一个“史学界的”谈后殖民、后现代，当时是有些新奇的，而且他还批评他人，是否有道理？是否站得住？想来沈公有怀疑，拿不准，一定是几经审读、考虑后，才“放行”此文。不因熟人朋友而降低发稿标准，此为一证。后来，他给我看了远在美国教书的张隆溪兄对此文的高度评价，沈公最近出版的《师承集》收有张信全文。附提一下，本人亦因此与钦佩已久的隆溪兄相识，并成为朋友。

我在《读书》的“成名作”《“破”后之“立”》，谈的是胡适的政治思想及20世纪50年代初对胡适思想的批判和知识分子改造。中国近代思想史和知识分子个案研究，曾是我的研究重点。我在《读书》陆续发表了《出山要比在山清》《艰难的抉择》《“仁”与“科学法”》《“哥德”与“费希特”》等文章，通过对胡适、丁文江、张溪若、张申府、张君劢等人的研究，探讨了理性、自由主义在大变动时代的矛盾与困境，以及它们带来的个人焦虑与无奈感。1992年，市场经济的大潮突然来到。在这种似乎席卷一切的大潮来临之初，知识分子颇有些错愕。我的《文人还会被尊敬么？》在1993年第1期《读书》发表，话题紧扣社会脉络，以至后几期《读书》仍在谈此文此题。台湾的《联合报》副刊也全文转载了这篇文章，编者按中说，此文对台湾知识分子现状的思考也有意义。

有些在《读书》发表的文章，影响能持续好多年。上大学不久，伊朗发生“黑色革命”，推翻了巴列维国王进行了十几年的旨在推动伊朗现代化的“白色革命”，重新确立政教合一的政权。对此，我一直想探一究竟。经过一些年零星的资料搜集与思考，终于整理成文，在《读书》1995 年第 9 期发表。这篇文章分析了使伊朗经济迅速发展、人民生活水平有较大提高的巴列维“白色革命”最终失败的原因和历史教训。此文发表后，引起相当大的反响，直到现在，二十几年了，还有报纸、杂志和许多自媒体转载此文。

近日新闻报道日本“真理教”教主麻原彰晃等被执行死刑，让我想起在 1995 年 12 期发表的《警惕“真理”》这篇文章。“真理教”这种非常极端的教派居然能在经济发达、科技进步、教育普及的日本广招信徒，信众中有大量名牌大学出身的科技专家，其高级干部几乎全是日本一流大学理工、医学系毕业的优秀人才，他们却着魔般地崇信“真理教”，对未受过正规教育且被认为心智不全的教主麻原彰晃无限崇拜，心甘情愿地为其充当杀人工具。本文对这种现象做了分析。文中所引周作人的一段话在发表时被沈公删去，来信说引周作人“易为人乘”；文章最后一段则被完全删去。当时还是手写，未留底稿，我现在完全记不清这最后一段写的是什么了。

三

上面说了，从 1979 年创刊到沈先生退休，《读书》一直是中国文化思想界的风向标。这风向标可不好当，凡是关心中国文化思想建设或曰文化思想“倾向性问题”者，当时无不关注《读书》，不是想从中大获启发，就是想从中发现某种动向以问其罪。处此风口浪尖，《读书》竟能屡屡化险为夷，可见沈先生的“道行”之深。敢于冒险，乐于冒险而又不失分寸，虽时时“过火”却又能迅速摆平，这是他的过人本事。据说，这是他年少时在上海滩“讨生活”和后来在被戏称为“CC 俱乐部”的陈翰伯、陈原这二位出版界元老的指导下练就的功夫，已经炉火纯青。想来也是，小偷扒手、白相人嫂嫂、学贯中西的大学者和大领导，他都打过不少交道；又经历过种种风雨运动，什么场面、什么世面他都见过，所以才能遇事不慌，举重若轻，进退得当。《读书》，自然也进退得当，有惊无险。有此功夫，他人可能会秘不外传，但不知是真正的大公无私、传经送宝，还是素喜自夸、扬扬得意，总之他在回忆中都毫无保留地一一道来。由此，我们可以略窥他那“外圆内方”的门径，更重要的还是那句话，这实际为当代中国的文化生态做了具体生动的历史记录。

当编辑总会为人删改文章。我有几篇文章，沈公也在结尾部分或加几个字，或删几个字，总是为我“降温降调”。曾与钱满素大姐谈到这点，她大笑说沈公也有几次在她的文章结尾部分或加几个字或删几个字，却是为她“升温升调”。对“火候”的把握，沈公可谓炉火纯青。何时可以大开炉门，添柴加火；何时应该暂封炉门，保持小火微微，他都得心应手，应付裕如。40 年来，《读书》恰如冬夜炉火，读者、作者、编者一同围炉煮茗，共话文事、家事、国事、天下事，互相倾听、讨论甚至争论，彼此交流、碰撞、激荡，形成了一个真正的学术、思想、文化的公共空间。

史学家就是翻译家

——读《历史三调：作为事件、经历和神话的义和团》*

时间倏忽，与柯文先生相识相交，已近 30 年了。

与当时的很多人一样，我是二十几岁上大学后才开始学英语的。不过，从上大学一直到研究生，我对英语兴趣浓厚，相当多的时间花在学英语上。一分耕耘一分收获早是不耐人听的套话，但事情还真是这样，虽然从零开始，但工夫花到了，英语水平自然突飞猛进，到研究生毕业时，我已能大本大本读英文书了。来到近代史所工作后，所里馆藏英文版本的中国近代史著作之富令我吃惊。那时与现在不同，国家外汇紧张，甚至在重点大学的图书馆里，中国近代史专业的外文书也少得可怜，有限的外汇，要用在理工和涉外专业上。当时北京大学的中国近代史老师，也常常要到我所来读、借一些外文书。许多书，我都是久闻其名而未能“一睹芳容”，现在，她们触手可及！如同蜜蜂突然发现一大片一大片的花丛，可以自由地飞来飞去，我拼命吸吮花蜜，如饥似渴地读书，一时间英文书的阅读量甚至超过中文书。读多了，不禁技痒，我也开始尝试翻译。从 20 世纪 80 年代中期

* ［美］柯文著，杜继东译：《历史三调：作为事件、经历和神话的义和团》，江苏人民出版社，2000 年。

到 90 年代初，我竟一口气翻译出版了三部外文著作，其中一本就是柯文先生 1974 年出版的成名作《在传统与现代性之间——王韬与晚清改革》，中译本 1994 年由江苏人民出版社出版。由此，我与柯文先生相识。

现在说来令人难以置信，在 20 世纪 80 年代末 90 年代初，学界知道“modernity”一词的人还寥寥无几，我也是第一次碰到。查字典，它的意思是“现代性”。但当时耳熟能详的是现代、现代化，何谓现代性？它与现代、现代化有何区别？我曾想将书名译为“在传统与现代之间”或“在传统与现代化之间”，又总感可能不妥，为何作者不用 modern 或 modernization，偏偏要用个大家都不知道的 modernity？这当非偶然，肯定有他的道理。于是我广查资料，向柯文先生请教，终于弄清了这个 modernity 的意思。将译稿交到出版社后，社方对书名也提出疑问，什么是现代性？建议改为“在传统与现代之间”，一来大家都知道现代而不知道什么现代性；二来传统与现代对仗工整，可以让读者印象深刻。但我知道现代性有自己的学术内涵，不能轻动，坚持译为“现代性”。真没想到，几年后，“现代性”就成学界最热门的词汇、术语之一，诸如反思现代性、现代性质疑、现代性批判、现代性视域下的……，有关论文论著数不胜数。对文史哲及社会学领域来说，时下几成“开谈不说‘现代性’，读尽诗书亦枉然”之势。

1997 年，柯文先生出版了《历史三调：作为事件、经历和神话的义和团》一书。承柯文先生抬举，不久即捧获惠赐大作，并对几年前的拙译《在传统与现代性之间——王韬与晚清改革》颇多谬赞，同时希望如有可能，此书仍由我翻译。无奈此时我琐事缠身，而且更多地做一些组织翻译工作，便推荐我所杜继东先生翻译此书。因为继东曾参与我组织本所几位同人翻译周锡瑞先生的《义和团运动的起源》一书，在校阅过程中，我知道他中英文俱佳，而且已经译过周氏有关义和团著作，再译柯文先生此书更有把握。2000 年江苏人民出版社出版中译本，深受中国学界好评。此次社会科学文献出版社重出此书，恢复了“江苏版”少量删节的内容和全部图表，并且将外文注释（英、法文）悉数恢复，便于研究者查找。

柯文先生此书其实是一部史学理论、历史哲学著作，写的是义和团，但义和团其实只是他的一个解决问题的载体、视点；通过义和团处理个人记忆、集体记忆之间的复杂关系，处理历史记忆与现实之间的复杂关系。本书第一部分是历史学家研究、叙述的义和团运动的史实，以叙事为主；第二部分是考察直接、间接参与义和团运动的当时中外各类人物的想法、感受和行为，指出后来重塑历史的历史学家的看法与当事人对正在发生之事的看法大为不同；第三部分评述 20 世纪初中国产生的关于义和团的种种神话。这三部分，构成了“历史三调”。

历史三调的“调”在英文原文中的单词是 key，作者本人对此的解释是：“本书书名使用的 key 一词系从音乐领域借用而来，它的一个含义是指乐曲的音调，另一个含义是指能为某种东西提供导入的设备和手段。这两种含义对我在本书采用的研究方法而言都是非常重要的。事件、经历和神话是人们了解历史的意义、探寻并最终认识历史真相的不同途径。不过，它们也是人们根据不同的原则塑造历史的不同途径，反映出来的是完全不同的音调或‘调子’。”在某种意义上说，翻译就是损失。英语的 key 除了音乐上的音调外，还含有“钥匙”“关键”等义，以此为书名，自然又暗含、隐喻了理解、破解历史和神话的钥匙、关键之意，即柯氏所谓“能为某种东西提供导入的设备和手段”。中文未能找到与key完全对等之词，只能以调译key，照顾音乐之调，却丧失了内含钥匙、关键的丰富性，无可奈何地舍去了作者认为非常重要的“提供导入的设备和手段”。译事之不易，此可为小小一例吧。

全书的重点，自然是“作为神话的义和团”。柯文认为，历史与神话的不同在于：其一，“就意图而言，把过去当作神话与把过去当作历史是截然不同的。当优秀的历史学家撰写史书时，他们的主要目标是在尽量有第一手资料的基础上，尽可能准确和真实地再现过去。而在某种意义上说，历史神话制造者的所作所为恰好相反。他们的出发点诚然是要理解过去，在许多（虽然不是全部）事例中，他们也许真的相信他们的观点是‘正确的’，然而，他们的目的不在于扩大或加深这种理解，而是要使之为政治、意识形态、自我修饰和情感等方面的现实需要服务”。其二，历史学家与神话制造者的另一个不同之处是，历史学家研究历史的复杂性、细微性和模糊性；而神话制造者往往以片面的观点看待历史，从历史中找出一些个别的特点、特性或模式，把它们当作历史的本质。他承认，“对过去的神话化有许多种形式，其中一种或许可被称为‘普通型’形式，是指各个社会的普通老百姓头脑中贮存的大量历史形象的神话化。这种现象会在某些特别时刻出人意料地突然出现，并常常以令人瞠目的创造性（有时以颇具讽刺意味的方式）呈现在世人面前”。中国人最为熟悉的历史上关公形象的形塑过程，也是历史被神话化的最典型也最易为人理解的例子。

虽然理论上说任何一个历史事件都可以被神话化，但越是重大的历史事件越容易被神话化，根据现实的需要将其神圣化或妖魔化。对中国历史影响重大的义和团，自然难逃被神话化的命运。柯文先生对新文化运动时期、反帝运动时期、“文化大革命”时期、改革开放时期的义和团神话做了细致剖析。在不同时期，义和团神话的形象完全不同，甚至同一个神话制造者，在不同时期对义和团神话的正负形象的制造竟然完全不同。

《历史三调》代表了柯文先生学术方向的重大转变。循此进路，他在2009年出版了《与历史对话：20世纪中国对越王勾践的叙述》，对一代又一代中国人烂熟于心的越王勾践卧薪尝胆被神化的故事在20世纪中国的关键时刻——从辛亥革命、民族救亡直到60年代“反修斗争”“三年困难时期”——所起的作用做了层层剖析。

更重要的转变在于，作为30年前出版《在中国发现历史》，并成为影响深远的“中国中心观”的重要推手，柯文先生现在对此做出某种调整。他承认：“在西方学术界日益流行的关于中国的其他研究主题，也对中国中心观提出了挑战，在某些情况下，它被弃之不用，但在更多情况下，研究者把它与其他研究方法微妙地结合起来加以发挥”，“中国中心观是有局限的”。显然，“（古代的）故事与（当下的）历史之间的这种互动，是具有相当大的历史意义的一个现象。然而，这种互动极其复杂，深刻反映了个人、群体或者（某些情况下）全体人民把自己摆放进历史记忆空间的方式”。但这并非中国独有，而是世界性的。完成《与历史对话：20世纪中国对越王勾践的叙述》一书后，他突然想到，如果从世界各国的诸多事例中，选择与某些特殊问题相关的一定数量的例子，加以综合分析，可能意义非凡。经过几年潜心研究，他的新作《历史与大众记忆：故事在危机时刻的影响力》出版在即。“该书聚焦于6个国家——塞尔维亚、巴勒斯坦/以色列、苏联、英国、中国和法国，它们在20世纪都面临着严重的危机。每个事例中的危机都涉及战争或战争威胁，为了应对危机，受到影响的民众和国家都在利用那些与现实发生之事有类似主题的古老的历史故事。创作出来的戏剧、诗歌、电影、话剧和其他作品，往往发挥着复活这些故事的重要作用，而且，正如我们在20世纪看到的，民族主义在其中扮演了重要的角色。”当时，虽因尚未出版而未能全书拜读，但柯文先生向我详细介绍了新作各章各节的内容，精彩异常。这种跨国界、跨文化研究，确实超越了“中国中心”。但是，此书中译恐更加困难，因为不仅要中英文俱佳，而且要对塞尔维亚、巴勒斯坦/以色列、苏联、英国和法国的历史和文化有深入了解者，方能胜任。

《历史三调》《与历史对话》和《历史与大众记忆》三部著作，一以贯之的主题其实是历史与现实对话，或者说，历史如何与现实对话。所以柯文先生写道：“历史学家与翻译家一样，必须熟悉两种语言，就我们的情况而言，即现在与过去。历史学家需要以敏锐的感觉，尽可能多的诚实求真精神，坚持不懈地在这两个完全不同的领域间来回游走。这种需要正是我们工作中最终的紧张之源。”

批判精神的内化

——读柯文教授《在中国发现历史——中国中心观在美国的兴起》*

经典之作，常读常新，这正是经典的意义与魅力所在。

柯文教授的《在中国发现历史：中国中心观在美国的兴起》便是一本常读常新的经典之作。此书在1984年出版，以后多次重印，2010年又出新版。在美国，中国历史研究并非学术的中心区域，这本非常专业的学术书能一再加印并出新版，足见美国学术界的重视。1989年此书中文版甫一出版即使中国学术界为之震撼，此后也屡屡加印。中国社会科学文献出版社现在决定再次出版这部问世已三十余年的著作，再次证明其经典性与生命力。

一

对旧作的中文新版，柯文教授非常重视。1989年版由学理与外文俱佳的资深学者林同奇先生翻译，时在哈佛大学访问的林先生又有便利为如何理解其思想甚至某字某句如何中译，时常与柯文先生讨论，所以译品堪称完美。这次新版，柯文先生坚持仍用林译："许多中国

* ［美］柯文著，林同奇译：《在中国发现历史——中国中心观在美国的兴起》，社会科学文献出版社，2017年。

历史学家告诉我，他们对林译无任钦佩。”笔者便是其中之一。为慎重起见，柯文教授对出版社提出，新版如对林译不放心，可请我来“确保”（vouch）其质量。

他提出由我“确保”，当因1994年我翻译出版了柯文教授1974年出版的成名作《在传统与现代性之间——王韬与晚清改革》。对拙译，柯文教授谬赞多多，后来又多次希望他的新作由我翻译。无奈我总是琐事缠身，而且更多参与一些翻译组织工作，便推荐他人翻译，由我校订，请他对译文质量放心。但此次要我来“确保”林译质量，委实不敢当。然而柯文教授与出版社之托难以推辞，加之我当年也是读的中译本而未读英文本，这次中英对读，一是向前辈译者学习的大好机会；二是认真读原文，理解当更加深刻，便应下了。我将中英文逐字逐句对读后，仅就翻译而言就收获良多。恕我戏仿某部电影的经典台词：曾经有一部优秀译作摆在我面前，使我无任钦佩。如果现在非要在无任钦佩上加一个限定词，我希望是“更加”。

林同奇先生译完此书且写了长长的译序，对这本书做了全面准确的概括与细致的分析，直陈其利弊得失，切中肯綮，实为此书的导读。如前所述，林同奇先生翻译时经常与柯文教授商讨，写序时也与柯文先生相商。林序高度评价此书，但有理有据，毫无溢美。更难得的是对此书有尖锐的批评，直陈其局限性，都持之有故，言出事随。对林的坦率直言，柯文教授不以为忤，且认真作答。受作者之托冠序而不敷衍赞扬，托人写序而对序中对自己的犀利批评颔首称赞，实不多见，反映出两位学者对待学术的严谨、认真，确为学林佳话。

此书多次出版，柯文先生陆续写了前言、中文版前言、英文平装版第二版前言、2010年新版序言等。在这些前言、序言中，柯文先生不仅概括了自己全书的架构与思路，而且对出版以来的批评意见详细作答。更重要的是，此书出版数十年来美国的中国现代史研究成果丰硕，柯文先生结合这些硕果与自己的理论框架，做了深入的评骘与分析。从中可以看到美国、中国现代史学界的发展变化，更可以看到柯文先生几十年来学术进路的来龙去脉，再给人深刻启发。

没有想到，已有多篇如此精彩、重要的序言，柯文先生和出版社此次竟属序于予。我自知学识有限，概括的精准与评论的精当均超不过上述序言，更难做到不谀一词、不妄一语，感惭交并，辞受两难。踌躇再三，还是恭敬不如从命。恕我重复，上述多篇序言对此书已做了全面、准确、重要的导读，无须笔者再多置一词，只想略谈自己的一得之见，就教于方家。

二

众所周知，此书对美国的中国现代史研究占主导地位的范式——“冲击—回应”，提出强劲挑战，中译本出版近三十年，中国学术界关注的重点也几乎全部在此。如果仅注意到本书对西方中心论的批判和中国主体性的阐发赞扬等，则忽视至少是忽略了这本书更丰富的内容。这部深刻的历史学方法论著作，论述了历史哲学、史学方法论的方方面面。历史的普遍性与特殊性，历史发展有目的还是无目的，历史相对主义与本质主义，历史是科学还是艺术、是社会科学还是人文学科，内部取向与外部取向，理论框架的意义与局限，移情的可能与不可能，局外人与局内人的关系，历史研究的精细化与综合性的复杂关系……必须承认，我也是这次重读，才发现书中原来有这么丰富的内容，才发现现在中国史学界热烈讨论的历史研究“碎片化”问题，历史研究与人类学、社会学关系等，此书早有深入论述，这些洞见，此前都被简单的“中国中心与美国中心”论、“东方中心与西方中心”

论所遮蔽。

此书出版的三十余年间，美国与中国的中国现代史研究有了长足的发展，我们所处的世界也因全球化的迅猛进展发生了深刻变化。一部有生命力的史学方法论、历史哲学的著作，其文本必然具有开放性，其文本必然与这种变化密切相关。柯文教授在2010年新版序言《对于中国中心观史学的进一步思考》中承认，在史学研究方面的许多进展都对“何谓‘中国历史’的边界，乃至于何谓‘中国’的定义提出疑问。不可避免的是，上述研究也因此以各自的方式对于中国中心取向的适切性提出挑战”。近年引人注目的“新清史”学派，以清王朝大量的满文档案为基础，犀利地挑战入关后的满人已被汉人同化的观点，并用“清代中心”及“满洲中心”来凸显其差异性。“他们的主要论证并非否认满人是中国历史的重要部分，而是帝制晚期的中国从满洲视角而言将呈现出不同的风貌。从传统同化或汉人观点来看待满人的历史角色，将导致与从西方中心观点看待中国时相同的扭曲和偏见。”虽然“新清史”引起广泛争论，但由此更加重视对中国领域内的少数民族研究，也对实质是以汉人为中心的“中国中心”构成挑战。

全球化时代国家对个人的限制越来越少，出境乃至移民他国成为常态。已入他国国籍的华裔学者提出了“文化中国”的概念，也与“中国中心”形成复杂关系。海外华人有关中国的论述，是“中国中心”还是“非中国中心”？由此思路再往上溯，19世纪中后期起，大量华工移民美国；更早一些，大量华人移民印度尼西亚、东南亚等地，他们的历史既是中国历史的一部分，又是美国历史、印度尼西亚历史、东南亚历史的一部分。在这种情境下，什么又是“中国中心”？

在序言和前言中，柯文教授一一回应这些挑战，并且承认，这些挑战中，一些是自这本书开始写作时就以不同的方式存在并延续至今的，一些是在后来的研究中陆续出现的。这些挑战引发了他进一步的深刻思考，使他对自己“思想发展中变与不变的部分，有了更清晰的图像”，坦率地说明了“如果我重写此书的话，哪些部分需要修正”。

近三十年间，他的研究进路发生了重要的转变，或者说修正。1997年，柯文先生出版了《历史三调：作为事件、经历和神话的义和团》一书。此书前文已讨论过，此处不再赘言。

三

从1974年出版的《在传统与现代性之间——王韬与晚清改革》到新近问世的《历史与大众记忆：故事在危机时刻的影响力》，四十余年间，柯文先生的学术思想、进路发生了相当重要的变化，而这种变化脉络有迹可循、清晰可见，自有学术演变的内在理路。在变化之中，却又有不变的部分。

不变的是深刻的自我反思、批判精神，对自己所处“学术共同体”共奉的范式的反思、批判精神，哪怕自己尊敬的老师是这种范式的重要奠基者。他在本书英文版首版序言中开宗明义：“研究中国历史，特别是研究西方冲击之后中国历史的美国学者，最严重的问题一直是由于种族中心主义造成的歪曲（ethnocentric distortion）。”这种自我反思与批判，已内化为柯文教授的一种本能。多年前笔者发表《“女性主义”，“第三世界女性”与“后殖民主义”》一文，这篇文章谈到在近代中国妇女废缠足运动中，西方传教士与西方在华妇女起了重要作用，其中有不少美国传教士与美国妇女。柯文先生读后对拙文颇有赞赏，但同时写道，在20世纪60年代以前，美国的男女不平等现象也很严重。他专门摘录了正在撰写的回忆录中第一章的相关内容寄给我。1960年夏，在美国紧张的汉语课结束后，他与前妻、女儿在

10月初来到台北。他前妻出生在德国，正在撰写有关魏玛时期政治的学位论文，马上就要完成。与他结婚后，开始学习汉语，为随他到台湾做准备。“如果我记忆无误的话，现在回想起来我在哈佛中国研究中心的男研究生同学没有一位的妻子有自己的事业。当我到台北后，与许多来自美国其他大学研究中国问题的年轻学者成为朋友，发现情况完全一样。”“这种男性与女性在职业期待方面不平等的模式在20世纪60年代开始发生剧变，反映了那个年代民权运动的巨大成就。但在20世纪60年代初期，我妻子随我到台北，后来回美国又随我的教职在不同大学变来变去而搬来搬去是非常正常的。”他还引用了著名的《纽约客》杂志的一篇文章佐证自己的观点。这是一篇评论一本名为《改变美国的十大饭馆》的书评，作者回忆说，在艾森豪威尔的50年代，“在纽约的大多数饭馆，看不到没有男性为其点餐、付账的女性坐在那里”。柯文先生在信中对我感叹，这些当然不能与中国女性的缠足、非洲女性的割礼相提并论，但直到20世纪60年代，美国两性的严重不平等确实存在。

对他国学者论述自己国家历史上曾经对该国的妇女解放起过不容忽视的作用，柯文教授毫不以此自得、自傲、自豪，反而立即检讨本国这方面的不足与缺欠。自我反思、自我批判的精神，已经内化为一种本能的反应。

柯文先生中文版首版前言中明确写道：“我写此书之初，心目中的读者主要是西方特别是美国的中国专家。其目的一则是想总结美国史家论述中国近几百年历史的主要发展阶段。再则也想对这一发展提出带有批判性与解释性的估量，以便在同行中引起讨论，借以提高整个领域在进行研究时的自觉性的一般水平。”这种自我反思、批判的精神，至为难得。缺乏这种精神，就会把他者的自我反思、自我批判变成自己“优越”的证明和资本。《在中国发现历史》中译本出版后，主要就是这样被中国学界接受的。其实，福柯、德里达等人基本都是以这种方式被中国学界接受的。他们的理论对西方世界自启蒙以降渐渐发展且日益占据中心地位的理性至上、人道主义、人性论、知识论、市场经济、科学技术等，即整个西方近代文明进行了全面考古、解构，揭示出潜藏其下的知识/权力话语系统，其颠覆性与革命性之大，堪称“自掘祖坟”。中国学界许多人对福柯、德里达近乎“自掘祖坟”的对自身文化的反思、批判拍手称快，并以此作为自身文化“优越”的明证，作为对国人对自己文化的批判大加挞伐、斥其“自掘祖坟”的学术资源。这种接受，抛弃了福柯、德里达等人的理论的自我反思、自我批判的精神实质，避开或曰阉割、消解了他们理论的锋芒与革命性。

“新的传记，是在记述一个活泼泼的人的一生”*

人是历史的主体，因此无分中外，历史人物向来是历史研究的主要内容。

古希腊学者希罗多德的《历史》对克洛苏斯、大流士、薛西斯等不可一世的专制帝王时期兴亡史的描述分析，就是一个个人物的传记。古罗马著名史学家普鲁塔克的《希腊、罗马名人合传》收有50篇名人传记，其中46篇以类而分，分为军事家、政治家、立法者或演说家，其余4篇则是一人一传。此书脍炙人口，传诵既广且久，古希腊、古罗马史上的许多重要的史事和人物，都靠此书一代代流传下来，莎士比亚的许多历史剧即取材于此。由于普鲁塔克在人物传记中融入了自己的人文理念，所以此书对后来文艺复兴的人文主义思潮，也起了重要的启迪作用。说起来，现在几乎人尽皆知的“文艺复兴”一词，其实也来源于人物传记。那个时候，意大利文学、艺术、思想界突然群星灿烂，面对交相辉映的熠熠星空，当时的历史学家瓦萨里不禁心旌摇曳，写成《意大利艺苑名人传》。这部书是西方第一部艺术家传记，他也是第一个把这个辉煌时刻称为“文艺复兴”的人。以后，人们都用这个词表示那个伟大的时代。到了启蒙运动时代，启蒙思想家开始用人文、理性标准看待、分析历史和历史人物，法国大思

* 吴相湘：《风云际会下的书生》，工人出版社，2009年。

想家伏尔泰的《瑞典王查理十二传》就是其中的代表作，对查理十二穷兵黩武政策的前因后果做了深刻、冷静的分析和批判。

在中国，人物传记在传统史学中自然也占有很重要的位置，史学的主干其实就是纪传体。本纪是帝王的传记；世家记载诸侯王国之事；列传则是记载帝王、诸侯以外的各种历史名人的事迹，有单传，有合传，还有类传。

但是，中国传统的列传往往失之简略，皆以儒学正统标准来褒贬人物，而且评价重于分析。所以近代以来，随着西方思想的传入，中国的启蒙思想家对中国传统史学，包括传记的写法，大为不满。梁启超率先提出“新史学”，并致力于现代传记理论研究，成为20世纪初推动中国传统传记向现代传记过渡的第一人。梁启超认为传记应通过对历史人物的真实叙述来“揭示历史进化之因果关系”，以此为标准，他认为中国传统列传不过是“费天地间无限缣素，乃为千百年前已朽之骨较短量长”，不能从中揭示历史发展的规律，其价值“不在其为史而在其为史料”。为此，梁氏详细说明了他关于列传、合传写法的观点。限于篇幅，此处不能详介，需要一提的是，他甚至有“以传代史”的想法，如以中国历史上最具代表性的一百位传主为中心，把各种相关的文化分别在他们身上体现出来，一传常可包括数百年，“用这种新的专传体裁做一百篇传，尽能包括中国全部文化的历史”。不论他的这种设想是否科学，都说明了传记的重要。

中国传记的现代化从梁启超开始，而新文化运动和五四运动则将这种现代化推向新的高度。胡适在美国留学时写道，中国传统传记最不足的一方面是人格意识发展、变化的匮乏：“余以为吾国之传记，惟以传其人之人格（Character）。而西方之传记，则不独传此人格已也，又传此人格进化之历史（The development of a character）。”

他强调，传记应当揭示传主的“人格进退之次第，及进退之动力”。强调人的个性及其发展过程，是现代传记的重要特点。郁达夫认为，中国传统传记二千余年来“非但没有新样的出现。并且还范围日狭，终于变成了千篇一律，歌功颂德，死气沉沉的照例文字；所以我们现在要求有一种新的解放的传记文学出现，来代替这刻板的旧式的列传之类”。“新的传记，是在记述一个活泼泼的人的一生，记述他的思想与言行，记述他与时代的关系。”

吴相湘先生1933年考入北京大学历史系，1937年毕业，后任台湾大学历史系教授、新加坡南洋大学历史系主任。他承认，自大学时代就深受胡适的传记理论影响，因此长期致力于历史人物研究、人物传记写作，后来受邀参加美国哥伦比亚大学“民国人物传记”的研究工作。在此基础上，他先后完成了《民国百人传》《民国人物列传》等著作。这些都已成为民国史研究的重要资料。

他的传记，皆有所本，因此可信；文笔通俗，因此可读。如今历史研究、历史人物研究都非常热门，但坊间人物传记往往是可读者不可信，可信者不可读。既可读又可信者，实属少见。

他的传记，传主包括民国时期政治、经济、军事、文化等方方面面的人物。此次工人出版社将其中近三十位“文化人”挑出，合为一类，殊有意义。梁启超早就说过，“用这种新的专传体裁做一百篇传，尽能包括中国全部文化的历史”，那么，这近三十位民国时期“文化人”的传记，虽不能说就是民国全部文化的历史，毕竟也可以使我们从另一角度探窥民国文化之一斑，感受大动荡年代“文化人”命运的跌宕起伏，追寻他们的心路历程，理解他们的精神世界。

学术、文化与人的命运

——读《世纪学人自述》*

自19世纪中叶鸦片战争以来，中国大门被打开，从船坚炮利的器物层面，到推翻帝制、建立共和的政治层面，再到学术、文化层面，古老的中华文明深受影响，发生了深刻变化，从而产生了一种新文明。在这新文明中，学术虽然位于深层，但在20世纪仍发生了根本性变化，产生了现代学术。而且，恰以20世纪中线为界，中国现代学术又截然分为前后两段。前段以西方学术为基本范式，后段以马列主义、毛泽东思想为指导对前者进行“改造”。学术范式的变化如此之剧，确实罕见，而这种剧变与学者命运的变化又紧紧相连，更令人百般感慨。因此，能生逢其时，亲历这一剧变过程者的肺腑之言便格外珍贵。

翻开十月文艺出版社最近出版的厚厚六卷本《世纪学人自述》，20世纪中国两百位优秀人文、社会科学学者将自己的人生道路、思想发展、治学经历与心得娓娓道来，有的坦率，有的慎重，有的风趣，有的凝重。有冯友兰、顾颉刚、陈岱孙、季羡林、周有光，等等，其中多数现已作古，健在者大多也已高龄。这些来自不同学科学者的

---

* 高增德、丁东编：《世纪学人自述》（六卷本），北京十月文艺出版社，2000年。

自述，实际构成了中国现代学术、文化发展的全景图和编年史。而且，通过个人经验书写的历史更加直观、生动、有趣。蔡尚思先生在30年代一度失业，居然能进入南京的国学图书馆，在馆中自由阅读，这段经历使他“确认大图书馆比之研究所不愧为太上研究院，这种死教师给学人的益处，实在远远超过了任何活教师”；季羡林先生为当今宿儒，对各类并无意义的社会活动不胜其烦，无奈之中只得在会议中构思自己的文章，没想到“积之既久，养成‘恶’习，只要在会场一坐，一闻会味，心花怒放，奇思妙想，联翩飞来；‘天才火花’，闪烁不停；此时文思如万斛泉涌，在鼓掌声中，一篇短文即可写成，还耽误不了鼓掌。倘多日不开会，则脑海活动，似将停止，‘江郎’仿佛‘才尽’。此时我反而期望开会了”。只有从这许许多多细节之中，才能对历史有真切的感受。因此，完全可以将此看作学术、文化史的一种新写法。

这一代学人出生于19世纪末20世纪初，开始都是接受中国传统教育，而后接受新式教育，其中不少人更有出国留学和亲炙西方文化、学术的经历。或许，正是亲历了这种不同文化的碰撞、冲突和融合，他们才能在学术上有如此辉煌的成就，成为中国现代学术史上星光灿烂的一代。他们的学术成果大都成就于20世纪的20年代初到40年代末，彼时国难当头，他们也过着颠沛流离的生活。在如此困难的条件下，各人的成才之路当然各不相同，但一代学人却能取得如此非凡的成就，个中缘由，的确值得深思。

他们学术上“风华正茂”之际，中国的命运发生了根本性变化。按照“经济基础决定上层建筑”这一马克思主义的基本原理，变化了的社会经济基础要求包括学术在内的上层建筑相应变化。于是，这一代学人不能不面对从学术范式改变（某些学科如社会学完全被取消）

直到思想改造这种严峻形势。这一过程是长期的，对思想、学术范式已经定型的学者来说，无疑也是痛苦的。他们的自述，当然深涉这一思想历程。在这波历史大潮中，有的顺利，有的坎坷；有的欣然接受甚至热烈歌颂，有的勉勉强强甚至在内心深处颇有抵触……但无论观点如何，在这篇篇自述中，许多人都真正打开了心扉，从中确能看到一代知识分子的心路历程。

他们成就辉煌，他们历尽坎坷。他们是幸运的，还是不幸的？无论幸或不幸，这一代学人已经渐行渐远，逐渐退出历史舞台……但他们的事业薪火相传，他们的成就使后人永受其惠，他们的业绩使后世永远崇敬。

"日本虫"与日本人

——《发现日本虫》[*]读后

提起日本，中国人的感情非常复杂。对这个近代屡屡给中国带来巨大灾难的国家，中国人民惨痛的历史记忆和愤怒之情当然不会轻易消失。这个中国人曾经不屑一顾的"蕞尔小国"，在明治维新后迅速崛起，二战后几乎从灰烬中再生，并奇迹般地成为经济大国，不能不令人赞叹。日本人的确是奇特而令人难以理解的，或许唯其如此，人们便更想对日本人做一番探索。甲午战争之后的一百年来，有关著作难计其数，《发现日本虫》便是其中较新的成果。

作者毛丹青，1985 年从北京大学毕业后便进入中国社会科学院哲学研究所专研日本哲学，1987 年赴日继续深造。但几年后，"由于多方面的原因，我决心把学退掉，改变了原想拿学位，考博士的计划……在一家中日贸易方面很出名的日本商社里找到了一份职业。我脱离了经院式的研究生活，开始走自己的新路子"（第 68 页）。了解日本人，一直是作者的潜在愿望。商务上的东奔西走，使作者有更多的机会接触到一般学者难以接触的形形色色的日本人，他"走访庙堂、深院、村民、渔夫和市井之家，从一些不起眼的小事体察日本人追求的美感和民族性格中蕴有的善和恶"（第 3 页）。这本小书，便是作者细心观

* 毛丹青：《发现日本虫》，中国青年出版社，1996 年。

察、冷静思考的结果。过去所受的哲学训练，使他善于观察、勤于思考，于细微处见精神，从身边的一个人、自己经历的一段故事、看到的一件事情，等等，对日本人展开深入探索。但是，他的思考、探索却又绝不是抽象的，而是形象的、生动的、具体的，远比任何抽象思考都要丰富得多。因为任何抽象都要舍弃许多细节，而正是这些细节才构成了真实的绚丽多彩的生活画面。而且，抽象的结论往往会代替读者思考，使读者不得不接受一种现成的观点，结果丧失了某些读书的乐趣。只有具体生动的描述，才会既趣味盎然又引人（的确只是“引人”而不是“强迫”）深思。结论要靠读者自己的细心体会才能得出，或许，竟至很难明言某种确定的结论，而一切似乎又尽在不言中。

若要较真儿，世上根本就没有一种“日本虫”。但在作者的眼中，日本人工于精、细、专，崇尚秩序和集体，追求准确、一丝不苟和琐细，这种习惯和心理，犹如蚂蚁、蜜蜂那种社会性的小昆虫。而且，在日本还有一种说法，认为人体内有一条虫，人活着的时候这条虫潜藏在体内操纵人，人一死虫子就会跑出来。这种“虫”，颇类弗洛伊德的潜意识，是人的内在本质的重要部分。所以，作者形象地用“发现日本虫”来表示对日本人的探索。正是这一篇篇随笔、散文和札记，为我们勾画了一幅颇为丰满的图画。

在《加藤小姐》一文中，毛丹青为我们介绍了美丽动人的加藤美由纪小姐。他和加藤小姐是同事，办公桌面对面，只要抬起头来就能对视。这位小姐是公司里最漂亮的女性，目光炯炯，皮肤白皙近乎玉石，身材丰满圆润，备受男性瞩目。她不仅漂亮，而且风度高雅，温柔可爱。面对其他男性献殷勤，加藤小姐总是彬彬有礼地拒绝，但对毛丹青却颇为友好，令他受宠若惊。

有一天晚上，她请毛丹青到家中做客，发现别人的汽车停在了自家的停车位上，便一个人气冲冲地跑过去在黑暗中进行了一番“非暴力惩罚”。做客之后，毛丹青在回家时想悄悄看看她究竟是怎样“非暴力惩罚”的，不料却大吃一惊：“我几乎目瞪口呆，流出的热汗好像骤然变冷，凉飕飕地贴住了我的全身。”原来，加藤小姐紧贴车轮拉了一泡屎！第二天见到加藤时她依然温文尔雅，但“从这天起，我却对她不以为然了”。不少人可能会说，日本人虽然看起来都是彬彬有礼的，原来却十分粗俗。但我以为话也可以反过来说，即日本的粗俗之辈也不得不裹上文质彬彬的外表。

《防府站的落叶》中，虽然列车只是驶过短短一刻，但一个在小站工作的普通中年服务员，为了让车上的乘客能欣赏到深秋站台上金色落叶的美景，在没有人要求他必须做的情况下，不停地把站台上不断被风吹散的落叶均匀扫开。这是否为一种对美的特殊感受所致？

《夜山樱》中那个一直梦想酿出樱花酒，最后葬身花下的流浪汉不禁使人想到日本人对樱花——在短期内怒放随即谢败——的特殊喜爱，或许与他们的生死观有内在的联系。

《你别出来狂》中出言不逊的植田，自称“旧日本人”，常常口出狂言伤害中国人，故而毛丹青经常与他争吵。但没想到在天津的一家日本料理店里，正是植田厉声训斥了一群无理取闹的日本青年，使他们不得不收敛气焰，并对中国服务小姐说“对不起”。后来，他表示很钦佩毛丹青经常对他直言相向：“你知道日本有句话吗？打个巴掌红一片，有话直说比什么都好。巴掌打上去脸总要红的，越狠越红。”对他，作者表示真有些半懂半不懂了。书中还有许多人与事，都令人回味再三。

当一个集体面对一场突如其来的巨大灾难时，它的反应和态度最能说明这个集体的特性。1995 年 1 月 17 日神户发生大地震，当时毛丹青恰好在此工作和生活。在《神户地震·神户人》一文中，他为我们描述了亲身经历的可怕场景，也为我们提供了难得的对日本人进行集体透视的焦点。当天晚上发生地震时，“突然间，大地像被滚烫的水煮开了一样，翻出一股股恐怖的声潮，紧接着就是发了疯地摇晃。瓶罐砸碎了，书架倒下来，电视机掉在地上，玻璃粉碎”。人们急忙从家中跑出，但脚步并不乱，始终是平静的，虽然没有人维持，但四周却秩序井然。天亮后，尽管十字路口已经没有红绿灯，但大家相互礼让，只有致意的手势，没有鸣笛也没有语言。毛丹青突然发现高架桥上停着一辆三节车厢的电车，车体的前半部分已明显倾斜，如果乘客慌乱地涌向车门，这趟电车很可能会翻到桥下。他不禁为乘客捏了一把冷汗，但事实证明他的担心是多余的，“车厢里的人泰然自若，没有人走来走去。我睁大眼睛使劲看，居然还看见有的人在座位里看书，就像外面什么事也没发生过一样”。但是实际上，到处房塌屋陷，烈火浓烟，就像电影中的战争场景。看着家园被毁，人们的心情是沉重的，其中有一个中年妇女已经泪流满面，但她的嘴角使劲抿着，当发现有人注意她时便低头用头巾裹住大半张脸，不让自己的痛苦流露出来。一个男人的女儿被困在火中，虽经消防兵奋力抢救，但女孩终未幸免于难。这位男子最后向消防兵大声说：“消防兵诸君，你们辛苦了！我替我刚死的女儿谢谢大家。她会放心了。我谢谢你们！”说完，便抱着裹着毛毯的女儿遗体走开了，消防兵向她深深地鞠躬，半天没抬起头来……突然面临如此巨大的灾难，这个民族的集体性表现却是这样沉着、冷静、克制、坚忍，这不能不令人赞佩，但同时，又不能不使人——起码使我——感到某种恐惧和害怕！

了解日本，同时也能使我们能更好地了解自己。因为只有以他人为镜，为参照物，才能与自我拉开某种距离，对自我看得更清楚。这当然也是《发现日本虫》一书更深的意义所在。

刘炳善先生与英国随笔 *

虽然英国的随笔是16世纪在法国思想家、作家蒙田的启发、影响下诞生的，但几百年来，随笔这种文学形式似乎特别适合英国的人文环境，于是迅速成长壮大，枝繁叶茂。从18世纪开始，随笔在英国更加蓬勃。此后，英国的随笔一直在世界文坛享有盛誉，以至和下午茶、绅士风度一样几乎成为英国民族文化的特色之一。

在这几百年间，英国自然产生了不少随笔大家，而许多小说大家也是写随笔的高手。从18世纪一路数下来，阿狄生、斯梯尔、斯威夫特、兰姆、赫兹里特、吉辛、亨特、德·昆西、夏洛蒂·勃朗特、佩特、斯蒂文森、鲁卡斯、林德、伍尔夫、赫胥黎……令人指不胜屈。这些作者的随笔风格多样，有的简古，有的秾丽，有的浅近，有的渊博，但都涉笔成趣，脍炙人口。八十余年前的中国新文化运动，也曾深受英国随笔的影响。20世纪30年代，鲁迅虽然对在大动荡年代力倡飘逸灵透、自然恬淡、娓娓而谈的随笔非常不以为然，但在《小品文的危机》中，他还是十分客观地承认，中国的新文学在五四运动的时候，“散文小品的成功，几乎在小说戏曲和诗歌之上。这之中，自然含着挣扎和战斗，但因为常常取法于英国的随笔(Essay)，

* 本文为读刘炳善先生译文集有感而作，这套书共四册，分别是《刘炳善译文集Ⅰ：伦敦的叫卖声》《刘炳善译文集Ⅱ：伊利亚随笔》《刘炳善译文集Ⅲ：书和画像》《刘炳善译文集Ⅳ：圣女贞德、亨利五世、亨利八世》，河南人民出版社，2003年。

所以也带一点幽默和雍容；写法也有漂亮和缜密的，这是为了对于旧文学的示威，在表示旧文学之自以为特长者，白话文学也并非做不到”。虽然我国对英国随笔的译介历史不短，但一直零零星星的，并不系统，且阅读欣赏者多是能读英文的作家学者或大学生。而从20世纪50年代初到70年代末这长达30年的时间内，在中国，英国随笔在几乎横扫一切的政治风暴中几近绝迹。

不过，无论世事如何风云变幻，个人生活怎样动荡不安，刘炳善先生对英国随笔一直情有独钟。早在1948年他还在重庆大学外文系求学时，就翻译了一批英国随笔在报刊发表。1957年，原本在河南省文化局戏曲改进会写剧本的刘先生被打成右派，之后他来到河南大学外语系工作，重读英文原著，写下大量笔记和卡片。在看菜园“劳动改造”时，他仍随身带着心爱的《牛津英文选粹》反复阅读。十年浩劫结束后，文化开始复苏，刘先生试译了几篇英国随笔，寄给复刊未久的《世界文学》。译文发表后，受到读者好评。刘先生便一发而不可收，在教学研究之余翻译了大量的英国随笔，先后出版了英国随笔选《伦敦的叫卖声》、兰姆的《伊利亚随笔》、伍尔夫的《书和画像》，还翻译出版了莎士比亚和萧伯纳的一些剧本。

《伦敦的叫卖声》选译了从18世纪到20世纪的15位英国作家的部分随笔，选撷精当，读者可以一窥英国随笔之全貌。兰姆可说是英国随笔的集大成者，深受中国老一辈文人喜爱，周作人称兰姆是“美文妙手”，吕叔湘先生曾对兰姆入迷，冯亦代先生曾经撰文谈兰姆对自己写作的影响，题目就是《得益于兰姆》。《伊利亚随笔》是兰姆的代表作，但中文版一直只有寥寥数篇，没有全译本，令人遗憾。刘先生的全译本出来后，不仅填补了这一空白，而且译文颇得兰姆神韵，把一生坎坷不幸的兰姆特有的那种“含泪的幽默”传神地表达出来，深受译界好评。对此，刘先生的的体会别有意味：“兰姆的幽默还有他的独特之处，那就是他那‘含泪的微笑’——对于这一点，同样走过坎坎坷坷的‘苦难的历程’的中国知识分子（尽管时代、国度、苦难的内容都不相同）想必有时候也能够‘偶或相通’吧？经历过忧患而又想寻求内心宁静的人，对于兰姆是能够相通的。”维吉尼亚·伍尔夫是20世纪英国意识流的代表人物，亦是英国女性主义前驱之一。《书和画像》选译了她的24篇随笔，刘炳善先生说：“读着这样的文章，我们好像是在听一位有高度文化修养的女作家向我们谈天——许多有关文学、人生、历史、妇女的大问题、大事情，她都举重若轻地向我们谈出来了；话说得机智而风趣，还带着英国人的幽默、女性的蕴藉细致，让人感到是一种艺术的享受。”伍尔夫的文锋笔意与19世纪初年的兰姆大相径庭，但刘先生都能译得恰如其分，足见其功力之深。

这种功力，来自长期的研究，使译者对不同作家、不同时代的语言、文风和社会环境都有较为准确的把握。在这几部译文集中，译者对文中所涉之文人文事都做了详尽的考订，细到如18世纪伦敦的作家、医生、律师、科学家、政治家各自常去的是哪一家咖啡馆，卖女性化妆品的小贩特有的绰号，一些名不见经传的下层文人，当时的市井俚语……读来真是如闻“伦敦的叫卖声”。

而能下得如此“死功夫”，端的要能耐得住寂寞。或许，刘炳善先生几十年居住古城开封，为他的寂寞提供了客观条件。东京梦华早成千年尘影，在当代文化版图上开封地处边陲，这使硕果累累的刘炳善先生只是默默耕耘而未能享有相应的盛名。然而不为浮名所累，可能正是刘先生的幸运呢！

不能忽视的中国经典
——读《中国文化的展望》*

海通以还，中西文化开始交流，其中充满激烈碰撞。由此，自然会引发有关中西文化的一次又一次白热化论战。这些论战意义当然重大，各种思想、流派在这种论战中彼此激荡，高论迭出，一较短长，使中国近代思想史异彩纷呈，使人有目不暇接之感。但这些论战大都发生在国家生死存亡之际，争论的主要目的现在看来过于“急功近利”（当然，当时的条件也难免不是如此），因此感情色彩过浓，理性则相对不够。所以在异彩纷呈的背后，是思想实质内容的相对单薄。而在这些论战沉寂数十年后，殷海光先生在1965年底出版的《中国文化的展望》一书，则是中国有关中西文化方面少有的理性之作。此书内容格外厚重，堪称经典。上海三联书店最近推出此书简体字版，确是眼光不凡，意义不菲。

殷氏之所以能写出这种少见的理性之作，自有种种外在和内在原因。从外在方面来说，祖国大陆当时实行封闭的政策，“思想改造”越来越彻底，任何有关著述都很难产生。而当时国民党在台湾实行威权统治，中西文化论战的氛围已经过去，摆脱论战心态，或更有利于

* 殷海光：《中国文化的展望》，上海三联书店，2002年。

对这一问题进行冷静客观的思考。同时，国民党对思想的控制政策时松时紧，因此尚有产生这种思想、作品的“一线天”。从个人原因来说，殷氏在西南联大师从哲学家金岳霖，对逻辑、科学方法、知识论、认识论情有独钟，在金岳霖引导下，他终身受盎格鲁-撒克逊经验主义哲学传统影响。在社会政治观点上，殷氏亦一直坚持英美式自由主义传统，晚期更是接受了哈耶克、波普尔的思想，并翻译出版了哈耶克的名著《通往奴役之路》。而且，正如他所说：“我自命为五四后期的人物。这样的人物，正像许多后期人物一样，没有机会享受到五四时代人物的声华，却有份遭受着寂寞、凄凉和横逆。”不过，可能正因为没有那般声华，才能摒去浮躁，在孤寂中潜心悉心，深刻思考。

作为“五四后期的人物”，从根本上说，他仍秉承五四的民主与科学精神，认为五四运动在新文学的滋长、新思想的吸收、社会改革和政治运动这几个方面“对于其后中国的种种演变之影响是很深远而无可抹煞的”，但同时又认为“五四运动的声势大过它的实质。五四运动的光焰大过它的成就”。他认为五四运动的重大缺欠之一是“没有一个巩固而又结实的思想核心”，过于情绪化，而“根据逻辑推论程序和经验知识而接受的思想才比较可靠。从情感的巷子里溜进来的思想则常常危险。可是，五四运动以来，中国一般知识分子竟这样容易做自己情感的俘虏”。作为五四精神的传人，他想克服这种情感的影响，对中国文化做一番客观的经验事实分析。这就是《中国文化的展望》一书的主旨与初衷。

他在本书自序中写道，从最基本的方面来说，自己的运思和为学是受这三个基本原则主导的：第一，现代逻辑工作者所说的逻辑；第二，自休谟以来的经验论者所说的经验以及美国实用主义者所说的实用之结合；第三，必要时，价值观念，尤其是道德价值观念。但对这第三点，他立即又强调："价值泛滥会使人头脑不清，并且可能形成人间的灾害。所以，我们在作价值判断时必须谨严地约束自己。"在这部五十余万字的著作中，他旁征博引，以科际整合（跨学科研究）的方法对中国文化做了深入的分析。正如金耀基先生评论说："作者所陈述的观点、论证大量地采用了心理学、社会学、人类学、民族学、精神分析学等一般公认的知识作为基础，而摒弃了凭空的玄想与主观的独断。"而"自五四以来（五四以前不必谈了）的文化论争大都是空谈与游谈；其所以如此，实由于任何一方面所提出来的论点都是个人的意见（claim）而不是经验的事实"。

由于谨守上述"三个基本原则"，所以从方法论说，这部著作的主要特点是分析远远大于、重于综合，当然这并不是说书中没有综合。同时，作者绝不轻下结论，当然也不能没有结论。因此，笔者以为此书最值得重视之处在于它的分析方法。作者的分析从文化的概念入手，以"什么是文化"和"文化的重要概念"这两章对文化定义、文化变迁的种种观点做了详尽的分析介绍。有评论者认为这种分析和介绍过于烦琐，大可不必。但笔者认为这两章于基本概念、定义的分析和介绍之中恰为全书提供了最重要的分析框架，在之后的分析之中殷氏虽然应用了种种社会科学的方法，但都未离开这个框架。正是在对学术界关于文化已有的47种重要定义的分析综合中，殷氏提出了或用他的话说是"推论"出了关于文化是什么的"六条"。而文化变迁中的濡化、文化价值的移接、文化与性格、文化的规范特征、艺术特征、认知特征、器用特征等概念，都是全书的基本概念。搭好这个分析框架后，作者在第四章提出"近代中国文化的基线"，作为分析的起点。作者对家、中国社会的基型、社会的层级、我族中心主义、离隔和心性凝滞、合模要求、长老至上、地位与声威要求、两性分别森严等做了详细的分析，认为这些可作“中国文化的基线”。在此基础上，作者对百年来中国文化的变迁、社会的巨变以及各种思想、主义、政治和社会运动都做了环环相扣的分析，在细致分析后得出的种种结论也都入情入理，并不牵强。

本书的另一大特点是作者视野开阔，具有世界眼光，在分析中国文化时总是把中国作为世界体系中的一部分对待。所以，作者在近40年前就触摸到了现在人们谈论不休的全球化的核心问题，即普遍价值与特殊性的问题，不能不令人佩服他的远见。他以人性和文化融合的事实为分析基础，认为人类社会存在最低限度的普世标准，作为不同文化的共同底线。这个普世标准应该只停留在制度层面，这个制度即民主自由的制度。他认为这是迟早的事情，所以他又忧心忡忡地写道：“从一长远的过程着想，我倒不忧虑未来的世界各个文化不归于混同，我忧虑未来的世界文化混同得太彻底。”最后，他说：“所以，如要使人类文化富于创造力而且多彩多姿，那么必须把文化的整合保持到一个必要的限度以内；虽然整合必不可少。”

中国自20世纪70年代末实行改革开放以来，又一次面临文化的交流与碰撞，也引起了一次次充满感情的激烈争论，而《中国文化的展望》无疑会使我们的思考更加理性、更加成熟。更重要的是，在全球化的今天，诸如文化间的交流与碰撞、普遍性与特殊性的关系等问题必将引起人们更加深入的思考，如果我们仅仅阅读华勒斯坦、詹明逊、弗兰克、德里克等当下时兴的西方学者的宏论，而忽视这部产生于近40年前的中国经典，思考，肯定会是片面的。

第五编

在世界历史中深思

在世界历史中深思，就像在自己生活史中冥想一样。当生活逐渐产生需要时，死历史就会复活，过去史就变成现在的。罗马人和希腊人躺在墓穴中，直到文艺复兴欧洲精神重新成熟时，才把他们唤醒。

——克罗齐

在世界历史中深思

——读《十九世纪欧洲史》*

提起克罗齐，人们首先想起的自然是“一切历史都是当代史”这句名言。在人们的印象中，他是意大利著名哲学家、美学家、文学评论家，因此他的美学著作和历史哲学著作国内早有译本。其实，克罗齐首先是历史学家。他最初的一系列著作都是历史学著作，如《那不勒斯的历史与传说》《巴洛克时代的意大利》等。终其一生，他的历史研究从未间断，研究范围从本国史到外国史，从古代史到当代史，从政治史到文学史、戏剧史。但在他所有史学著作中，最为人所重的则是成书于1931年的《十九世纪欧洲史》。

克罗齐的“十九世纪”并非严格的年代限定，而是指从拿破仑滑铁卢战败后的1815年到第一次世界大战爆发前的1914年，显然，他认为这两个事件才构成真正的世纪。在这一百年中，欧洲可谓天翻地覆，各国、各民族的历史命运、历史要求更是千差万别，甚至完全相反。有的要求由立宪政治代替君主专制；有的则已实现立宪政治，要求进一步扩大选举权；有的要求摆脱外国压迫，实现民族独立和统一，并不介意是专制还是立宪；有的已经实现政教分离，因而对宗教持宽容态度；有的

---

* ［意］克罗齐著，田时纲译：《十九世纪欧洲史》，中国社会科学出版社，2003年。

则刚刚开始要求摆脱教会压迫，因而对宗教进行激烈批判……然而，克罗齐却从这种种不同中抽出一根相同的主线，他认为："所有这些要求都紧密相连，一些要求迟早引起其他要求，让在远处初见端倪的其他要求出现；一个词凌驾于所有这些要求之上，它包含全部要求并表达引导精神——词汇'自由'。"而他所说的自由不是存在于哲学家、思想家概念中的抽象的自由，而是有千百万普通民众参与创造历史的自由。

所以，他的"十九世纪欧洲史"就是自由精神、观念、制度与反自由的精神、观念、制度斗争的历史。从拿破仑倒台到1830年"七月革命"这15年，通常被认为是欧洲君主专制复辟的"反动时期"。但克罗齐的分析表明，即便在这"反动时期"，专制制度的力量也是有限的，无法完全压制已经存在于经济、习俗、文化甚至某些制度中的种种自由因素。欧洲，已经永远无法回到法国大革命以前了。他精辟地指出，在无法遏制的历史潮流面前，"专制制度采用并非反动的而是保守的形式"，不得不违背自己的理想与自己并不赞同的制度、原则妥协。可以说，虽有种种反复、冲突，自由却一直大步向前。不过，经过近百年的高歌行进，自由终于遇到民族主义的强劲挑战，败下阵来，导致了第一次世界大战。

克罗齐在1931年完成此书，对一战后"高烧不退"的民族主义忧心忡忡，认为这迟早会引起另一次更残酷的浩劫。而他认为，成立"欧洲自由联盟"或"欧罗巴合众国"有可能阻止这种浩劫，他明确写道："欧洲联盟的进程将最终把欧洲从引发战争的民族主义中解救出来。"二战的爆发及今日欧盟的成立，都证实了他的预言。

他的先见之明，得益于历史。因为他认为人不能脱离历史去考察，而要"在世界历史中深思，就像在自己生活史中冥想一样"。"当生活的发展逐渐需要时，死历史就会复活，过去史就成现在的。罗马人和希腊人躺在墓穴中，直到文艺复兴欧洲精神重新成熟时，才把他们唤醒。"

杂种城市的魅力与意义

——读《城市九章》*

《城市九章》是本小书，还不到12万字，但却异彩纷呈，令人颇有目不暇接之感。作者陈冠中，上海出生，在香港长大，就读于香港大学和美国的波士顿大学，修社会学、政治学和传播学。早在1976年，他就在香港创办了甚具特色的《号外》杂志，还当过电影制片、编剧，甚至客串过演员。他在台北待过六年，现在长居北京，与“京城文化圈”中的摇滚歌手、各色艺术家、时尚人士、诗人作家，以及学术界、出版传媒界等都“混得烂熟”。或许，只有经历如此精彩又丰富的人，才能参透香港、台北、北京、上海的本质和灵魂，才能在不算多的文字中，对这几座城市做如此精彩生动的比较、品评。

在他生活过的这些城市中，他最喜欢的不是故乡香港，不是现在定居的北京，也不是美丽梦幻的上海，而是外表寒酸的台北。台北的好处就在于它的建设，更准确说是它的“不建设”，才会让人有居家一般的方便随意，而无在豪宅做客的拘束。它的不建设，就是城市功能没有明显的人为区划，那些看起来旧旧的小街区，功用混合，街巷

---

* 陈冠中：《城市九章》，上海书店出版社，2008年。

密集，新旧建筑混杂，最平易近人。“这样的城市美学，欣赏的是城市生活的混杂性和多样性，完全颠覆了我以前那种不懂生活、不近人情的‘现代－光亮－花园－美化－明日之城’的机械化规划主义教条。”它不是为政府、投资者和旅游者兴建的，而是为在此地工作、生活的普通人兴建的，他们才是城市真正的主人。

香港，应该是他的故乡了。他的香港，是“半唐番城市”，一半华、一半夷，一半中、一半外，一半人、一半鬼。英国绅士的下午红茶，在这里演化成为香港本土大排档中的奶茶，还有什么茶餐厅、豉油西餐；当年加入西洋透视法和颜料的岭南画派在香港修成正果；香港的粤剧也加进了不少西洋乐器和曲谱；享誉全球的港式电影从不刻意抗拒好莱坞，港人对跟风模仿甚至不感汗颜，但香港电影最终还是自成风格，不是好莱坞。因为“你说我是半唐番，我承认，但是你别忘了我的汗和血”。

汗和血，是他理论的重点，即“劳动价值和再生产，只有汗血论才能破各学说中的原教旨论和中心论”。在文化的传播甚至文化殖民过程中，外来文化中不可避免甚至更多地有当地一代代人辛勤劳作创造的汗和血；本土文化与外来文化融合后的变体已不再是原来的几种文化的机械结合，而成为一种浑然一体的创造物，通俗地说，就是“杂种”。杂种已不可能分出原来给予这个生命的每个个体。“还原就是毁灭，就是死亡。”所以，“汗血论和杂种论同样新生在地人的劳动生产，是解放的文化观”，从那种自命为“伟大”的文化观中解放出来。“现在还有很多反动的、压抑的意识形态和帝国霸权在愚弄我们，因为很多错误的‘伟大’思想仍很活跃，如各类的文化原教旨主义、源头优越主义、血统纯粹主义和民族沙文主义，各类文化沙漠的论调，各类界定香港文化只是某些‘伟大’

源头原末流的论调，各类认为香港只是国际文化的竞技场而本身并没有自己的文化的论调。”“绝大部分的各类文化在不同时期不同程度都曾是半唐番，杂种就是正种，边缘从来就是自己的中心，异端才是人间正道。”

在这种文化观下，他不能不承认“北京不宜居家过日子”这一大家的共识，但又不能不承认虽然有一百个理由不该在北京生活，但他还是想生活在北京——因为北京参加时尚派对、时髦餐馆可以不打领带！北京的那些由光头、长发组成的文化圈子，光怪陆离、形形色色，成员来自全国各地，放眼望去好像个个放荡不羁。其实，其中很可能就有在写字楼上班的公司员工，平时西装笔挺、衣着光鲜。大家都在文化圈混，有的混出了名堂，有的只是混了又混。当代北京，为他们提供了“混”的空间与可能。现在，来自世界各地的“文化混混”也越来越多，北京的文化元素自然更加世界化、国际化，更加色彩斑斓。混文化圈的人越来越多，北京已不仅是政治上的首都，也成为“中国波希米亚首都”。颇有些人混得滋润，时不时又想过一过布尔乔亚生活。既要波希米亚又要布尔乔亚，于是“波布”（BOBO）在北京流行起来。有位在北京生活的美国记者一直纳闷，这词在美国其实没什么人说起，怎么在北京就成了时髦呢？而在上海，每天必须衣着光鲜的只有布尔乔亚，没有波希米亚。兼收并蓄的北京文化，越来越杂种化，开始有些阔大恢宏的“文化盛唐”气息了。

根据杂种文化，作者提出了“杂种世界主义”，因为杂种这个概念比多文化主义更符合世界主义的要求。他认为，没有宽容、开放、自由、交流、合作、睦邻、和平这些世界主义的价值观支撑，城市的多元文化和杂种文化都会萎缩凋谢。如果深入探求、思考城市的文化比较，必然会谈到一个更基本、更重要、更广阔、更严肃的问题："世界主义成分稀薄的民族主义（或文明主义、本地主义）是危险的，上世纪的种族主义、极端民族主义、法西斯主义和军国主义，本世纪主战原教旨主义，都是例证。""让世界主义缺席的民族主义，是不符合国家民族的利益的。""没有世界主义成分的民族主义，将是战争与死亡的民族主义。这就是为什么，在到处都是民族主义论述的时候，我们也要多谈世界主义。"这便是本书最重要的目的与意义。

广阔的思想史

——读《欧洲思想史》*

提起欧洲思想史，人们自然会想到苏格拉底、柏拉图、奥古斯丁、笛卡尔、伏尔泰、洛克、黑格尔、尼采、罗素、维特根斯坦等伟大的思想家。因此，他们的思想也是几乎所有思想史著作的主流，当然也是奥地利历史学家、思想史学家希尔 1953 年出版的 60 万字的巨著《欧洲思想史》的重要内容。但是，这部《欧洲思想史》的过人之处以及缘何成为经典，在于它不仅论说了这些伟人、精英的思想与意义，更以广阔的视野详细论述了被以往思想史忽视的许许多多其实也很重要的其他方面。由于其他方面的缺失，思想史便成为只是少数精英思想的逻辑推演、承继与发展，丧失了本来的生动、丰富、深厚、广阔与真实。

他认为欧洲思想史的主流并非像一条直线那样顺序发展，而是其中一些重要思想在欧洲的精神地图上像重叠的光环那样铺开。在这个精神光环铺开的过程中，既有外来思想的影响，也有下层民众思想的展现。这两点，恰是其他欧洲思想史所欠缺的。

与通常认为的欧洲思想史很少受外来思想影响并且主要是欧洲思想影响“非欧思想”不同，希尔强调犹太教、基督教和伊斯兰教这“三个

* ［奥］希尔著，赵复三译：《欧洲思想史》，广西师范大学出版社，2007 年。

文化圈相互影响”的作用。或许因为以往对伊斯兰、阿拉伯文化对欧洲影响的忽视格外严重，所以他对这两者的作用便格外重视，将二者在西班牙、法国、意大利南部和整个地中海世界的作用突现出来。而这些地区，起码是中世纪早期欧洲思想的中心。例如，夏特是西班牙到巴黎的交通要道上的历史名城，因宏伟、富丽的哥特式大教堂闻名，推动了12世纪欧洲修建哥特式教堂的热潮，成为各国信徒朝圣之地。夏特大教堂附属的新柏拉图学院成为巴黎大学的先驱，也是西欧学术的温床。他特别指出，这所学院还吸收了由西班牙与阿拉伯东方传来的方术。当时，这种方术认为通过探究大自然中运行的宇宙力量可以理解神、宇宙、自然和人，“这在西欧思想发展史上是一个新事物”。东方对光的崇拜也由阿拉伯人传入西欧，并演化为“要看圣体发光”。哥特式教堂内部装饰大都把宇宙中各种元素如光、数、形体、声音、色彩综合在一起以表现神的荣耀与万能，实际反映了人们对世界的认识。16世纪加尔文主义的兴起推动了西欧的种种变化，这时“欧洲第一次真正成为西方”。但这种西方，已无法消除由历史掺和其中的东方元素。在他的梳理、分析框架中，“三个文化圈相互影响”一直是欧洲思想史的重要因素。

在他看来，欧洲的精神历史一直存在上层精英思想与下层民间思想的斗争与互动。人们往往以启蒙运动、理性主义、人文主义在思想史上的重要地位而认为它们在当时也占主导地位，其实“这种印象是一种视觉上的幻象”。所以他更重看底层，即人民大众个人的深层人格和大众风尚、信仰、迷信、巫术、异端、美术、生活方式的思想史。这方面的分析，异彩纷呈。

这部半个多世纪以前出版的经典，直到现在才译成汉语，使人遗憾，亦令人兴奋。译者赵复三先生的译序与六校后记，读后亦令人感慨良多！

法兰西百年精神谱系

——读《法国知识分子的世纪》*

1898年初，著名的法国作家左拉给总统写了一封《我控诉》的公开信，为受迫害的犹太军官德雷福斯上尉申冤。这封信发表时被称为“知识分子宣言”，一大批主张为德雷福斯平反、经常指陈时弊的文化人遂被称为“知识分子”。大约与此同时，俄国一批批评沙皇制度的文化人也被称为“知识分子”。此后，知识分子被用来指那些不仅有专业知识而且更有独立精神、强烈的社会关怀和批判精神的人。

从这个意义上说，现代知识分子产生不过百余年。百余年来，法国知识分子的影响早已超出国界，对世界的精神界和知识产生一直有着重要影响。因此，法国知识分子的百年史也一直为思想、学术界所重视。巴黎政治学院当代史教授、《20世纪历史》杂志主编米歇尔·维诺克关于法国知识分子的三卷本巨著——《法国知识分子的世纪：巴雷斯时代》《法国知识分子的世纪：纪德时代》《法国知识分子的世纪：萨特时代》，便是这一领域的扛鼎之作。虽然他以百年来的三个著名知识分子作为时代的标记，但三本书完全不是这三个人的传记，只是以他们作为切入点来再现当年法国思想、文化

* ［法］米歇尔·维诺克著，孙桂荣、逸风译：《法国知识分子的世纪：巴雷斯时代》《法国知识分子的世纪：纪德时代》《法国知识分子的世纪：萨特时代》，江苏教育出版社，2006年。

界的原生态，折射百余年法国知识分子的心路历程，折射法兰西百余年的精神谱系。

按照维诺克的定义："知识分子，指在思想界或艺术创作领域取得一定声誉，并利用这种声誉，从某种世界观或道德伦理的角度出发，参与社会事务的人士。""知识分子不再像19世纪那样，是一个为了成为议员或者大臣的文人（如夏多布里昂、拉马丁或雨果）；如今的知识分子通过发表文章、签署请愿书或者出版书籍的方式来行使一种权力。"

1898年是法国的"知识分子年"，全社会都为"德雷福斯案"所困扰、折磨，知识阶层也与其他社会阶层一样分裂成两大阵营。引人深思的是，维诺克未将现在仍为人尊崇的左拉作为那个时代的精神标志，而是将与他对立的现在几乎已为人忘却的巴雷斯作为从"德雷福斯事件"至第一次世界大战这一时期的标志。巴雷斯是著名的作家、政治家，当时的声望不在左拉之下。他早期是强烈的个人主义者，曾为法国应学习外国文学与认为只有法国文学最优秀的民族主义者激烈论战，然而受环境感染，后来他却渐渐成为民族主义者。此时，虽然他也相信德雷福斯是无辜的，但他认为，与法兰西的整体民族利益相比，德雷福斯的个人权益微不足道。他的观点是整体利益高于部分利益，认为保护树叶的利益而损害大树的利益、保护德雷福斯的利益而损害社会的利益是最无意义、最危险的事情。所以，他成为知识阶层反对左拉的领军人物。

正如维诺克所说，这场争论的实质是个人主义与民族主义之争。个人主义认为"一个社会不能建立在不公正地对待国家公民、公开的谎言或者以国家利益为借口上；但是，民族主义者却与这个'个人主义'的哲学相反，宣扬人类和民族生存的绝对需要和捍卫机制的必要性，这些机制，比如军队和教会，是人类生存和民族生存的保障，为此哪怕要作假，哪怕犯下‘爱的罪过’”。

在那个年代，不，在许多年代，“巴雷斯”确实比“左拉”更有力量。

在巴雷斯年老力衰并渐渐离开历史舞台的时候，年轻的纪德开始走向舞台中心。历史的聚光灯，渐渐打在纪德的身上，使他成为两次世界大战之间知识分子的代表。这期间，传统价值的崩溃，资本主义的经济、社会危机和法西斯主义兴起，俄国革命，西班牙内战，等等，知识分子不能不卷入各种社会事件、潮流之中。

那是全世界的“进步知识界”都倾慕、信仰苏联的时代。对苏联的态度，一时竟成革命、进步、落后甚至反动的试金石。声名如日中天的纪德也不例外，在没有到过苏联时纪德也曾对苏联充满憧憬，但他在1936年应邀访苏后立即敏锐地发现了苏联当时的种种问题，与其他盲目歌颂斯大林和苏联的左翼作家不同，他回国后撰写了《从苏联归来》一书，对苏联当时的问题做了坦率的揭露和批评。尽管纪德一再申明和表白自己是发自内心地为苏联好，相信苏联终归要克服他所指出的重大错误，因为“真理无论如何痛苦，它伤人，只为的要医好他”（纪德：《从苏联归来》，中译本第16页），但他仍受到全世界左派的激烈围攻，一时间群情汹汹，他被指为落后、反动、背叛。因此，对那类虚假言辞的揭露实际需要更大的道德勇气、更强的理性和智慧。他的《从苏联归来》与罗曼·罗兰的《莫斯科日记》正好有一比：罗曼·罗兰于1935年6—7月对莫斯科做了为期一月的访问，在《莫斯科日记》中，罗曼·罗兰对这次访问的经过和观感都做了详细的描绘。在日记中，他对苏联的许多新气象做了热烈的赞扬，但同时他又以作家的敏锐和人道主义思想家的深刻，看到了某些严重的问题，对一些现象表示了深深的疑虑。值得玩味的是，他对自己产生这些疑虑似乎又有种负疚感，总要想出一些可以理解的理由自我解释一番，以消除疑虑。同时，他要求这部日记在50年后才能开封，生怕其中对苏联的批评会在当时影响人们对苏联的看法。罗曼·罗兰可能万万不会想到，在他写下这些日记半个多世纪后，曾经无比强大的苏联竟会轰然坍塌，彻底解体。苏联解体的原因当然很多，而像罗曼·罗兰这种有“人类良知”之称的人明明看到了它的严重弊病却出于自以为是的“道德”讳疾忌医，终于沉疴不治，无疑也是其中一个虽然不大但并非不重要的原因。两相比较，更显出纪德的难得。正如萨特在1951年悼念纪德的文章所说：“最近三十年来法国的各种思想，不管人们愿不愿意，也不管这些思想的来龙去脉，不论是马克思思想、黑格尔思想，还是克尔恺郭尔思想，都要以纪德作参照才能说明它的特点。”

悼念纪德时，萨特已大步走向历史大舞台的中心，成为战后法国知识界的标志性人物。提起萨特，人们自然会想起存在主义。众所周知，存在主义不是一种经院哲学，而是一种人生哲学、人生态度，而且，它还以戏剧、小说和电影（这几方面萨特都建树甚丰）的形式反映自己的哲学，从而形成了一个声势浩大的文学运动，所以它的影响远远扩展到学术界之外。对青年知识分子，它有着特殊的吸引力。

相对于巴雷斯和纪德，当代中国人对萨特要熟悉得多。说来让人难以相信，存在主义在中国的流行，却是从其在世界范围内由盛而衰的20世纪80年代初开始的。由于长期的对外封闭，在50年代成为一种世界性哲学的存在主义在中国几乎长期不被人知。80年代初，国门乍启，一些外国现代哲学思想和观念随着外国科学技术一同涌入。其中，进入最早、影响最大最广的，就是萨特及其存在主义。

谁也说不清道不明，原来几乎不为人知的萨特是如何在一夜之间风靡中国大学校园的，“萨特”“存在主义”竟突然成为80年代初这批大学生的口头禅。他认为戏剧、小说对人是存在先于本质的阐发，他那“英雄使自己成为英雄，懦夫使自己成为懦夫”的名言，把人的个性张扬到极致，把选择的自由发挥到极致。这些都引起了个性曾经被完全泯灭并且没有任何选择的自由的那一代青年深深的共鸣。当然，真正潜读《存在与时间》《辩证理性批判》（当时仍只有摘译）的人寥寥无几，但萨特的某些小说和戏剧却刚译成中文就成为阅读热点，“自我设计”“自我价值的实现”等一时成为使一些老者蹙眉甚至视为大逆不道的青年流行语。十年浩劫中，中国传统的封建专制主义在现代语言的装饰下全面大还魂，以集体主义的名义宣传一种新的“存天理，灭人欲”，人们对自己的命运、前途没有任何选择的自由和权利，甚至连选择穿什么衣服、留什么发型的权利都没有。不但压制人的个性，甚至剥夺了人的最基本权利。人被否定，人性被扭曲，人的尊严被践踏。这一切，都是以“神圣”的名义进行的。梦魇之后，必然是清醒，是对“现代迷信”反叛，于是开始了新的探索与追求。因此，在80年代初，萨特对人的重视、对个性发挥的强调，他的个人自由选择、自我塑造、自我实现的种种理论，经过他那一部部引人入胜的文学作品的宣扬，确实震撼、点燃了那一颗颗年轻的心灵，仿佛喊出了他们的心声与欲求，表达了他们的愤懑与情感。甚至他那带有浓重悲观色彩的“他人就是你的地狱”“人与人是豺狼”的论断，也使亲历十年浩劫的一代人认为他冷酷地说出了人与人关系的真相……

可以说，“萨特热”“存在主义热”是80年代中国青年知识分子思想发育中一个不容忽视的精神因子；在这一代青年知识分子的精神发育史中，萨特涂上了他那浓重的一笔……由此，也可看到法国知识分子的深远影响。

“黑暗时代的人们”

——读《黑暗时代的人们》*

汉娜·阿伦特在《黑暗时代的人们》这本书中指出，黑暗时代是这样的时代：“混乱和饥饿，屠杀和刽子手，对于不义的愤怒和处于‘只有不义却没有对它的抵抗’时的绝望；在那里，合理的憎恨只会使人脾气变坏，而有理由的愤怒也只是使自己的声音变得刺耳。”然而，这样的时代“绝非对所有人来说都是可见的，更不用说能被轻易察觉了。这是因为，直到灾难降临到每件事和每个人头上的那一刻之前，它都被遮蔽着——不是被现实遮蔽，而是被几乎所有的官方代表们的高调言辞和空话所遮蔽，这些人不断地、换着花样地将令人担忧的事实巧辩过去，并以之证明他们的考虑”。在黑暗时代，一些学者的话语不是竭尽全力打开暗室中的一线缝隙，透过一丝光亮；而是相反，以自己的话语权遮蔽可能透过黑暗的一点点微光，使黑暗时代更加黑暗，更加长久。在黑暗时代，寻找光明要付出巨大的代价甚至生命；而“将令人担忧的事实巧辩过去”，不仅十分安全，能获得来自黑暗的巨大利益，还能证明他们的考虑。阿伦特特别强调这种所谓“考虑”其实是一种伪装，这种伪装也是黑

* ［美］汉娜·阿伦特著，王凌云译：《黑暗时代的人们》，江苏教育出版社，2006 年。

暗时代的一部分。

进一步说，公共领域的功能是人们通过言语和行动来展示自己是谁，是人们平等、理性交往的平台。在这种交往中，人类的公共事务得以被光照亮。当公共领域被取消，人们无法在这个平台中展现自己以及与他人交流时，这种光亮就被熄灭，黑暗时代来临。“那熄灭的力量，来自‘信任的鸿沟’和‘看不见的操控’，来自不再揭示而遮蔽事物之存在的言谈，来自道德的或其他类型的说教——这些说教打着捍卫古老真理的幌子，将所有的真理都变成了无聊的闲谈。”在这种时刻，坚守信仰、原则、真理，是否还有意义？为之受苦受难甚至献出生命是否值得？如果牺牲无意义，还要不要牺牲？对阿伦特称之为黑暗时代以启明为理念的人来说，追求意义更有意义。所以，阿伦特决不认为黑暗时代仅仅是一种赤裸裸的权力、暴力，她一再论述那些学者伪装的考虑与黑暗时代的关系。

在黑暗时代坚守良知格外困难，需要强大的精神力量才能战胜巨大的压力，才能在追求看来无意义时坚持追求。

通过对莱辛、卢森堡、雅斯贝尔斯、布洛赫、本雅明、布莱希特等 12 位生活在黑暗时代的人的分析，阿伦特论述了黑暗时代的本质与人性的复杂，论述了在这样的时代中人的使命。

18 世纪的启蒙思想家莱辛生活在分裂却专制的德国，他力图以自己的作品告诉人们无人可以垄断真理，任何人也无权把自己视为完美无缺的偶像让别人崇拜，无权宣布“我比其他任何人都好，因为只有我掌握真理”。他深知自己生活在当时“欧洲最具奴役性的国家”，只能思考，无法行动，因此“他的‘自身思考’与行动的隐秘关联，在于他从不用结论来约束思考”，他撒向世界的“思想的酵素”并不是为思考设立一个结论性终点，而是刺激人们独立思考。他强调独立自主地思考，彰显出启蒙思想家的特点。

1933 年希特勒上台时，雅斯贝尔斯已经 50 岁了，早已功成名就。然而，作为著名的存在主义哲学家，他并未沉溺于远离世俗的形而上的世界中，相反，他反对那种哲学家必须与公众保持距离的观点，经常“离开学院范围及其概念化的语言”面向公众发言，探讨现实中人们面临的最迫切的时代问题。他认为，哲学和政治关系到每一个人，这是它们的共同点，因此归属于公共领域，而哲学家必须为自己的意见负责，承担责任。正如阿伦特所说：“政治家的位置相对来说要幸运一些，他们只需要对自己的民族负责；而雅斯贝尔斯的写作，至少在他 1933 年后的著作中，却总像是在整个人类面前承担自己的责任那样。”因此，他在巨大的灾难面前仍然十分坚强，他的坚强与不可冒犯之处就在于任何东西都不能使他放弃人性。

或许后来生活在东德的诗人、剧作家、名导演布莱希特根本没有意识到自己的责任，所以才会那样毫无原则地为权势者大唱赞歌。然而，“一个诗人所能受到的最意味深长的惩罚，除死亡之外，当然是他的天赋的丧失”。阿伦特曾斩钉截铁地说：“无论你是否能够用最美妙的嗓音赞美暴政，实情是，几乎没有任何一个知识分子或文人不会因为这一罪过，而受到丧失才能的惩罚。”

前面说过，黑暗时代的重要特征是公共领域完全被遮蔽，意义丧失。但是，在无意义的时刻，仍有人坚持对意义的追求，甚至在这种无意义之中成为黑暗时代的光源。因此，阿伦特认为“即使是在最黑暗的时代中，我们也有权去期待一种启明”，“这光亮源于某些男人和女人，源于他们生命和作品，它们在几乎所有情况下都点燃着，并把光散射到他们在尘世所拥有的生命所及的全部范围。像我们这样长期习惯了黑暗的眼睛，几乎无法告知人们，那些光到底是蜡烛的光芒还是炽烈的阳光”。

写到这里，我突然想起了 20 多年前一位中国青年诗人的诗句：“黑夜给了我黑色的眼睛，我却用它寻找光明。”

巴黎：文化之都的秘密

——读《巴黎1900：历史文化散论》*

巴黎已经成为一种象征，文化、文学、思想、艺术、时尚、奢华、高雅、肮脏、流浪、堕落、颓废、前卫、造反、革命……，种种不同元素熔于一炉。以研究19世纪末法国历史文化著称的法国历史学家克里斯多夫·普罗夏松在《巴黎1900：历史文化散论》中，为我们绘制了一幅详细的巴黎文化地图，揭出了“巴黎的秘密”。

巴黎以其特殊的方法巧妙地在这片狭小的空间中长时间汇集了大量精英，因此成为欧洲甚至在某种程度也是世界的“文化之都”，形成一个得天独厚的文化场，吸引法国的“外省青年”和世界各地有志之士为实现自己的抱负、理想来此奋斗。有的成功，有的失败，无论个人的成功与失败，都形成了巴黎见怪不怪、兼容并包的传统。同样重要的是，巴黎的管理者似乎深谙水至清则无鱼的道理，对这种“巴漂”（我仿“北漂”的创造）越来越宽容，并不动辄清理。而且管理者虽从政策、资金方面扶持自己赞同的文化，但对自己不喜爱的某些文化现象也并不压制。这种文化机制和传统，造就了“文化之都”。正如作者所说：“从这个意义上说，巴黎是一个

* ［法］普罗夏松著，王殿忠译：《巴黎1900：历史文化散论》，广西师范大学出版社，2005年。

理想的观测场所。只需几个平方公里的空间，这个首都但可集中各种奇异现象，因为它有能力把这些东西组织起来。”

众所周知，各种各样、形形色色的沙龙在把“这些东西”自发组织起来时起了重要作用。沙龙最重要的功能是加强各种社会关系，一方面激活彼此的竞争，另一方面巩固彼此的联系。能否进入某个沙龙并被认可，甚至是能否成功的关键。不过，到了19世纪末，沙龙的作用开始淡化，此时的巴黎，“一个杂志的时代取代了昔日的沙龙天下”，创刊的大量杂志虽然生生灭灭，“长寿者”不多，但正是这些越办越多的杂志，成为了19世纪末巴黎的文化基础。各种杂志生存需要一个宽松的文化环境，而许多杂志的存在又使文化环境一点点宽松，这种良性循环更增强了巴黎的文化吸引力和辐射力。一定意义上说，某处杂志的多少及其生存环境的宽严，是此处文化是否繁荣的标志。从19世纪末开始，文化形成的另一个重要机制是各种报告会，甚至形成了对报告会的狂热。报告会已远不限于教育界、学术界，学术报告会与通俗报告会的界限也不再严格。有学者谈到报告会的功能时说这是“一种高等教育的通俗形式”，报告会受到大众的热烈欢迎，一些报告会竟在最著名的大剧院举行，可见报告人已可与当红演艺明星媲美。

正是这种自发形成的沙龙和随现代化而生的杂志、报告会形成的非正式制度造就的特殊空间，确立了巴黎文化之都的地位。在法国，外省如想获得文化成功，非得经过巴黎的认可；在世界各地，获得文化成功当然不必要巴黎的认可，然而一旦获得巴黎认可，几乎就获得了世界性的文化认可。这就是文化的力量，文化之都的作用。而只有在宽松的环境中，才能形成这种文化力量；要想打造文化之都，最重要的其实不是资金，而是创造适宜文化生存的土壤。

《昨日的世界》，永不过时之作

——读《昨日的世界：一个欧洲人的回忆》*

伟大的作品中总有某种永不过时的东西，吸引着人们一遍遍重读，从中不断汲取教益，获得价值不菲的启迪，体验一种难得的美的感受。茨威格的《昨日的世界：一个欧洲人的回忆》，便是这样一部永不过时之作。

斯蒂芬·茨威格（1881—1942）是奥地利著名小说家、传记作家，出身于富裕的犹太家庭。他在小说、人物传记、短论和诗歌方面均有杰出的成就，其著名作品有《一个陌生女人的来信》《象棋的故事》《一个女人一生中的二十四小时》《三大师传》《异端的权利》《人类群星闪耀时》等。他的小说和传记的特点是对人物内心世界的刻画深刻细致，洞烛探幽，因此有"心理现实主义大师""灵魂的猎手"之称。

第一次世界大战爆发后，他积极反战。1934 年他受到纳粹的迫害，流亡国外；1942 年在孤寂与理想破灭后与妻子在巴西双双自杀身亡。《昨日的世界》就是他的回忆录。这本书写于 1939—1940 年，其时二战正酣，经历过一战人类互相厮杀惨景的茨威格再次目睹人类规模更大手段也更残酷的自相残杀，内心充满痛苦与绝望。两年

* ［奥］茨威格著，舒昌善译：《昨日的世界：一个欧洲人的回忆》，生活·读书·新知三联书店，2010 年。

后，他在巴西自杀，这是他生前最后系统发表的对世界、对社会、对人类的回忆、感受与思考。在他的回忆中，世界大历史的风云变幻与个人在时代大动荡中的悲欢离合浑然一体，因此其中的种种感受更细腻、更亲切，更有一种震撼人心的力量，种种思考更深刻也更引人深思。

对欧洲来说，第一次世界大战是“昨天”和“今天”的分水岭；对大多数欧洲平民来说，第一次世界大战是突如其来、毫无准备的。这样重大的事件事先似乎全无预兆，以至连对时局一向关心、对战争抱有相当警惕的茨威格在大战爆发前夜还与往常一样，优哉游哉地前往风光如画、游人如织的比利时海滨度假，并自信地与人打赌说肯定不会打仗，否则“就把我吊死在那根夜灯杆子上”。言犹在耳，战争却突然爆发，茨威格只得中断度假，匆匆乘火车离开比利时，于第二天早上回到维也纳。

出乎意料的是，这天早晨他发现维也纳的街头竟满是浓浓的节日气氛。到处是彩带、旗帜、音乐，全城的人都处于亢奋状态，最初对战争的恐惧马上就变成了满腔热情。他写道：“说实在话，我今天不得不承认，在群众最初爆发出来的情绪中确有一些崇高的、吸引人的地方，甚至有使人难以摆脱的诱人之处……成千上万的人尽管在战前的和平时期相处得比较好，但是从来没有像战争刚开始时的那种感情：觉得他们属于一个整体。”正是这种整体感，使他们“觉得每个人都得到召唤，要把渺小的‘我’融化到那火热的群众中去，以便在其中克服各种私心。地位、语言、阶级、宗教信仰的一切差别都被那短暂的团结一致的狂热感情所淹没……每个人都经历着一个提高‘自我’的过程；他不再是一个早先孤立的人，而是群众的一分子，他是人民，是人民中的一员；人民中平时不受尊敬的人得到了重视”。的确，在和平年代，日常生活机械刻板地日复一日，生活本身似乎就是目的，人们为活着而活着，普通人似乎永远都是普通人。而战争这类巨大的历史事件使枯燥的日常生活突然中断，不少人感到建功立业不仅可望而且可及，普通人开始成批成打地成为“英雄”，一大批原来不知名的小人物突然成为众人瞩目的叱咤风云之辈，人们感到了一种超越生活、远在生活之上的更为崇高的目的和意义，生活因此充满激情与浪漫……但茨威格意识到，这种“热烈的陶醉混杂着各种东西：牺牲精神和酒精；冒险的乐趣和纯粹的信仰；投笔从戎和爱国主义言词的古老魅力。那种可怕的、几乎难以用言词形容的、使千百万人忘乎所以的情绪，霎时间为我们那个时代的最大犯罪行为起了推波助澜、如虎添翼的作用”。

使茨威格更感震惊的是，当时的大多数作家也以狂热的言辞宣扬对敌国的仇恨和战争，“他们完全没有想到，他们这样干，背叛了作家的真正使命：作家是人类一切人性的维护者和保卫者”。面对这种状况，他意识到自己的使命——与利用当时群众的热情这种背叛理性的行为做斗争，为反对战争而斗争。“我知道我要反对的敌人——那种把他人置于痛苦与死亡的错误的英雄主义；那种丧失良知的预言家们的廉价的乐观主义。”但这种斗争异常困难，因为谁反对战争，“谁就会被打成叛徒。时代几经变迁，但总是这一帮子人，他们把谨慎的人称为胆小鬼，把有人性的人称为软弱的人；而在他们轻率地招惹来的灾难降临的时刻，他们自己也手足无措了”。这种貌似崇高的“道德优势”，不仅对群体的狂热火上浇油，还使反对者居于“道德劣势”而难以启齿，非有冒天下之大不韪的勇气而不敢为。但茨威格明知不可为却勇而为之，积极著文反战，还用戏剧的形式描写、肯定在狂热的时刻被认为是软弱的胆小鬼而遭人蔑视的“失败主义者”。不过茨威格马上发现自己被所有的朋友孤立了，以至于他也常常怀疑究竟是众人皆醉唯我独醒，抑或确是别人聪明自己发疯。

但是，还有一个伟大的心灵与他一同跳动。罗曼·罗兰在大战爆发前就不断向人们呼吁："现在是一个需要保持警惕的时代，而且愈来愈需要警惕。煽起仇恨的人，按照他们卑劣的本性，要比善于和解的人更激烈、更富于侵略性，在他们背后还隐藏着物质利益。"战争爆发后，罗曼·罗兰更是积极、勇敢地公开反战。他与茨威格走在了一起，联合反战，在知识界产生了巨大的影响。茨威格写道，正是在罗曼·罗兰身上，他"看到了另一种英雄主义，即那种有思想的英雄主义、有道德的英雄主义"。

经过了几年残酷的战争，人们初期的狂热渐渐冷却下来，反战、和平终于成为普遍的情绪和愿望，但人们已经为战争付出了巨大的代价。对突发重大事件最初的群体性反应，往往未经深思熟虑，因而更多地反映出人性中值得注意的本能、本性。面对汹汹群情，是以"更激烈、更富于侵略性"的东西使之更加狂热（在一些漂亮的言辞后很可能"还隐藏着物质利益"，自己其实并没有"牺牲"），结果酿成大祸，还是冒天下之大不韪使之更为冷静、理性，努力预防，起码是减轻灾难，是对每一位智识者道德的真正考验。

对手握话语权的知识分子来说，经受真正的道德考验并不容易。

一战爆发后，绝大多数作家都以狂热的文字鼓吹"为祖国而战"，他们以为，鼓动群众的热情和用富有诗意的号召或者以科学的意识形态来为美化战争打基础，这就是他们所能做的最好的贡献。在茨威格的周围，几乎所有的作家都认为自己的责任就是像古老的日耳曼时代那样，用诗歌和文字来激励士气，鼓舞冲杀。诗人和剧作家恩斯特·利骚，就是其中突出的一位。

利骚是茨威格的熟人，出身于一个富有的德国犹太人家庭，是茨威格所认识的最普鲁士化或者说是被普鲁士同化得最彻底的犹太人。对利骚来说，德国文化无与伦比，德国利益至高无上。总之，德国就是一切，他似乎比那些真正的德国人更加热爱、信赖德国。

战火乍起，德英宣战，利骚慷慨激昂地发表了一首名为《憎恨英国》的诗歌，以简单、干脆而富有感染力的文字在民众中煽起对英国的强烈仇恨。这首诗就像一枚炸弹扔进了弹药库，激起了巨大反响，德国从来没有一首诗像这样如此迅速地传遍全国。“各家报纸都转载了那首诗，教师们在学校里把它念给孩子们听。军官们走到前线，把它朗诵给士兵们听，直至每一个士兵能把那仇恨经背得滚瓜烂熟。但是这还不够。那首小诗被配上乐曲和改编成大合唱，在剧场演出。不久，在七千万德国人中再也没有一个人不从头至尾知道《憎恨英国》那首诗的。”以至德国皇帝都为这首诗中的爱国激情深深感动，授予他一枚红色的雄鹰勋章，以资鼓励。总之，“一夜之间，恩斯特·利骚红得发紫，享受到一名诗人在那次战争中的最高荣誉”。

但现实其实非常势利，常常会把人狠狠捉弄一番。“战争刚一过去，商人们又想要做生意，政治家们真诚地为促进互相谅解而努力，人们想尽一切办法要抛弃那首要求和英国永远为敌的诗。为了推卸自己的责任，大家把可怜的‘仇恨的利骚’斥之为当时鼓吹疯狂的歇斯底里仇恨的唯一罪人。”到了1919年，那些在1914年热情赞美他的人却对他避之唯恐不及，正如作者所说：“报纸不再发表他的诗作。当他在同伴中间露面时，立刻出现难堪的沉默。后来，这位孤独者被希特勒赶出他全心全意为之献身的德国，并且默默无闻地死去，他是那首诗的悲惨的牺牲品，那首诗曾把他捧得很高，为的是以后把他摔得粉碎。”

在“走出欧洲”这一章中，茨威格回忆了一战前他的印度之行，与卡尔·豪斯霍费尔的相识更发人深省。

在游船上，他遇到了形形色色的人，其中一个是正前往日本出任德国驻日武官的卡尔·豪斯霍费尔。这位军官出身书香门第，博学多才，教养殊佳，用功甚勤，连在游船上也整天忙个不停，用望远镜细致观察每一处地方，还不停地写日记、写报告、查辞典，“一眼就能看出他的非凡的素质和身为德国总参谋部军官的内在修养”。为了出使日本，他做了非常充分的准备，学习日语和有关日本、东方的各种知识，甚至茨威格也从他那里得到了许多有关东方的知识。茨威格与他在旅行中成为朋友，回到欧洲后还时有往来。

20 年代初，豪斯霍费尔创办了《地理政治学杂志》，茨威格以为地理政治学只不过是要对各民族的个性进行更细致的研究，豪斯霍费尔首先提出的“生存空间”概念也仅是一个中立的学术词语。“我以为这种地理政治学的研究完全有助于各民族互相接近的趋势；说不定豪斯霍费尔的原始意图也确实根本不是政治性的——但我今天不能这样说了。我当时总是怀着极大的兴趣阅读他的著作（再说，他在自己的书籍中还引用过我的话呢），而且从未产生过怀疑……没有人指责他，说他的思想是以新的形式为泛德意志的旧要求提出论据，说他的思想是为一种新的强权政治和侵略政策服务。”所以在希特勒已经掌权十余年后的一天，茨威格偶然听说豪氏成为希特勒的密友后震惊万分，简直不敢相信自己的耳朵。因为他实在看不出“一个非常有文化教养、思想渊博的学者和一个以自己最狭隘、最野蛮的思想去理解德意志民族性的疯狂煽动家之间会有什么思想上的直接联系”。但事实上生存空间理论确实成为纳粹的意识形态的主要支柱之一，茨威格写道：“‘生存空间’这一概念终于为国家社会主义的赤裸裸的侵略意图提供了一件哲学上的伪装外衣。'生存空间'这个词，由于它的定义的模糊性，表面上看来好像是一个无害的口号，但其产生的后果之一是，它能够为任何一种兼并——即便是那种最最霸道的兼并进行辩解，把它说成是合乎道德和在人种学上是必要的。"所以，"这一事例清楚说明：一种简洁而又内容丰富的表述由于言词的内在力量可转化为行动和灾难……不管自觉不自觉，他的理论把国家社会主义的侵略政策从狭隘的国家范围推广到全球范围，在这一点上，他比希特勒的十分粗暴的顾问们的影响更大"。或许，豪氏开始是不自觉的，但在生存空间理论得到希特勒的赏识后却是非常自觉的，所以在法西斯垮台后，他于1946年自杀身亡。当然，这是茨威格当时所不知道的。

知识分子的主要功能之一就是制造言词，所以这种生产与后果之间的关系就成为一个知识分子难以处理，却又必须认真对待的问题。

希特勒的出现无疑是人类的巨大不幸，但为什么一个产生过歌德、席勒、贝多芬、康德、黑格尔等名人的民族，却如此轻易而彻底地被这个几乎没有上过学，一直穷困潦倒，没有正式职业的流浪汉所征服呢？对此，茨威格做了既感性又饱含睿智的剖析和沉思。

在物质和精神上，第一次世界大战给欧洲各国都造成了巨大的伤害。作为战败国，德国的状况更是等而下之，尤其令人失望。德意志帝国于1918年11月崩溃，代之而起的是软弱混乱的魏玛共和国。这时，通货膨胀达到了令人难以置信的程度，一个鸡蛋价钱高达40亿马克，一根鞋带比从前拥有两千双鞋的豪华商店还贵，修一扇打碎的玻璃窗比以往买整幢房子还要贵，一本书的价钱比从前有几百台机器的印刷厂还要高，几家工厂的价钱甚至还不如从前一辆手推车贵……马克不断贬值，到1923年11月，一美元竟能兑40亿马克，而后就数以兆计，马克完全崩溃。高通胀必然带来高投机，一些人在各类黑市大发横财，买下城堡和农庄、轮船和汽车，买下整个街道、整座工厂和矿山。结果，这造就了一小批扬扬得意的暴发户和成千上万愤怒的赤贫者，大多数人的终身积蓄化为乌有，社会道德空前败坏。“凡是会识字和能写字的人都做起买卖来，搞投机倒把和想法赚钱，而且心中都感觉到：他们大家都在互相欺骗，同时又被一只为了使国家摆脱自己的负债和义务而蓄意制造这种混乱局面的隐蔽黑手所欺骗。我自信对历史比较熟悉，但据我所知，历史上从未出现过与此类似的疯狂时代，通货膨胀的比例会如此之大，一切价值都变了，不仅在物质方面是如此；国家的法令规定遭到嘲笑；没有一种道德规范受到尊重，柏林成了世界的罪恶渊薮。”此时全体德国人民对此忍无可忍，迫切需要秩序、安定、法律、道德，“谁经历过那些像世界末日似的可怕岁月，都会有这种感觉：当时必然会有一种反冲、一种令人恐怖的反动——尽管他对此十分厌恶和愤恨”。“整个民族都在暗中憎恨这个共和国。这倒不是因为共和国压制了那种放纵的自由，而是恰恰相反，共和国把自由放得太宽了。”为了复仇，“整个一代人都不会忘记和原谅德意志共和国时期的那些岁月，他们宁愿重新招回那些大肆屠杀的人”。

与经济崩溃相对应的，是德国国家地位一落千丈。《凡尔赛和约》规定，德国必须支付巨额战争赔款，将从前侵占的法国、波兰、丹麦、比利时等国的领土归还原主，当德国无力支付赔款时，法国便强占鲁尔工业区相抵。德国军备还受到严格限制，陆军只能有不超过十万的志愿兵，不许有飞机和坦克，不许建造潜水艇和万吨以上的舰只。世界各地的游人都赶到德国抢购，来自异国的穷人在德国却过起了帝王般的生活。所有这些，都强烈地刺伤了素来自负的德国人的自尊心，在广大群众中尤其是军人中激发起强烈的复仇心理和极端排外的民族主义思潮。人们自然又将这种民族屈辱归罪于共和国的软弱无能，转而企盼能有一个强有力的政府或个人来报仇雪耻，复兴民族。

正是这种经济混乱、投机盛行、通货膨胀严重、失业率高、价值观念崩溃以及各种政治危机不断的状况，导致了强烈的仇外情绪，使“当时德国各阶层都迫切要求建立秩序，对他们来说，秩序从来就比自由和权利更重要。歌德就曾说过，没有秩序比不公正更令他厌恶。所以，当时谁要是许诺秩序，一下子便会有几十万人随着他走”。而且从文化传统来说，“德意志人民从来是讲秩序纪律的人民，所以对自己获得自由就不知道该怎么办了，正急不可耐地巴望着那些来剥夺他们自由的人”。狡诈的希特勒紧紧抓住这一点，以各种蛊惑人心的方式许诺给德意志带来秩序。他的确带来了秩序，带来了一种没有任何个人自由，以机械化、程式化进行大屠杀的秩序。

1933 年 1 月，希特勒在万众欢呼声中上台执政。对于他的危害，甚至某些并不赞同他的德国知识分子也一直注意不够，一些人学究气十足地以学术性为标准而对希特勒的狂言不屑一顾，以为根本不值得认真看待。而且，“德国的知识分子是最看重学历的，在他们来看，希特勒只不过是一个在啤酒馆里煽风点火的小丑，这使他们上了大当。他们认为，这个小丑绝不会变得非常危险……即使当他在一九三三年的一月那一天当上了总理时，竟还有一大批人，甚至连那些把他推上那个位子的人，还只是把他看作是临时占据那个职位的人，把纳粹的统治看作是暂时的插曲”。

历史证明，那种想以强人来暂时恢复秩序，而后再归良政的想法实际是非常危险的。恶魔一旦出笼，人们就无法控制，而后，悔之晚矣。

从一战结束到 1933 年希特勒攫取政权这十余年间，也是茨威格创作激情喷泻，最终功成名就的十余年。

这期间，他的书出了一本又一本，而且发行量越来越高，影响越来越大。薄薄一册《人类群星闪耀时》就遍及所有学校，印数很快就高达 25 万册，还有一些小说被改编成戏剧或电影。他的作品被译成包括中文在内的多种文字，据设在日内瓦的国际联盟办的《智力合作》杂志统计，他是当时世界上作品被翻译得最多的作家，甚至在外国旅行时他也偶尔会被海关人员认出而享受免检的优待，在火车上也曾受到列车员的礼遇……作品的畅销当然也给他带来可观的收入，不仅不必为生计发愁，还可以使他纵情于青年时代的嗜好，大量搜集价格不菲的名人手迹等。

但当 1933 年希特勒夺取政权后，这一切突然结束了。为了“统一思想”、保持“德意志的精神纯洁性”，纳粹德国实行严酷的文化专制主义，实施了一系列具体的文化清洗政策以防止“异端邪说”的“污染”。由于他的犹太血统和作品中的反战主义与和平精神，他与其他一些犹太作家的书都被纳粹宣布为禁书。纳粹十分狡猾地分步实施这种禁书措施，首先煽动起民众的情绪，而且以“群众”的名义进行。“对我们著作的第一次攻击，是推给一群不负正式责任的人，即身为纳粹党徒的大学生们去干的。在此之前，他们为了贯彻蓄谋已久的抵制犹太人的决定，导演过一出‘民众的愤怒’的丑剧，他们也以同样的方法，暗示那些大学生们，要他们对我们的著作公开表示‘愤慨’。”这些情绪被挑动起来的大学生成群结伙地冲向书店和图书馆，把他们的书搜走，或按中世纪的习惯把这些书钉在耻辱柱上示众，或“把书籍放在大堆的柴薪上，口中念着爱国主义的词句，把它们烧成灰烬，可惜当时已不允许焚烧活人”。最严重的一次发生在 1933 年 5 月 10 日夜晚，一群群兴奋激动的德国青年学生在纳粹宣传部长戈倍尔的煽动指挥下，在柏林市中心的歌剧院广场点燃熊熊烈火，焚烧了包括海涅、马克思、弗洛伊德、茨威格等人的作品在内的两万册图书，是“反对非德意志精神行动”的主要部分。随后，纳粹开始了一系列更大规模的禁书、焚书活动和对进步思想家的残酷迫害。许多犹太作家、科学家不堪其辱，被迫逃往国外。茨威格写道，他的书销量曾经以百万计，但此时“谁要是手中还有我的一本书，他就得小心谨慎地把它藏起来，而且我的书在公共图书馆里是始终被塞在所谓‘毒品柜’里的，只有得到官方的特别许可——大多是为了辱骂的目的，才有人为了‘学术上’的需要去看那些书籍”。

专制，从本质上说是与人类文明为敌的。

真正的历史总是被轻易忘却，一场巨大的劫难，往往要不了多久就被淡化成淡淡的粉红色痕迹。或许，正是由于对人类的极度失望，茨威格才在个人已经逃过法西斯的劫难，在远离战火的巴西仍可过起宁静舒适的生活时，毅然结束了自己的生命。

为了不让昨日的悲剧重演，人类一定要与遗忘抗争，保持关于昨日的世界的惨痛记忆。

生而平等的意义

——读《美国的自由主义传统：独立革命以来美国政治思想阐释》*

“人人生而平等”，这是启蒙时代的信念，不过人们往往认为这只是一种抽象的理想状态。揆诸人类历史，的确从未存在过所有人完全、绝对的平等状态。然而，人类历史也表明，存在社会成员相对而言更加平等的社会类型。其中，最为典型的莫过于“草创”于1776年的美国社会。这一点，是理解美国社会甚至美国对外政策的关键，也是在哈佛大学任政府学教授多年的路易斯·哈茨博士《美国的自由主义传统》一书立论的基础。

在论及美国社会的特点时，托克维尔早就说过：“美国人最大的优势是，他们无须经历一场民主革命就实现了一种民主形态；他们生来就是平等的，而非后来才变成平等的。”因为没有经历过等级森严的封建社会，不是经过激烈的革命推翻封建统治才争取到平等，所以美国不可能有激烈的革命传统，相应地也就不会有顽固的保守传统。“人人生而平等”是自由主义的精髓，在旧大陆已成为一种政治信仰，而在美国却更多地成为一种生活方式，成为一种民族精神。换句话说，

* ［美］哈茨著，张敏谦译：《美国的自由主义传统：独立革命以来美国政治思想阐释》，中国社会科学出版社，2003年。

所谓自由主义在美国不是人为的，而是自然而然生成的。当时“在欧洲，社会自由的思想常常具有爆炸性效果；但在美国，它相当程度上成了争论开始的起点”。由于具有相似的价值标准，当制宪面对严重、尖锐的利益冲突时，不同利益集团的代表们才有可能妥协，所以代表共和党人的杰斐逊上台后才可能说：“我们都是共和党人，我们都是联邦党人。”的确，美国的种种社会思潮和社会政策的变动虽然名称各不相同，但万变不离其宗，基本底色、框架仍是自由主义。

按照马克思主义的经典理论，资本主义最发达的地方，无产阶级也最强大，阶级矛盾最尖锐，应该是社会主义革命最可能爆发的地方。然而，在资本主义最发达的美国，社会主义运动和影响却比欧洲要小得多，弱得多，对此，作者做了深刻剖析。简单说，他认为“社会主义很大程度上是一种意识形态现象，是由种种阶级原理和对旧欧洲社会引发的这种种阶级原理进行的革命性自由主义反抗而产生的。无比地缺乏一种封建传统的美国，也无比地缺乏一种社会主义传统，这并不是偶然的。西方各地社会主义思想的深刻起因定能在封建时代风貌里找到。旧秩序下造就了卢梭，也造就了马克思”。

对美国建国原则影响最大的无疑是英国思想家洛克，然而，在美国背景下，洛克思想却产生了变异。洛克的政治哲学有两个方面，一方面无保留地保卫国家，另一方面则是明确地限制国家。洛克的基本社会规范观点是一种自然状态中自由个人的概念，自由个人使人们摆脱了封建社会那种束缚人的阶级、教会、行为及与地方的联系，因此，他们在国家中的地位比以前任何时候都高得多。所以，国家成了完全依照法律约束人们的唯一联合体，同时也保护了个人。但是，洛克又特别强调，由于人们出让了部分权力给国家，国家反过来又很可能侵害个人的权利、利益，所以对国家要深报警惕之心。当洛克的思想传到美国时，因为欧洲传统的封建等级制、封建压迫并未在美国扎根，美国人早就坚信生而平等，所以洛克思想中人人平等的基本社会规范大部分看上去不再像是一种规范，“而像是对一种事实的恰当描述。这个结果是非常重要的。当美国人从自由个体观念转向组建国家的契约思想时，他们并未意识到他们已经做了加强国家的事情，而仅仅意识到他们打算对国家予以限制”。于是，限制国家本来是洛克思想中一个方面，但在美国背景中，却变成了洛克思想的全部。

美国的各种自由主义五花八门，古典自由主义、新自由主义、保守主义在具体政策方面纵有种种不同，但在人权、自由、平等、私有制及市场经济等基本原则和价值观念上却并无根本分歧。即使面对20世纪30年代的大萧条时，罗斯福实行的新政是美国历史上少有的强调国家干预、强调福利社会的政策，但其底蕴仍是自由主义，“它寻求扩大国家的活动，同时保持洛克和边沁的那些基本原则”。作者认为，新政的种种措施看似激进，但本质是技术的、实用的、实验的，可以说是“自由主义改革的成功与转化”，而非意识形态的争战和变更。洛克是美国自由主义的偶像，但新政时期的许多问题却是以非洛克的方式解决的，不过洛克思想一直在起着基础性作用。“就‘新政’而言，当时呈现出来的就是一种受到忽略的自由主义本性：对确保财产权的信仰，对实现阶级团结的信心，对国家权力在很大程度上持怀疑态度。”因为美国“缺乏社会主义的挑战，当然也缺乏诸如欧洲各种保守主义一直体现出来的那类来自右翼的旧组织的挑战，罗斯福根本无须做什么立场鲜明的表态”。而在其他地方，随大萧条而来的是意识形态的生死搏斗。在“金融海啸”席卷全球，包括美国在内的政府都开始大规模救市时，人们很容易简单地将其与当年罗斯福的新政做类比，甚至将新政简单地描述、理解成政府干预，忽略了新政的另一个重要内容，即它的许多措施是使自由企业得以持续发展，而且，“其采取的许多国家行为，从开销支出到设法解散托拉斯，都是用以加强而非削弱自由企业的”。其实，当时美国的马克思主义者就认为罗斯福的新政与社会主义根本不是一回事，因此对新政有颇多严厉的批评。今天，人们似乎只看到了新政的国家干预，而未看到新政对垄断的反对。如果这样片面效仿新政，其弊大矣。

美国之所以能够例外，根本原因也在于人人生而平等。具体说来，就是相对而言的起点平等、机会均等和规则的公平、公正。由此美国被无数人视为充满机遇的地方，人们相信不是凭特权，而是靠自己的努力奋斗和勤俭节约就能成功。只有公平的充分竞争，才能保证经济的迅速发展。历史说明，起点平等、机会均等和规则的公正，是社会稳定、健康、持续发展的必要条件。如果没有这些，社会就会失序，陷入混乱，而这恰为各种极端思潮提供了社会基础。这样，社会就会在极度混乱与高度集权专制两极间反复震荡，带来无穷无尽的灾难。

现代中国的一面镜子

——读《农村公社、改革与革命——村社传统与俄国现代化之路》*

列宁曾把老托尔斯泰比喻为俄国革命的一面镜子，同样，我们也可将俄国的改革、革命比喻为现代中国的一面镜子。因为“走俄国人的路”，几乎成为现代中国的一种宿命。由于这种历史的相近性，无论作者是有心还是无意，我们在阅读《农村公社、改革与革命——村社传统与俄国现代化之路》一书时，都不能不时时“以俄为鉴”来观照中国现代化的历史与现状。或许，这便是这部研究俄国现代化之路的著作的意义所在，也是其在中国学界广受重视的原因所在。

历史的复杂性（或曰混乱性）总是超出人们的想象，往往也不合逻辑，当然，历史也因此才更丰富，更具吸引力。在俄国的现代化过程中，“斯托雷平改革”无疑起了关键作用，但正是这种本身就矛盾重重的改革，使俄国的现代化道路充满了难以纾解的种种问题。本书作者敏锐地抓住这一矛盾，即“不公正的改革”所造成的种种历史后果，以此作为全书的分析基点和贯彻始终的纲领，对这一段错综复杂、变幻莫测的俄国历史进行解读，给人提纲挈领之感。

---

* 金雁、卞悟合著：《农村公社、改革与革命——村社传统与俄国现代化之路》，中央编译出版社，1996年。

在俄国现代化的道路上，首先要打破的是历史悠久的以农村公社制为主要内容的农奴制。在这种制度中，农奴属于公社，没有人身自由；公社属于国家，国家又将其封赐给贵族并控制之。这样就形成了专制国家对包括贵族在内的全体臣民的严格控制，农奴制发达，成为沙皇统治的基础。公社的土地公有，并定期重新分配，同时公社又是政治管理的基层行政单位，对社员进行集体主义劳动式的“畜群式管理”。从 18 世纪末开始，俄国受到西欧启蒙思潮日渐强烈的冲击，出现了西方派与斯拉夫派、进步派与保守派的大论战，论战的主要内容之一是是否应取消公社。换句话说，即作者所说的“要否分家”之争。俄国在 1853—1856 年克里米亚战争中的失败，终于使“分家派”占了主导地位，导致了 1861 年的农奴制改革，解除了农奴—公社社员对贵族的依附关系。但由于传统的影响，“农村公社并没有解散，只是国家代替贵族承担了公社的统治者—监护人角色”，改革后的农民仍然没有取得独立的人格，没有作为个人而得到完全的公民权利，仍然受到公社的束缚（第 147 页）。但是，由于公社的一部分土地被割去成了贵族的私有财产，所以公社对农民的“保护”能力大不如从前。此后，争论的热点从“要否分家”转为“如何分家”。

农奴获得部分自由毕竟是历史的进步，但由于是自上而下的改革而不是自下而上的革命，这种进步是以巨大的社会不公换来的。作者分析道：“如果说公社的存在曾经为‘大家长’盗占‘家产’提供了方便，那么它同样为‘子弟们’追索‘家产’提供了理由。”（第 163 页）这种不公正为反改革尤其是民粹主义提供了深厚的土壤。这一切，使俄国社会自 1861 年起就动荡不已，终于导致了 1905 年大革命，究其实质，作者认为是“如何分家”之争。这次革命的一个直接后果，便是 1907 年的斯托雷平土地改革。如果说 1861 年改革是把农民从农奴主控制下解放出来，那么这次改革则是把农民从公社的控制下解放出来，也就是更彻底地分家。当然，斯托雷平首先关心的是效率而不是公正，他认为独立农庄之所以比农村公社优越，就在于前者的效率远高于后者。由于效率优先，所以这次分家基本不考虑公正问题，其重要原则是权贵的既得利益不仅不能受损，而且要进一步扩大。斯托雷平改革的实质，“是要保护‘大家长’所掠‘家产’的情况下，再支持与鼓动农民公社中的‘长子’即富农带头‘分家’，从而瓦解公社，建立私人农场——以独立农庄与单独田场为主要形式的资本主义农业，并在此过程中扶植富农的社会经济与政治势力，使之成为专制政府的社会支柱”，“使专制主义能在新的条件下延续下来”。（第182页）

虽然这次改革极为不公，带有明显反道德的原始积累特征，但瓦解公社毕竟顺应了市场经济和现代化潮流，对俄国资产阶级，对生产力的发展和劳动生产率的提高都有巨大的积极意义。因此，斯托雷平改革的七年成为俄国近代史上经济发展的黄金时代。在第一次世界大战前数年，俄国的粮食产量就超过了阿根廷、加拿大和美国的粮产量总和，1913年全俄粮食人均产量甚至在整个斯大林时代都未能超过！包括底层在内的社会各阶层的生活水平都有不同程度的提高。而且，随着公社的瓦解，农民的价值观念开始变化，皇权主义传统开始淡漠，自由个性、独立人格逐渐形成，公民意识与民主精神开始进入农村，这些变化史称“斯托雷平奇迹”。或许，这一切便是恩格斯所称道的“恶”在历史中的进步作用的一个表现。

当然，理论上对恶的抽象议论与实际生活中对恶的具体感受可能完全不同。这种不公引起了社会下层的强烈反对，这种不公和政治专制更引起了自由主义知识分子和革命党人的强烈反对。而且，不少顽固守旧的贵族也因怀念“大家长”统治的公社世界而对斯氏愤恨不已。这些都使斯氏的处境颇为尴尬。可以说，这种不公正的改革虽然减小了统治阶层中的阻力，却为自己种下了长远的祸根，使俄国社会出现了一个反改革的“村社复兴运动”。作者通过详细分析指出，村社复兴运动对俄国未来几十年的历史产生了不可估量的影响（从列宁提出“土地国有”到斯大林的“农业集体化”）。

面对这种“不公正的现代化”所导致的“公正的反现代化”情绪，“一向自以为代表社会（大众）向当局要求改革的各种反对派都出现了不同程度的尴尬，但也提供了某种机遇，它们都面临着一个角色的重新定位问题”（第 218 页）。在这种重新定位中，自由主义由于对公正的重视不够，最终失去了对大众的影响。坚决反对瓦解公社，反对西化和个人主义的民粹主义与沙皇统治者中最保守反动的斯拉夫主义专制者找到了共同基础。如其中最具民主色彩的车尔尼雪夫斯基都认为，专制统治下保持着村社平均的西伯利亚比确立了抽象权利但贫富不均的英国要好得多。民粹主义打着“人民”的旗号，反对政治自由、议会民主、公民权利等民主制度，认为这种西方虚伪、抽象的自由远不如以一个最高主宰来为民作主更符合正义原则。他们提出“专制的人民统治”，在实际中只能寄希望于出现一个“人民的沙皇”。民粹主义走到这一步，是历史的极大讽刺，更值得后人警醒。面对这种局面，社会民主主义（全面决裂前的布尔什维克与孟什维克）一时也不知应该怎么办，只有策略性极强的列宁迅速调整纲领，提出土地国有政策。“以布尔什维克为代表的这部分社会民主派，从早期只求彻底‘分家’中坚持‘美国式分家’而反对‘普鲁士式分家’，转化为后期适应于重建‘大家庭’的村社复兴运动，并最后抢占了这一运动的潮头。”（第 292 页）

回顾这段纷繁复杂的历史，人们只能说，是极端不公正的改革，为自己埋下了失败的种子。

从“马尔巴罗”到“万宝路”

——读《光荣与梦想：1932—1972年美国实录》*

美国历史学家威廉·曼彻斯特的四卷本《光荣与梦想：1932—1972年美国实录》于1974年在美国出版，1978年被译成中文出版。40年前，中国改革开放刚刚起步，这套书也成为改革开放启航阶段的小小助力之一。

40年来，这套书中文本的出版史是文化交流的见证，也是中国社会变化的见证。这套书在1978年由商务印书馆出版，标注“内部发行”。图书的内部发行，是改革开放前30年一个显著特色。当时只有少数完全“正面”的书能公开出版，其他很多书都是内部发行。要“批判毒草”，又不能不让少数高级干部和有关部门读到“毒草”，所以有了“灰皮书”系列和“黄皮书”系列。还有些书作为内部参考，了解情况，也是内部发行。这部书，主要为解美国，作为有关部门的参考而内部发行出版。

1978年是拨乱反正和改革开放启动的关键之年。对外开放的重中之重，是与美国建立正式外交关系，当时两国正式建交谈判正在紧张进行。1979年元月1日，中美建立正式外交关系，月底邓小平访问美

* 本书共四册，作者是美国人威廉·曼彻斯特，由广州外国语学院美英问题研究室翻译组和朱协翻译，朔望、董乐山、关在汉校对，1978年由商务印书馆出版，标注“内部发行”。

国。邓小平此次访美，对中国的开放意义殊深。

中美两国毕竟敌对几十年，互不了解，不知美方此时通过什么途径了解中国，中国了解美国的途径则是《光荣与梦想》一书。这本书一直写到1972年，对美国的政治、经济、文化、社会都有详细的描绘、分析、概括，是当时中国了解美国的重要资料。

毕竟是非凡的1978年，气象一新，这套内部发行图书大大突破了以往“内部”的印发数量和发行界限。大学图书馆中大学生凭图书证就可借阅，此书一时成为大学生的热门读物。“内部”越来越不“内部”，事实上已变成公开，中国社会从封闭走向开放，这也是一个小小的标志。不久，内部发行取消，变成公开发行。40年来，此书不断加印，笔者识见有限，读过海南出版社2006年版与中信出版社2015年版。

由于对美国了解非常少，1978年版中文本还做了大量的注释，以加强人们对美国政治、文化、社会的了解。从注释中可以看出译者态度的认真与功力的深厚。如果细细查看，仔细研究，从这种注释中还可以一窥当时中国之一斑。

本书写到美国社会广告推销时，有硬推销和软推销，译者专门对软推销做了注释：“指用诱劝等软办法来推销商品。”现在的人见此注释可能会哈哈大笑，连这都要注释？没事干了吧？广告推销如今已成常识，然而当时确不为人知。要知道，商业广告在计划经济时代渐渐废止，十年浩劫期间更是严禁。这本书出版时中国尚无广告，直到1979年1月4日，《天津日报》第三版刊登了天津产牙膏广告，拉开了改革开放新时代中国媒体广告的序幕。由于广告长期被认为具有资本主义性质，所以1月14日《文汇报》专门发表了《为广告正名》的文章。文章不长，核心观点是论证“有必要把广告当作促进内外贸易、改善经营管理的一门学问对待”，“我们应该运用广告，给人们以知识和方便，沟通和密切群众与产销部门之间的关系。广告也是一种具有广泛群众性的艺术，优秀的广告可以美化人民的城市，令人赏心悦目，使人在愉快的艺术熏陶中，感受到社会主义经济文化的欣欣向荣”。1月28日，上海电视台宣布“即日起受理广告业务”，并播出了1分30秒的参桂补酒广告，这是中国大陆第一条电视广告。3月9日晚上，上海电视台播放了一场篮球比赛，中场休息时出现了篮球明星张大维喝幸福可乐的画面，这种软推销不知是否来自《光荣与梦想》的启发。当时电视在中国尚未普及，但此广告影响巨大，甚至有人误以为播错了，这次软推销预示了电视广告的广阔前景。3月12日，《人民日报》刊登了《上海恢复商品广告业务》的新闻，以新闻报道的形式肯定了恢复广告。3月15日，上海人民广播电台播放了春雷药性发乳的广告。报纸、电视、电台这三种媒体的三次广告和权威的《人民日报》支持，造成了相当大的冲击。如今，软推销早不用解释了，40年来中国社会的变化，从细枝末节中也能表现出来。

书中谈到20世纪50年代广告业在美国的迅猛发展时写道：“就在这些年月里，广告业从不及一张广告传单大的一小块发展到像马尔巴罗之乡那么一大片。”如果不注解，读者确难体会，难免心生疑问：什么是马尔巴罗之乡？而且“那么一大片”究竟是多大一片？所以中译者认认真真做了如下注释：“马尔巴罗原为美国一种香烟的牌子，在广告中，一名牧童以美国西部为背景拿着这种香烟，呼唤人们‘到马尔巴罗之乡来’。故泛指美国西部。”马尔巴罗者，Marlboro也，是闻名世界的美国香烟，1978年版译者与绝大多数中国人一样，没听说过此烟，更不知道此烟早有固定的中文译法“万宝路”，所以音译为“马尔巴罗”。而且，此注中的“牧童”英文为cowboy，有牧童、牛仔二义，译者选取牧童而舍牛仔，显示出对美国的隔阂，意境完全不一样。读到牧童，中国人自然想起清明细雨中“牧童遥指杏花村”“牧童骑黄牛，歌声振林樾”“牧童归去横牛背，短笛无腔信口吹”“骑牛远远过前村，吹笛风斜隔岸闻”“牛得自由骑，春风细雨飞，青山青草里，一笛一蓑衣”……这种联想与美国西部牛仔引起的硬朗、坚毅、刚强、粗犷、剽悍、暴烈的联想完全不同。

译者肯定与大多数国人一样，根本没见过万宝路那飞扬跋扈的男子硬汉广告，想当然地以为广告中的cowboy应是那能使人想起平和恬淡柔美的乡间景色、田园风光的牧童。专家都如此这般，足见当时对美国的了解实在无多。《光荣与梦想》对那个年代中国开始了解、理解美国，乃至了解、理解世界的推助作用亦可由此可见。

以个体故事构建以色列全景历史

——读《我的应许之地：以色列的荣耀与悲情》*

20世纪初，清末重臣张之洞力办新学，所编《学堂歌》中有云："波兰灭，印度亡，犹太遗民散四方"，新学士子传唱一时。这"犹太遗民散四方"好不沉重！这种沉重，也一直重压在面临豆剖瓜分、亡国灭种危机的近代中国的灵魂深处。这种相似性，使犹太人和以色列的历史，与中国历史开始发生某种关联。

当然，犹太人、以色列在中国的形象建构并非只与亡国、救亡相关联，而是复杂得多。虽然"犹太遗民散四方"，但像马克思、爱因斯坦一样的各领域杰出人才依然层出不穷，真可谓"星汉灿烂，若出其里"，让人不能不赞佩这个民族的伟大。1948年以色列宣布独立，正式建国时，世界冷战格局已经形成。刚刚建国的以色列与一年后成立的中华人民共和国，不可避免地都要在以美、苏为首的两大阵营中做出选择。由于历史与时代原因，中、以两国分别加入势不两立的两大阵营。虽然以色列在新中国成立后的第二年就宣布承认中华人民共和国，一直想与新中国建交，但形格势禁，两国直到冷战结束的1992年才建立大使级外交关系。在这长长的几十年中，以色列在中国又与

---

* ［以］阿里·沙维特著，简扬译：《我的应许之地：以色列的荣耀与悲情》，中信出版社，2016年。

非常负面甚至还有邪恶色彩的“犹太复国主义”、帝国主义、资本主义阵营联系起来，关于以色列，长期以来我们接受的都是单一的负面信息。

两国建交后，摒弃了冷战思维，政治、经济、科学、文化交流迅速增加，不知道以色列国民对中国了解有多少，至少中国国民对以色列的了解、认知仍很不够。近几年出版了一些有关以色列和犹太人的图书，对加深中国国民对以色列和犹太人的了解、认知大有裨益。中信出版社新近翻译出版的《我的应许之地：以色列的荣耀与悲情》，就是其中非常重要的一本。

《我的应许之地：以色列的荣耀与悲情》作者阿里·沙维特是以色列著名的专栏作家、中东问题专家。曾加入以色列国防军，是一名伞兵，并在耶路撒冷的希伯来大学研读哲学。20 世纪 80 年代，他开始为报纸撰写文章；90 年代担任以色列公民权利协会董事会的主席；1995 年，他加入了著名的《国土报》，并成为《国土报》的首席记者之一。这本书中，他以自己家族的故事为引子，通过亲身经历、深度访谈，展示许多历史文献、私人日志、信件等，通过一个个扣人心弦的个体故事，描述、拼接出以色列的全景大历史。由此，他通过众多的个体历史建构了以色列建国史，也是百年来犹太人发奋复兴的历史。本书的历史文献与当代资料、口述史融为一体，生动、鲜活而可信。他的记者生涯使他练就了深度采访的能力，如何提问，如何取得对方信任，如何向对方提出使其不得不面对的尴尬问题，这些方法、技巧，对国内方兴未艾的口述史，也大有借鉴意义。

本书展示了由一个个活生生的人和一件件具体的事组成的近百年犹太人的奋斗史和以色列的建国史，没有流于琐碎，反而组成私人叙事与宏大叙事两相结合的全景式历史，更引人深思。犹太人和以色列的历史，对一些问题的处理、解决，确实具有某种普遍性，对今日中国更具现实性的方法论意义。

沙维特从1897年春天——他的曾祖父与其他20名犹太复国主义者背井离乡来到巴勒斯坦——开始讲起。他的曾祖父是最早的犹太复国主义者，也是一位英国绅士，原本在英国过着优渥的生活。他意识到“复国”将是本民族的未来之路，因此成为这小小一群人的领头人。他“是一名不同寻常的犹太复国主义者。在19世纪末那个年代，大多数犹太复国主义者都来自东欧，而我的曾祖父却是一位英国公民；大多数复国主义者生活贫苦，而他则是一位家境殷实的绅士；大多数复国主义者投身运动是基于世俗的考量，而他却怀揣一腔虔诚的信仰”。但在经历二战的大屠杀前，意识到复国的意义，真正愿意来到这片土地生活的犹太人并不多。经历大屠杀这场惨绝人寰的悲剧后，才有大量犹太人来到这里，决心复国，重建以色列。这种经历，使他们具有强烈的民族主义、爱国主义精神。强烈的民族主义、爱国精神并不盲目排外，不拒斥先进的、新生的异质文明。民族主义、爱国主义强烈却不排外，殊为不易。

与之紧密相关、可能更重要更有意义的问题，是在全球化时代，如何融入世界文明而又保持自己文明、文化的特性，即主体性。沙维特写道：“在1897年之前的千年里，正是得益于伟大的上帝和伟大的犹太人聚居区，犹太民族才得以绵延生息。与上帝的亲密接触以及与周围非犹太世界的隔绝，维护了犹太人的身份与文化。犹太人没有领地，没有国家，他们也没有所谓的自由原则和国家主权原则；是宗教信仰、宗教仪式、强大的宗教故事以及周遭外邦人砌筑的隔离高墙，使他们相偎成一个民族，代代相传。”在世俗的经济、政治、文化架构和制度方面，以色列充分地世界化，而在灵魂最深处，又保持了千百年的精神传统。他们有虔诚的信仰，但在科学、文化生活中又不为所缚，时时创新。传统与现代，自身文化主体性与充分世界化，信仰与俗世，这些矛盾如何平衡，如何妥善处理彼此关系，互不干涉甚至良性互动……这也是本书带给人的启示。

以色列建国后，敌国环伺，大小战争不断。但是，“20世纪50年代的以色列是一个打了兴奋剂的国家。越来越多的人，越来越多的城市，越来越多的村庄，越来越多的一切。然而，尽管发展如此迅猛，但社会差距却是很小的。政府致力于全民就业。它真诚地努力着，为每一个人提供住房、工作、教育和医疗保健。这个新生的国家，是世界上最平等、民主的国家之一”。福利制度、民主制度等往往被认为是一种和平环境中的奢侈品，时刻面临战争的国家，应更强调为备战节衣缩食，更强调集权，否定福利制度、民主制度。在如此恶劣的环境下，人民享有福利和民主，是否打破了时刻面临战争状态就不能有福利、有民主的成见？

犹太人离开这片土地已经两千年了。两千年来，一直生活在这片土地上的早已是其他人。这是犹太人祖先的生活之地，更是其他人世世代代的生活之地。在这片土地上重新建国，必然与其他人产生冲突，征战连年。沙维特是坚定的爱国主义者，坚决支持复国，但是，对本国的错误甚至罪行，他毫不回避，做了深刻的反思、反省与批判。对引起激烈冲突和国际社会高度关注的“定居点”政策，他做了深刻的批判，认为这种政策“将以色列拖入了一个困境，缠绕的死结无法解开。定居点已经在以色列的脖子上套上了绞索。他们创建了一个不堪一击的人口、政治、道德、司法的现实”。这种“非法性玷污了以色列本身……这也是为什么，美国和欧洲的开明犹太人为以色列感到羞愧”。对占领加沙，他也大表异议：“如果我们要占领加沙，我们就必须拥有一个加沙海滩监狱。而如果我们要拥有一个这样的监狱，我们就必须背叛自己。我们必须背叛我们曾经的信念，背叛我们对于未来的期许。所以，现在的问题不在于‘以土地换和平’，现在的问题是以土地换取我们的正派，以土地换取我们的人性，以土地换取我们每个人的灵魂。”他的爱国主义，是以人道主义为原则的。能直面自己民族、国家的罪恶，允许对国家的大政方针提出尖锐批评、指责，也是犹太人自强不息、以色列国家复兴的重要因素。

一百多年前张之洞办新学所编《学堂歌》中提到“犹太遗民散四方”，一百多年后的 2016 年 2 月初，中国一所著名大学的校长接见了一位叫奥利弗·罗斯柴尔德的人，该校新闻网随后发表的新闻稿称他是“罗斯柴尔德家族的第九代继承人之一，罗斯柴尔德家族英国系的核心成员和主要管理人”。但英国罗斯柴尔德集团随后公开发表声明：“奥利弗·罗斯柴尔德并不是罗斯柴尔德家族的成员，也就是说他不是内森·梅耶·罗斯柴尔德的男性谱系后裔，他更不涉足我们集团的任何业务。”此罗斯柴尔德被人戏称“山寨罗斯柴尔德”。据查，这位“山寨罗斯柴尔德”2014 至 2015 两年间在中国的赶场轨迹遍布北京、杭州、广东、山东等地，横跨高校、慈善、政府、商业投资等诸多行业与领域，接见人员从普通大学教授、商会领导、智库、市级政府官员直至最著名大学的校长，活动的规格也渐次攀升。

“山寨罗斯柴尔德”在中国的走红，说明一百年来我们对犹太人的历史与现实其实知之甚少，也说明一些东凑西拼、非常不靠谱的戏说之言流传之广，连著名大学的校长都难免被其忽悠。因此，《我的应许之地：以色列的荣耀与悲情》这部关于犹太人和以色列的严肃之作，确是一部适应我们需要的好书。

洗澡、刷牙和总统

——读《硬球：政治是这样玩的》*

如果你听说一个人一晚上冲了四次澡，第二天早上刷了五次牙，而且每次间隔只有五分钟，你一定会认为他有些不正常。但你万万想不到，有人却恰恰可能因此最终当上了美国总统，此人便是美国第36任总统林登•贝恩斯•约翰逊。这也是美国作家克里思•马修斯在《硬球：政治是这样玩的》一书中分析的实际政治成败的经典案例之一。

马修斯曾给不止一位国会议员当过助手、首席助理和发言人，还担任过卡特总统的演讲撰稿人，数十年生活在美国政坛高层，所以深谙美国政治的潜规则，对这些年不少政客成败的具体原因了如指掌。他认为政治实际与角逐激烈的“硬球或者说是硬式棒球游戏”十分相像，“是一种彻头彻尾的马基雅弗利式搏击”，这些法则“适用于任何行业或领域，但在公共事务领域得到了最为公开的、肆无忌惮的运用”。

在1931年大萧条时代，美国华盛顿国会山附近有家名为“道奇”的饭店，住有不少国会议员，甚至还有最高法院的法官。而在只有一个公用洗澡间的地下室里，则住有不少议员的秘书。此时年仅22岁的约翰逊刚刚从休斯敦的一所中学老师成为一位众议员的秘书，

* ［美］克里斯•马修斯著，林猛、吴群芳译，王少君审校：《硬球：政治是这样玩的》，新华出版社，2003年。

他虽是初来乍到，却雄心勃勃，准备大干一番。他决定在最短的时间内认识饭店里另外 75 个和他一样的国会秘书，在公用洗澡间里洗澡、刷牙，和别人打招呼，无疑是最自然的方法之一。这一招果然奏效，不过三个月，他就成了由众议员全体助手组成的团体“小国会”的议长。在以后漫长的从政生涯中，这种高超的一对一交往技巧，成为约翰逊成功的法宝，让他最终登上了总统的宝座。这种一对一交流，马修斯称为“零售政治”。

与约翰逊擅长的零售政治相反，罗斯福、肯尼迪和里根则是利用广播、电视赢得大量民众进行“批发政治”的高手。二战时，罗斯福的“炉边谈话”征服了无数听众，而电视的普及使演员出身的里根如虎添翼。精于此道的里根用电视来为自己的公众形象定位，他将自己定位为一个邻居一样的普通人，而不是一个超然于众人之外的政府首脑。他所做的每一个动作都是为了让自己显得贴近群众，远离政府。所以，他在家的镜头总是穿着格子花呢衬衫和牛仔裤，脚登一双靴子，不是在清理刷子就是在修补篱笆。因为他知道美国民众对华盛顿的官僚气向来反感，所以他想通过这种形象让公众认为“他被选出来是到华盛顿工作的，他并不属于华盛顿”。作者还介绍了里根如何利用媒体的各种技巧，确实令人叹止。里根这位“伟大的批发商”告诉人们，在电视时代，“只要你找好定位，你就可以成为你想成为的任何一种人”。

按马修斯的分析，零售政治和批发政治各有短长。与少数人打交道，如与国会议员沟通谈判，零售无疑更有优势；若要争取广大选民，则非批发莫属。

人都有缺点，都会犯错，日理万机的政治家更容易出错。对此，马修斯的劝告是与其百般掩饰，推卸责任，不如干脆“举灯照亮自己的问题”，自曝其短，勇于承担责任，才能化被动为主动，变消极为积极。他认为，肯尼迪便是此中高手。众所周知，美国人大都信新教，所以对少数天主教徒颇有戒心，而肯尼迪恰是天主教徒，在近两百年的历史中，美国还从来没有一位天主教总统。在总统竞选时，他的政敌自然对此大做文章，公众和舆论也担心在教育政策和对外政策上他会对梵蒂冈的指令俯首帖耳。对此，肯尼迪采取的策略是不断提及自己的宗教信仰，但又反复强调在美国“没有任何天主教的高级教士会在这个国度里对总统指手画脚、发号施令”。他还利用美国公众对自由的偏爱，强调“宗教自由是如此重要的一个组成部分，以至于针对某一教会的任何一个恶意举动，都会被看作是针对所有人的恶意举动”。同时，他又一再保证，一旦他感到自己的宗教信仰与整个国家利益发生冲突时，他将毫不犹豫地辞去总统一职。如此一来，肯尼迪的宗教问题便迎刃而解。他上台不久，美国政府就策动了入侵古巴的“猪湾事件”，此次入侵以惨败告终，一时舆情哗然，肯尼迪威望大跌。老谋深算的肯尼迪此时不是推卸责任，而是把国务院、国防部、情报部门等方方面面应负的责任全都承担过来。事实证明，这种独自承担全部责任以减小损失的果断举动立即使他的支持率飙升。

与此相反，里根就不会这一手，因而使自己的形象大大受损。1986年底“伊朗门”事件曝光，他曾通过代理人秘密向霍梅尼出售武器一事被公之于众。事发后，他首先是尽量遮掩，然后又把责任推到他的国家安全助理头上，接着又推到白宫办公厅主任身上。最终，四个月之后，在民意测验显示他的支持率降低20个百分点的情况下，他才不得不承认自己有错，以后通过种种努力才挽回自己的形象。

在美国政治生活中，媒体作用巨大，而且对政治家总是百般挑剔，穷追不舍，很难对付。因此马修斯认为，不是与记者打交道的高手应尽量远离媒体，吃过媒体大亏的尼克松总统曾经愤怒地说：“记者就是敌人。”在马修斯熟悉的总统中，只有里根是与媒体打交道的能手。如举行记者招待会时，里根总能出人意料地叫出一些记者的昵称或小名，主动请他们提问，此举立即就拉近了和记者的距离，记者对他就不那样咄咄逼人。里根是如何做到的呢？其中的秘密在于，每次记者招待会开始前，里根总是早早来到会场的里间，先通过设在里间的闭路监视器熟悉每位记者的面孔，让助手告诉他他们的昵称、小名和详细情况，然后再笑容可掬地从容出场。

“搅乱竞争对手的阵线，乘机夺取对手的后方地盘”是马修斯的规则之一，他认为尼克松在20世纪70年代初访问中国的“破冰之旅”，便是这种把对手的政治资源化为己有的绝佳体现。在五六十年代，尼克松以狂热反共著称，一直猛烈攻击那些主张对华缓和的政界人物。然而当国际形势发生剧烈变化，需要改善对华关系时，尼克松在1971年做出了“打开中国大门”的决定，“完成了他的对手们因为惧怕他而不敢做的伟业”。“他亲自出马的举世瞩目的北京之行彻底震撼了他的对手，并使那些几十年来一直讨厌他的人变成了他的拥护者。”

本书还详细介绍了美国政治中各种各样的潜规则，诸如悄悄“降低球筐”“索取比给予还好”和种种打击竞争对手的方法，但重点还是在如何赢得选民或曰迎合选民、如何塑造自己的公众形象、如何利用媒体等方面。这都反映出美国政治的特点。

平心而论，与中国传统的丰富异常的《战国策》《厚黑学》一类书相比，此书介绍分析的这些伎俩确实是小巫见大巫，显得太小儿科。或许，这是美国历史太短、防范制度相对健全所致。而此类传统的深厚丰富，的确是沉重的包袱。读罢此书，希望并且相信通过我们的不懈努力，当后人书写我们这一段的潜规则历史时，也会比以往的传统简单、干净不少，也显得十分小儿科。这，便是历史的进步。

意大利的“建筑意”

——读《意大利古建筑散记》*

林徽因在《论中国建筑之几个特征》中写道：“建筑艺术是个在极酷刻的物理限制之下，老实的创作。人类由使两根直柱架一根横楣，而能稳立在地平上起，至建成重楼层塔一类作品，其间辛苦艰难的展进，一部分是工程科学的进境，一部分是美术思想的活动的增高。这两方面是在建筑进步的一个总题之下，同行并进的。”这种与工程科学相并的美术思想，林徽因在《平郊建筑杂录》中将其与诗意、画意并列，称之为“建筑意”，其实也就是建筑的情调、建筑的哲学，一种关于建筑和我们生存环境息息相关的情调和哲学。无论是建筑师还是最终手握决定城市风貌大权的政治家，都有意无意地受到某种情调和哲学，即建筑意的影响。林徽因认为，这种情调、哲学的基本价值和信仰是我们居住、生活方式的根据。因此，各种建筑都有各自的建筑意，反映出各自的哲学基础和基本价值。

西谚有“罗马不是一天建成的”之说，说明凡事都要有一个历史过程。此谚亦足说明罗马城历史之久远。然而，现在的意大利早已是现代化的发达国家，且以盛产种种时尚闻名，那么，在似乎是横扫一

* 陈志华：《意大利古建筑散记》，安徽教育出版社，2003 年。

切的现代化滚滚红尘中，这些凝聚着丰富历史信息的古建筑“而今安在哉”？传统与现代能否共存并美？著名建筑史专家、多次到意大利实地考察的清华大学陈志华教授的《意大利古建筑散记》给出了答案。

古罗马以城墙、驿道、神殿、输水道、凯旋门、角斗场等大型公共建筑闻名。这种建筑意，反映的是罗马帝国对行政、制度、效率等形而下的重视与能力，而以神殿为代表的古希腊建筑则反映了古希腊人对形而上的精神追求。

或许意识到这种建筑尤其是其中体现的建筑意已不可复制，在意大利，文物保护已成为一种民族自觉，成为一种风习。它表现出一个民族的文化素养，而不仅仅是少数精英的呼吁，政府更是责无旁贷。最使人感动的，是随处可见的对各种不知名的遗迹甚至几块残石的保护，“真正使人感到每一代人在文物保护上对祖先和子孙的庄严责任”。意大利人反对文物修复，认为只能采取必要的干预措施防止文物进一步损坏。干预而不修复，是意大利乃至整个欧洲文物建筑保护的一项基本原则。他们决不允许古董造假，不仅因为它本身毫无价值，还会造成真假莫辨，“假作真时真亦假”，真古董也大受损害。所以，对某些地方一方面大量拆除真正的文物，一方面又大量兴建假文物，他们大惑不解，甚至很愤怒，认为这是对人类文明的亵渎。因此，意大利的文物都保持着很荒凉的废墟状态，不栽花种草，不修路，最多只打扫打扫而已，当然还有一些防止进一步破坏的干预措施。但他们坚决反对用美化、园林化、整修甚至“复原”去干预它们。面对残墙颓壁，更使人发“思古之幽思”，兴起千年兴废的沧桑之慨。

他们首次提出了旧市区的整体保护问题。所谓整体保护，就是说，不仅保护建筑物和其他城市要素，还要保存它的生活方式、文化氛围。这样大范围的保护文物，没有广大民众的支持是不可能的。所幸民众大都支持保护文物，虽然这给自己生活带来许多不便。各地都有保护文物建设的民间组织，在文物保护方面非常活跃。居民往往自动组织起来，在业余研究社区的建筑历史，据说工作做得比文物机构还细，有些建筑他们自定为文物，严格保护。其中最著名的是全国性组织“我们的意大利”，它曾挫败一批很有势力的房地产商拆毁文物建造房屋的计划，并使国家制定更严格的法律保护文物。

当然，意大利的古建筑也曾遭到破坏，最后一次重大的破坏是墨索里尼执政的法西斯时期。举行盛大的阅兵式和大规模狂热的群众集会是墨氏耀武扬威，从精神上征服民众的重要方法，所以他上台后为建造巨大的广场、宽广的道路拆毁了许多古建筑。由于想从古罗马的辉煌中为自己寻找合法性，他还特别喜欢把一些雄伟的古罗马建筑周围“拆干净”，要求把古建筑“亮出来”，就是把古迹孤零零地放在一片广场或绿地中央供着，“其结果是使文物建筑失去了跟历史环境的有机联系，孤孤单单”，完全破坏了古迹和环境原有的关系，歪曲了历史信息。“本来是为了尊崇它，实际上是剥夺了它的历史环境，使它失去了一部分历史价值。”现在，意大利人将这种“保护方法”讥之为“法西斯式保护法”。在这种“建筑意”中，一定要由巨大的广场取代原来具有市集意味、民众可以自由沟通的小广场。因为巨大的广场是政治仪式的中心，军队在此接受领袖检阅，显示强大的军力；千百万民众在此集会、游行，向领袖表示狂热的忠诚。在这种巨大的广场中，每个人都将感到个人的渺小，感到只有与身边的几万、几十万人融为一体对领袖输诚时才有意义，才感觉到自己的存在；俯瞰巨大广场和千百万严整的军队、热烈欢呼的人群时，才更显出领袖的伟大与威严……

建筑意确实承载着丰富的信息，反映出一个国家、时代的种种状况。

疫病与人类历史

——读《世界瘟疫史：疫病流行、应对措施及其对人类社会的影响》*

人类可以说与各种疫病相伴而生。从先民的烧香拜神、祈康祛病到科学日益昌明、医学不断进步的今天，人类战胜疫病的不懈努力片刻未停。在与疫病激烈而持久的争战中，人类取得了一场场胜利，但同时，疫病也影响、改变了人类的历史。

历史上，疫病影响战争结局甚至导致王朝更迭的例子数不胜数。据新近出版的《世界瘟疫史》记载：在古希腊时代，决定雅典命运的伯罗奔尼撒战争中，“雅典瘟疫”对雅典人口的杀伤力远远大于战争本身。实力受损的雅典人认为这是上苍对自己的惩罚，士气更加衰落，这一切都导致了雅典的衰败。6世纪的“查士丁尼鼠疫”几乎摧毁了君士坦丁堡，加速了东罗马帝国的衰亡。18世纪末拿破仑率大军远征埃及和叙利亚，鼠疫使其军队损失惨重，对他远征非洲计划的破产影响重大……也唯其如此，才会有一些国家竟与人类征服疫病的伟大事业背道而驰，人为制造疫病，以“细菌战”打击对方，这不能不说是人类的堕落与悲哀。

---

* 王旭东、孟庆龙：《世界瘟疫史：疫病流行、应对措施及其对人类社会的影响》，中国社会科学出版社，2005年。

疫病当然也是一个社会问题，反映出社会制度、社会心理的方方面面。在人们的观念中，性病从来与不道德紧密相连，所以中世纪的意大利将梅毒称之为“西班牙病”“法国病”“高卢病”，法国人则称之为“意大利病”或“那不勒斯病”，英国人则称之为“法国痘”“法国病”，俄国人则称之为“波兰病”……这种种称呼下，潜藏的是对他者的歧视、道德指责，认为他人应承担责任。现在虽然各国政府都做了许多工作，但艾滋病患者仍遭受各种各样的歧视，足见人们的成见之深。

人类抗击和防治疫病的历史，经历了一个从个体或群体本能的非理性防范到政府和社会有组织的理性防范并最终实现科学抗疫的进步历程。当然，这种进步经历了极其痛苦而漫长的历史进程。虽然全球化是今日之事，但对某种疫病患者的歧视却是全球各地千百年的习俗。例如，不论东方还是西方，在古代都曾把麻风病患者看成鬼怪，认为是神对人的惩罚，对患者实行隔离甚至迫害。作者指出：“对麻风病人实施的驱逐与隔离，启迪了人们对新型瘟疫暴发时不幸染病者或疑似者的驱逐与隔离；而对所有疫病患者的驱逐与隔离，导致了人们对政治异己的驱除和对整个社会的分隔。”由疫病控制引出了种种规训与惩戒，对人们进行复杂的划分与深入的组织监视与控制，也是疫病影响、改变人类历史的重要方面。

任何事物都有两面性。正是在与疫病斗争的过程中，医学不断进步，从尤其是公共卫生事业不断进步，社会性医疗保健制度不断发展、完善。从某种意义上说，对麻风病的恐惧派生出来的隔离防治还促成了现代医院的形成。英国医学史专家罗伯特·玛格塔研究并厘清了现代医院形成和发展的脉络，发现现代医院的不同形式固然可以追溯到古希腊，但今天我们熟知的机构形式，则是中世纪时根据基督教

“仁慈教规”，在大规模建立麻风病隔离院的基础上演进过来的。大约在 13 世纪初期，医院逐渐从教会手中转移到城市管理当局手中，大型城市医院开始蓬勃发展。

其实，2003 年的“非典”疫情，也使我们认识到信息公开、透明的重要，在促进政府信息资源的公开和自由流动的制度建设方面起了重要作用。

哈佛的自由与秩序

——读《细看哈佛》*

哈佛已俨然成为一个象征、一个符号，与哈佛相关的书与文已经不少，似乎已呈审美疲劳之势。不过，眼前这本《细看哈佛》依然耐看，依然给人种种联想和启迪。或许因为作者是学习自然科学出身，因此更能冷静、客观地细看哈佛——对诸如一张餐巾纸上的图案、校内与校外信封设计的不同等都做了细致的分析，确实视角独特。正是通过一个个细节，使人们细细体会到哈佛的开放与严谨、自由与秩序。没有开放与自由，不可能有思想、学术的创新；没有严谨与秩序，新思想、新观点则不可能得到严格的检验，不可能形成学术传统和深厚的文化底蕴。而值得重视的是，这种开放与秩序不仅表现为学校的原则方针，而且已经成为哈佛日常生活的一部分——也只有融入点点滴滴的日常生活之中，理念才能化为难以改变的习惯。

名校从来引人向往，对没有机会在此读书的人来说，不免想“到此一游”，一瞻巍巍学术殿堂。对四季不断的游人，哈佛的方法不是堵禁，也不是商业性的收费，而是招募学生作为志愿者，其口号是“徒步游——让学生带你去看哈佛”，几乎每天上下午各有一次，暑

* 徐飞：《细看哈佛》，辽宁教育出版社，2005 年。

期则一天四次！通过导游，学生对学校的历史和人文环境有了更为系统的了解，参观者也能在最短的时间内看到学校的精华，感受到名校学生的气质和风貌。图书馆系统、电子资料也有这种免费导游项目，每学期都有固定的时间面向公众开放，由训练有素的专业人员带领，对整个系统的状态、分布、功能及使用方法做简明扼要的介绍。一些图书馆还会精心为用户准备立体剖面图、各层图书分类表格等，任参观者免费领取。与之形成鲜明对照的是，我国一所著名大学，不久前宣布“为了保证学校教学秩序，严禁旅游者进入”，将一批批慕名而来者拒之门外。对这种生硬、严厉的管理方法，我们已经习以为常，见怪不怪。或者说，这种管理也形成了一种习惯，成为我们日常生活的一部分。想到这里，更感到某些学校要成为“中国的哈佛”不仅仅是经费问题，更是观念、习惯问题。增加经费也许不难，真正难的却是改变习惯。

有人群的地方就有阶层差别，就有不同的观念和利益诉求。哈佛当然也有。作者看到，这些抗议活动都非常理性，传单也言简意赅；整个活动绝不失去秩序，更像是学术活动，在指定的地方准时开始，准时结束。近朱者赤，这种风格也影响了哈佛的劳工阶层。作者有次看到大学各单位看门值班的临时工在哈佛广场抗议待遇太低，也如大学生一样理性斯文。而且，哈佛的有容乃大在于，一边是喧闹的抗议者，一边是在绿荫下全神贯注的苦读者，二者竟互不干扰。

不是说细节决定一切吗？如有可能，那就细细品味不同大学的细节吧。

民族何以成为主义

——读《民族主义》*

20世纪上半叶两次惨绝人寰的世界大战无疑与民族主义的恶性膨胀大有关系，二战后资本主义与社会主义两大阵营的对峙，形成了20世纪后半叶的基本国际秩序，资本主义与社会主义也成为两大主导意识形态。在二战后这种背景、格局下，民族主义只是两大阵营、两大主导意识形态之间的中间地带，甚至更多地成为两大阵营斗争的筹码。随着90年代初的苏联解体，世界社会主义体系已不复存在，民族主义则突然高涨，成为对当今世界深有影响和巨大冲击力的意识形态。

吊诡的是，当今世界的大背景是使世界发生深刻变化的全球化，而与全球化背道而驰甚至坚决反全球化的民族主义却又大行其道，委实让人难以理解。难以理解恰恰说明了解、理解的必要，不了解、不理解民族主义，就无法深刻了解、理解当今世界。作为“牛津通识读本”之一的《民族主义》，便是了解、理解民族主义的最佳著作。作者斯蒂芬·格罗斯比是美国南卡罗来纳州克莱姆森大学宗教学教授，研究领域包括古代近东、宗教与民族间关系、希伯来文《圣经》以及社会和政治

* ［美］斯蒂芬·格罗斯比著，陈蕾蕾译：《民族主义》，译林出版社，2017年。

哲学，是《民族和民族主义》等相关权威刊物的编委。由于作者是这方面的研究权威，所以此书才能深入浅出，由表及里，历史叙述与理论阐释浑然一体。此通识读本还对各种观点、学派做了提纲挈领、要而不繁的介绍，既照顾到通识性，又以自己的理论分析框架对一系列史实、事件做了概念化抽象提炼和理论化处理，对百余年来的有关研究做了切中肯綮的分析评论，深具学术价值。

民族主义虽然是一个现代才出现的概念，却是人类最古老、最久远的思想、情绪和意识形态，因此才最有力量。正如作者指出的，历史上人类按照不同的标准形成各种各样的群体，把“我们”与“他们”区别开来，其中一个标准就是民族。这种标准并非简单、中性地区分异与己，而是“唯我独尊”的标准。大约公元前2500年，两河流域的苏美尔人就有区分自己与外族人的标准；公元前16世纪，埃及人也有一套这种标准；古代以色列人明确以领土和语言作为区分标准；古希腊人则认为非希腊人是野蛮人。中国传统天下观的核心是华夏中心论，即天下是以中国为中心的，其他都是边缘，而且由边缘渐成野蛮。夷夏对举始于西周，有四夷、八蛮、七闽、九貉、五戎、六狄之说，严夷夏之辨却始于春秋时期。约至春秋时期，夏和与其相对的狄、夷、蛮、戎、胡等（后简称“狄夷”或“夷”）概念的使用开始突破地域范围，被赋予文化的意义，甚至被赋予一定程度的种族意义，主要用于区别尊卑上下、文明与野蛮、道德与非道德。华夏代表正宗、中心、高贵、文明、伦理道德；夷则代表偏庶、边缘、卑下、野蛮、没有伦理道德，尚未脱离兽性。孔、孟都提出要严夷夏之防。先秦到两汉是中国传统思想、文化的奠基时代，其时有“非我族类，其心必异”之说，认为其文明、文化低劣，以此妖魔化的他者为镜像，塑造、形成了自己种族或文化优越、优秀、高尚、高等的形象。

以此为基础建构的华夷二元对立世界观，对后世产生了极为深远的影响。直到近代，“严夷夏之大防”“只能用夏变夷，不能用夷变夏”，仍然具有强大的力量。

因此，本书的主旨是探究人类如何把自己分隔成为民族的、各不相同的社会这种趋向。之所以要探究这个问题，是因为人类在区分异与己的同时，又不能不与他者交往。在全球化时代，这种交往的广泛性、深入性达到了前所未有的程度。作者开宗明义：“如果需要考虑人类区分自己的趋向，也必须关注让人类联合在一起的那些活动。做不到这一点，只能导致对人类事务中民族重要性的错误理解，而对这一重要性的探究恰恰是本书的中心。我们关心的首要问题是：‘民族的存在告诉我们人类怎样的特性？’但是，什么是民族？什么又是民族主义？”如何通过对民族、民族主义的深刻认识而达到人类更好的合作，是这本书的问题意识，这本书其实就是要解决这个问题。

探讨、研究民族主义，当然要从什么是民族开始。简单说，民族是由出身情况决定的，是居住在一个领地内的社群。领地，当然是这个社群存在的必要条件。但仅有领地，还不足以形成民族，因为这个社群在历史上是不断变迁的，是在一个领地内生活并具有一定文化特征的社群，如此才能形成民族，或者才能称之为民族。相对统一的文化，为民族提供了稳定性，使其长时间存在。民族文化的形成，需要长期的积淀，因此作者提出了“时间深度”这个概念。所有民族都有关于自己民族形成的神话、传说、历史，久而久之，就形成了这个民族独特的集体意识。历史学家德尔默·布朗有句名言：“民族的形成使神话传说更像史实，使真实事件更像神话传说。”同时，在日常生活中，服饰、建筑、歌曲、语言、宗教信仰等，与神话、传说、历史一样，都承载着民族这个社会关系何以形成的功用。从观念上说，民族是一种反映集体自我意识的社会关系。自己的领地与独特的观念，是民族的两个基本元素。也就是说，民族是一种既有时间深度，又有领地界限的社会关系，这种关系建立在现实和想象中持续存在的集体自我意识之上。作者对民族做出这样的定义：“民族是一个具有亲属关系的社群，具体地说，是其成员之间由于出生境况相同而形成的关系密切、占据广阔领地、有时间深度的社群。”

作为一种意识形态，民族主义比其他意识形态更强调传统，强调传统的同质性，强调保持传统的纯洁性。然而历史说明，传统并非一成不变，因为许多传统本身也是被发明的，久而久之，这些发明、创新、创造，不知不觉也就成了传统。

例如，圆筒形的土耳其帽被认为是土耳其的传统，已经演变成土耳其的符号。然而，它曾经是反传统的符号。19 世纪 30 年代，苏丹穆罕默德二世在军事改革方面采用欧洲军事训练法，聘用了英国海军军官为海军顾问，聘用普鲁士军官为陆军军事顾问。在行政机构方面，他将传统的机构改成西方近代的政府各部，特别是设立了外交大臣、内务大臣、财政大臣等官职。为了表明开放的决心，他命令官员要穿欧式西裤、大礼服和黑皮靴，百姓戴的头巾也被废止，规定一律戴一种圆柱形无边毡帽。这种帽子没有帽檐，所以宗教祷告时前额照样可以紧贴地面。显然，这是一种妥协，但它的推行仍遭到维护传统者的强烈反对，在国家采取强硬的行政手段后才开始流行。后来，土耳其的改革派与保守派间的激烈斗争一直不断，曲曲折折，反反复复，终在 1908 年爆发了要求君主专制立宪的“青年土耳其革命”，最终在凯末尔将军领导下，于 1923 年建立了土耳其共和国。虽然凯末尔集种种大权于一身，但改革还是遇到了强大的阻力。为表示改革的决心，凯末尔在 1925 年下令禁止戴传统的土耳其礼拜帽，而要求戴礼帽、鸭舌帽等各种欧式帽。但近百年来，圆柱形红色礼拜帽已经成为神圣的宗教和奥斯曼帝国的象征，几乎人人都戴。1925 年初，凯末尔发动了对礼拜帽的批判，8 月，凯末尔本人头戴巴拿马帽到几个最保守的城镇视察，表示告别传统。为与凯末尔保持一致，政府机关忙向官员发放欧洲式大礼帽。11 月，相关部门做出了戴土耳其礼拜帽有罪的规定。这一规定引起了社会上的强烈不满，在一些地方甚至引发了公开抗议和骚乱，但都被凯末尔镇压下去，其中一些人还被处以绞刑。终于有不少人开始戴各种欧式帽，在百姓中最流行的还是鸭舌帽，因为在做礼拜祷告时可把帽檐朝后戴，前额依旧可以贴在地上。

而中国的“辫子悲剧”，其惨烈程度远远超过了土耳其的“帽子风波”。清军入关不久，为表示自己的“天下已定”，即强令汉族男子改变千百年的束发传统而剃发蓄辫，限定十天之内“尽使薙发，遵依者为我国之民，迟疑者同逆命之寇，必责重罪。若规避惜发，巧辞争辩，决不轻贷”，“已定地方之人民，仍存明制，不随本朝之制度者，杀无赦！”有的地方限三日剃完，有的则关起城门强迫百姓一日之内全部剃完。清军到处宣称“留发不留头，留头不留发”。在头与发之间，许多人却是宁愿留发也不愿留头，端得把传统、民族特性看得比身家性命还重。当清军占领南京后，江南不少城镇“结彩于路，出城迎之”，有的还用黄纸书“大清顺民”四字贴于城门。虽然有人组织反抗，但下层百姓参加者并不多。对大多数小老百姓来说，在哪个王朝统治下都是一样吃饭干活，一样交粮纳税。然而，当剃发令下来后，渐趋平静的江南又开始骚动起来，下层百姓纷纷参加反清斗争。江阴、嘉定百姓的反抗尤其强烈，清军对这两处的镇压也格外残酷。在血腥的“嘉定三屠”中，便有几万人被杀，全国其他地方因此被杀者难以胜数。经过极其野蛮的屠杀，“远近始剃发”，剃发留辫在血泊中为汉人接受。

二百年间，蓄辫这原本靠血与火、刀与剑强迫汉人背叛原来束发传统而接受的新生事物居然成为正统，成为难以撼动的传统，成为中国人、中国特色的象征。反清的太平军因不剃头、不留辫而被视为大逆不道的“发逆”“长毛”。1895年孙中山剪辫易服表示反清革命，也被多数人咒为叛逆。辛亥革命时期，章太炎以军政府名义起草《讨满洲檄》，列数清王朝的种种罪恶，其中一条就是：“往时以蓄发死者，遍于天下，至今受其维系，使我衣冠礼乐、夷为牛马。”革命党号召百姓剪辫，但许多人依然恋恋不舍，于是革命军只得在大街小巷强迫行人剪辫子，成为时代一景。

土耳其的礼拜帽在百年之内就演化成了传统；中国反束发传统的剃发蓄辫在两百年之内也演化成了传统。帽子与辫子终于多年媳妇熬成婆，成为具有民族特性的传统、正统，成为一个民族凝聚共同记忆、价值的象征符号。显然，传统、民族特性等本身也在不断变化之中，不少传统、民族特性其实开始也是反传统、背离原来的民族特性的，是人为植入之结果。

无数史实证明，几乎没有不变的传统。斯蒂芬·格罗斯比就此提出了一个尖锐的问题：“为什么传统的呈现是对各种亲属关系的肯定？或者说为什么要利用传统来建立各种亲属关系，把一群人和另一群人分开来？”在对历史上传统的变革与维护这种矛盾现象做了深入分析后，他的结论是：在民族关系形成的过程中，“一个遥远的、常常带有神话色彩的过去，抑或一个人们认为史无前例、无从查证的情况，在时间的帮助下又一次把民族关系的独特性合理化了”。他进一步指出：“强调民族历史悠久并不意味着真正相信民族的独特性，这也许只是算计着如何利用民族矛盾。”

斯蒂芬·格罗斯比总结民族主义的特点是："它相信民族是唯一值得追求的目标；这种肯定常常导致一种信念，即民族要求不容任何质疑和任何妥协的忠诚。这种关于民族的信念一旦成为主导，便会危害个体自由。另外，民族主义经常宣称其他民族是自己民族不共戴天的敌人；它把仇恨植于外来物，无论对方是另一个民族、一个移民，还是一个可能信仰另一种宗教或说不同语言的人。"但是，他也没有忽视民族主义的多面相。他指出，20世纪给人类带来深创巨痛的两次世界大战，民族主义难辞其咎；但在二战后反对殖民主义和民族国家纷纷独立的大潮中，民族主义厥功至伟。民族主义通常被认为是落后的，但在加拿大和英国这样的发达国家，魁北克、北爱尔兰的民族分离运动也有不小市场。

他承认，民族问题、民族主义是非常复杂的现象，源远流长，与现实利益紧密相关，是学者现在遇到的空前棘手的问题。因此，本书的核心内容是考察民族的存在说明了人类怎样的特性。民族持久性和重要性的一个原因是人类对生存力尤其是人类本源的关注。由此而围绕本源形成种种关系，其中一种就是民族。为了生存形成不同的民族，进而发展出民族主义。他强调，不同民族的生存不应非此即彼、你死我活，而应共生共存。如何做到这一点，他寄希望于良善的政治："政治的任务不是去否认这些主导人类行为的不同目的。毫不妥协地维护一种目的，并以牺牲另一种目的为代价的行为，只能导致完全着迷于一种意识形态，要么是民族主义，要么是宗教激进主义。""政治的任务是出于对社会集体利益——尽管难免有些模糊——的关心，通过理智地践行文明美德来对不同目的所要求的不同生活方式做出巧妙的裁决。"

危险的激流

——读《潜流——对狭隘民族主义的批判与反思》*

如果说20世纪80年代思想界的主流是自由、民主、科学、改革、开放，那么自1990年起，在80年代几乎失声的民族主义，更准确些说，是狭隘民族主义，却突然成为一种响亮的声音。在短短几个月内，声音的导向就发生了根本性变化，而且在万马齐喑中几乎只此一枝独秀。这种根本性变化并非自然，乃一种强大的外力经过深思熟虑为挽危局的强制行为。在强大的外在力量十数年的掌控经营下，今天，这种狭隘民族主义已经渐成一股强大的激流。这种情绪化的意识形态具有极大的危险性，因此对其进行深入剖析的《潜流——对狭隘民族主义的批判与反思》（实际已不是“潜流”而是波涛汹涌的“激流”）无疑是适时之作。

民族主义具有两重性，或促进一个民族更加开放、进步，或使一个民族更加封闭、保守、落后。前者，往往被称为“健康的民族主义”，而后者即所谓“狭隘民族主义”。之所以将其称为“狭隘”，是因为其跨越了宽容、理性的最低界限，带有一种狭隘、偏激、仇视外来一切的极端情绪。

---

* 乐山主编：《潜流——对狭隘民族主义的批判与反思》，华东师范大学出版社，2004年。

揆诸近代中国，促使中国开放进步和保守落后都得益于民族主义。中国向以位居天下之中的“天朝上国”自居，但鸦片战争使中国一步步面临亡国之危。为了救国，使民族免于灭亡，从提出“师夷长技以制夷”到引进大机器生产以求富强的洋务运动，从改变君主专制的维新变法到建立共和的辛亥革命再到改造国民性的新文化运动，向域外文明的开放程度和学习内容越来越广、越来越深。这些主张之所以能掀起时代、社会的巨浪，皆因民族主义。同样，从一开始就反对任何变革的顽固派之所以具有强大的力量和基础，也是因为民族主义。中国传统的民族主义可称为“文化民族主义”，即认为只有华夏文明才是最优秀的文明，其他文明只是狄夷蛮戎，不是“熟番”就是“食人生番”，因此向域外文明学习的任何主张都是“以夷变夏”“师事夷人”的“卖国”“汉奸”。历史经验表明，这两种民族主义的后果大相径庭。

在全球化时代，本书所批判剖析的当代中国狭隘民族主义也附带了时代特色，以强调中华性来反对如民主、自由、人权等全球普遍价值，甚至极而言之，认为只有中国文化才能“为万世开太平”。对此，本书作者之一秋风分析说，这是因为“原来的思想文化秩序，基本上是一种通过政治权力安排的上下尊卑的层级制度，整个社会信奉一种思想、一种价值”，而本地知识分子享有思想、价值的垄断权。全球化带来的是思想、观念、价值的流动，使这种垄断不再可能。所以“文化保守主义者和意识形态斗士们的焦虑也许主要就在这里。他们害怕的恰恰就是知识文化市场的开放对原有秩序的颠覆”。

一个百年积弱、饱受凌辱的国家在经济迅速崛起和逐渐成长为全球性大国的时刻，确易产生强烈、狭隘的民族主义情绪和思潮。如果这种情绪、思潮未得到分疏化解，任其泛滥，终将冲毁一切，甚至连煽动者自身也无法幸免。

国家的强与弱

——读《国家构建——21世纪的国家治理与世界秩序》*

这里所说的国家强和弱不是——起码主要不是指国家在世界上是强国还是弱国，而是指国家处理、治理内部事务的能力。国家治理内部事务的能力，又与国家治理的范围紧密相关。而在迅速全球化的今天，国家内部事务的治理在许多方面必然发生国际影响，在某种程度上说已不纯然是内务。美国学者弗朗西斯·福山在《国家构建——21世纪的国家治理与世界秩序》这本不到10万字的书中，言简意赅地阐明了这三者在新世纪的关系。

众所周知，国家具有多种职能，既能为善也能作恶，既可以保护公民财产与权利，也可以侵害公民财产与权利。当代政治哲学的主流是尽可能对国家权力形成种种制约，使其尽最大可能行善，而将其作恶的可能减至最低。但是，人们也往往因此将国家的强弱混淆。所以福山强调有必要将国家活动的范围和国家权力的强度区别开来，所谓国家活动的范围主要是指“政府所承担的各种职能和追求的目标”，

* ［美］弗朗西斯·福山著，黄胜强等译：《国家构建——21世纪的国家治理与世界秩序》，中国社会科学出版社，2007年。

而国家权力的强度则指“国家制定并实施政策和执法的能力特别是干净的、透明的执法能力——现在通常指国家能力或制度能力”。简单说，国家管理、干预的范围要小，但在范围内的管理能力要强。经常有人会问：“美国是强国家还是弱国家？”就所受限制、活动范围而言，美国政府比许多国家都要小，可说是弱国；但在这个范围内，国家制定、实施法律和政策的能力却比多数国家要强，当然是强国。相反，相当多的发展中国家干预、管理的范围极宽，有些甚至可以随意夺取公民财产，直至任意剥夺公民的生存权，但在社会、经济管理方面却效率极低，贿赂公行，经济、社会矛盾重重，甚至沦为失败国家。

福山对许多国家和地区（尤其是东亚与拉美）的对比分析表明，“国家制度的力量大小从广义上讲比其职能范围宽窄更为重要”。

然而，他特别强调制度移植的困难。虽然战后西德与日本的国家构建与发展为这种移植提供了典范，但不成功的案例更多，最近的“伊拉克重建”尤其失败。在对制度移植成功与失败的案例——包括对援助国、世界卫生组织、各种国际经济金融机构向受援国提出的附加条件的后果——进行一番分析后，他谨慎地提出，如果这些外部的“制度供给者”真想提高某个欠发达国家的制度能力，就必须改变“带着脚手架、砖块、吊车和建筑蓝图”到一个国家建筑早已设计好的工厂的方式。相反，他认为：“应当带着资源来到这个国家，动员当地人去设计他们自己的工厂，帮助他们思考如何建设和运营这个工厂。任何一点技术援助一旦替代了当地社会的可比能力，都应视为是一把双刃剑。因此必须慎之又慎。总之，外来者必须抵挡得住通过自己经营工厂来加速进程的诱惑。”

在全球化的时代，一国的国内灾难必然会产生全球性影响，绝大多数国际危机都是围绕着弱小国家和失败国家引发的。而且，对人权与主权关系的重新探讨、思考，使得几百年前由威斯特伐利亚体系建立起来的主权原则不能不受到挑战。除了明显的外部干预，现在各种国际组织已经削弱、分管了某些政府职能。只是，探索才刚刚开始，前面充满挑战。